新时代大学素质教育系列教材

大学生创业
理论与实务

主　　编：陈泽烨　李　唯　金　俊

副主编：邓　刚　万旸璐　黄进勇　祁　峰

编写人员：金　俊（三峡大学）

李　唯（湖北经济学院法商学院）

赵晓晋　戴芸芸（武昌理工学院）

黄进勇（湖北工程学院新技术学院）

何　鹏（文华学院）

WUHAN UNIVERSITY PRESS
武汉大学出版社

图书在版编目（CIP）数据

大学生创业理论与实务/陈泽烨,李唯,金俊主编.—武汉:武汉大学出版社,2023.8
新时代大学素质教育系列教材
ISBN 978-7-307-23797-1

Ⅰ.大… Ⅱ.①陈…②李… ③金… Ⅲ.大学生—创业—高等学校—教材 Ⅳ.G647.38

中国国家版本馆 CIP 数据核字（2023）第 096778 号

责任编辑:詹 蜜　　　责任校对:汪欣怡　　　版式设计:韩闻锦

出版发行:**武汉大学出版社**　　（430072　武昌　珞珈山）
　　　　　（电子邮箱:cbs22@whu.edu.cn 网址:www.wdp.com.cn）
印刷:湖北金海印务有限公司
开本:787×1092　1/16　印张:15.75　字数:383 千字　插页:1
版次:2023 年 8 月第 1 版　　2023 年 8 月第 1 次印刷
ISBN 978-7-307-23797-1　　定价:50.00 元

"新时代大学素质教育系列教材"
编委会

总　序

为深入学习贯彻党的十九大精神，落实立德树人根本任务，发展素质教育，推进教育公平，培养德智体美劳全面发展的社会主义建设者和接班人。湖北省素质教育研究会高等教育分会、湖北省高等教育学会民办教育分会于2021年5月在武昌理工学院民办大学素质教育研究中心举行了"新时代大学素质教育系列教材"编写座谈会。来自湖北省内近30所高校的领导、专家学者参加了座谈会。与会领导、专家学者围绕"如何落实立德树人根本任务，发展素质教育""新时代大学素质教育的内涵、路径与措施""素质教育对建设高等教育强国的意义"等主题进行交流。大家一致认为：发展素质教育，需要各高校在课程、教学等核心领域和教材、考试及评价等关键环节有新突破，并就"新时代大学素质教育系列教材"的"共编、共讲、共研"方案达成了重要共识。"新时代大学素质教育系列教材"计划出版12部，分3年出齐。其中，2022年出版4部，包括《大学生劳动教育》《大学生美育》《大学生健康教育》《大学生职业生涯规划》。我们期许"新时代大学素质教育系列教材"能为发展素质教育、培养担当民族复兴大任的时代新人发挥应有的作用；我们有信心，通过坚持不懈的努力，为素质教育的进一步发展做出更多、更大的贡献。

"新时代大学素质教育系列教材"编委会

2022年3月

前　言

深化高校创新创业教育改革，是国家实施创新驱动发展战略、促进经济提质增效升级的迫切需要，是推进高等教育综合改革、促进高校毕业生更高质量创业就业的重要举措。近年来，高校创新创业教育不断加强，取得了积极进展，对提高高等教育质量、促进学生全面发展、推动毕业生创业就业、服务国家现代化建设发挥了重要作用。

为深入贯彻落实习近平总书记在党的十九大、二十大报告中发展素质教育的指示精神，落实国务院办公厅《关于深化高等学校创新创业教育改革的实施意见》要求，湖北省高等学校人文社科重点研究基地——民办大学素质教育研究中心联合湖北省素质教育研究会高等教育分会、湖北省高等教育学会民办教育专委会共同发起"新时代大学素质教育系列教材"编写出版工程。《大学生创新创业理论与实务》是系列教材之一。本教材结合大学生创业教育实际需求，设计了【目标导引】【内容导读】【案例导入】【扩展阅读】【拓展训练】【思考讨论】的新颖体例，体现了理论与实践相结合、形式与内容相统一、可读性和实用性并重的原则，期望能为新时代大学生创业教育教学提供优质教学资源。

本教材编写集中了多所高校教师的集体智慧，全书体例模块、篇章结构、前言、附录部分由颜海和陈泽烨共同完成，颜海总负责，陈泽烨统稿；第一章由赵春华、金俊编写；第二章由祁峰编写；第三章由陈泽烨、赵晓晋编写；第四章由黄进勇编写；第五章由陈泽烨、万旸璐编写；第六章由何鹏编写；第七章由陈昀编写；第八章由陈泽烨、戴芸芸编写。

本教材编写中参阅、引用了大量文献资料，并尽可能注明出处，但可能存在疏漏未及全面，在此谨向所有作者表示诚挚谢意！"新时代大学素质教育系列教材"编委会领导，武汉大学出版社领导和编辑为本教材的出版给予了大力支持和悉心指导，在此一并表示感谢！

由于时间紧、编写者水平所限，加之多人分头执笔，教材中难免存在不足乃至错误，敬请批评指正。

《大学生创业理论与实务》编写组

2023 年 2 月

1

目　　录

第一章　创业与创业人生

☞【目标导引】

    1. 了解创业的概念、要素和类型；

    2. 了解创业过程的特征；

    3. 掌握创业精神的作用和培养方法；

    4. 认识创新创业与职业生涯发展的关系。

☞【内容导读】

    大家普遍认为，创业是一件距离我们很远的事情。事实上，创业如同就业一样，是大学生职业生涯发展的一种选择。

    当今的世界经济正由管理型经济转向创业型经济，我国经济已进入新常态，经济的增长动力已从要素驱动、投资驱动转向创新驱动。在政府的大力倡导下，"大众创业、万众创新"成为今天我国经济社会发展的最强音。在这样的时代背景下，把大学生培养成为创新创业人才，是为我国创新驱动发展转型提供人才支撑的重要基础，具有十分重要的战略意义。

    创业的成功，并非全靠运气，福运只是偶尔光临。创业的过程亦有规律可循，一出生就具备企业家天赋的人是极少的，开展创业学习培训对创业者来说十分重要。

☞【案例导入】

    1993 年出生的武汉科技大学本科生刘恒在大一新生见面会时介绍自己："毕业时，我希望能创办 3 家公司。"如今，他已是 5 家企业的创始人。

    他从大一下学期(2014 年 4 月)开始创业，创办的武汉市恒创时代文化有限公司迅速成为高校传媒企业的佼佼者；2015 年 3 月，创办了武汉市银杏时代科技有限公司，并开发出了银杏科技大当家生活管家 1.0 微信公众平台，这家公司获得了 50 万元天使融资；同年 10 月，他创办武汉狄斯泥环保科技有限公司，年盈利达 200 多万元。2016 年，刘恒联合创办的智慧世界科技有限公司更是成为地方政府首推的教育平台。刘恒先后获得洪山区"创业先锋""大学生创业英雄十强"等荣誉称号。

    刘恒在初中时就在宿舍开了一个"零食驿站"，赚了一些零花钱，后来陆续做过促销员、群众演员、快递分拣员等，这些经历都为他的以后创业打下基础。一个偶然的机会，他做起了某品牌凉茶的促销活动，获得创业路上的"第一桶金"。随着扩招，高校学生群体规模不断扩大，一个巨大的高素质新型消费市场逐渐形成。刘恒抓住了这个机会，和朋友开始做市场策划推广，主要从事与高校有关的品牌推广和宣传工作，然后发展成高校传媒平台。

后来，刘恒发现学校周边有很多想创业和想考研的人群都有极强的租房意向，他就租下一些毛坯房并进行简单的装修，然后进行二次出租。凭借不错的人脉，他的房子很快都成功租了出去。为了给考研者提供更多的资源，他专门租了几间大房子作为考研自习室，并提供考研信息、考研书籍等服务。为全国各地的逐梦之子提供优秀的平台，让考研者能够拥有良好的学习环境，让考研者不再孤单。

刘恒创业之路实际并没有那么顺利，开始父母不支持，不理解，有时候活动结束晚了，他和同伴们只能睡在马路上，创业的资金也不是想来就来，需要不断向别人介绍自己，去赢得别人的信任。资金的周转问题也不是一时半会儿就能解决的，此外还有利益的把控，策划的实施等。面对这么多困难，刘恒从未选择放弃。他说："创业永远都没有尽头，只要坚持下来，总会有自己的风景！"

刘恒的成功给予当代大学生很多的启示，也许正在创业的大学生们没有什么豪言壮语，也没有傲人的业绩，更没有创业大佬的种种传奇，然而他们都在实现自身价值、追逐自身梦想的路上坚定前进。他们在创业大军中可能只是沧海一粟，但请相信，只要每一名创业大学生都能在自己的创业路上勇往直前，那么大学生创业必将成为新时代最美的旋律。让青春的烈火永远燃烧，让创业的梦想没有终点。

☞【要点导论】

1. 创业是不拘泥于当前的资源约束、寻求机会、进行价值创造的一个行为过程。

2. 创业过程指的是创业者发现并评估商机，并且将商机转化为企业，以及创业者对新创企业进行成长管理的过程。包括产生创业动机、识别创业机会、整合创业资源、创办新企业、新企业的生存和成长以及收获创业回报六个主要阶段。

3. 在决定创业之前，创业者应当分析并评价自己是否适合具有创业的素质、能力和物质条件。

4. 创业是实现人生理想和价值、获得自身全面发展的有效途径，创业对于创业者具有重要的意义。

📖【拓展训练】

也许你觉得你的老板和组织都沉闷至极；也许当你为别人顺利完成任务时，你在想："人生仅此而已了吗?"也许你已经暗下决心，一旦时机成熟，就要开始自己的事业……显然，很多人都希望成为创业者、企业家，希望能够为自己工作，而不仅是一个优秀的打工者。那么，创业者、企业家究竟是什么样子? 创造者、革新者、推进者、营销者、风险承担者、决策者、组织者、管理者、资源调配者、领导者……这些都是对创业者不同角色的称呼。

当你觉得自己可以开始创业了，不妨做做下面的创业者准备度测评，看看你是否适合做一个创业者，还有哪些方面需要考虑。

请根据你的真实情况回答以下问题，选择"是"或选择"否"。

序号	内 容	是	否
1	你是否曾经为了某个理想而制定两年以上的长期计划？		
2	在学校和家庭生活中，你是否能在没有父母及师长督促的情况下，就可以自动地完成被分配的工作？		
3	你是否喜欢独自完成自己的工作，并且做得很好？		
4	当你与朋友们在一起时，你的朋友是否经常寻求你的指引和建议，你是否曾被推举为领导者？		
5	你在求学时期是否有赚钱的经验？		
6	你是否能够连续 10 小时以上专注地投入个人兴趣？		
7	你是否有习惯保存重要资料，并且井井有条地整理，以备需要时可以随时提取查阅？		
8	在日常生活中，你是否热衷于社区服务工作？你关心别人的需要吗？		
9	不论成绩如何，你是否喜欢音乐、艺术、体育等活动课程？		
10	在求学期间，你是否曾经带动同学完成一项由你领导的大型活动，譬如运动会、班级聚会等活动？		
11	你喜欢在竞争中看到自己表现良好吗？		
12	当你为别人工作时，发现其管理方式不当，你是否会想出适当的管理方式并建议改进？		
13	当你需要别人支持时，是否能充满信心地要求，并且能说服别人来帮助你？		
14	当你需要经济支援时，是否能够说服别人来帮助你？你在募捐或义卖时，是不是充满自信而不害羞？		
15	当你要完成一项重要工作时，是否有足够的时间仔细完成，而绝不会在匆忙中草率完成？		
16	参加重要聚会时，你是否准时赴约？在日常生活中，你有时间观念吗？你是否能充分利用时间？		
17	你是否有能力创造一个恰当的环境，使你在工作时能不受干扰，有效率地专心工作？		
18	你交往的朋友中是否有许多有成就、有智慧、有眼光、有远见、成熟稳重的人？		
19	你在社区或学校社团等团体中，是否被认为是受欢迎的人？		
20	你自认能做好理财吗？当储蓄到一定数额时，你是否能想出好的生财计划，赚取更多的利润？		
21	你愿意为钱辛苦工作吗？钱对你重要吗？你是否可以为了赚钱而牺牲个人娱乐时间？		

续表

序号	内　　　容	是	否
22	你有足够的责任感为自己完成的工作负起责任吗？你是否总是独自挑起责任的担子，彻底了解工作目标并认真执行工作？		
23	你在工作时，是否有足够的耐心与毅力？		
24	你是否能在很短的时间内结交许多新朋友？你是否能使新朋友对你留下深刻印象？		
25	如果没有固定的收入，你是否会接受？		
26	你是否愿意接受一份充满挑战、变化、多样性，甚至冒险的工作？		
27	你是否具有足够的灵活性，满足不断变化的市场需求？		
28	你是否愿意将自己的钱投资，并邀请你的朋友也一起？		
29	对你来说，进行企业战略宏伟规划和经营企业的日常细节是否同等重要？		
30	你是否能够在失败或暂时的挫折中快速反弹与学习？		

每填一个"是"计 1 分，每填一个"否"计 0 分。我的得分是：_____

测试结果分析：

24~30 分，你已经准备好创业。你有无限的潜能，只要懂得掌握时机和运气，你将是未来的商业巨子。

15~23 分，缓慢前进。你已经拥有了一些创业者的关键特质，但你需要放缓进度。对于答案为"否"的题目，你必须认真分析自己的问题并加以纠正。

0~14 分，你当前并不适合创业，应当加强学习，提升自我技能，蓄势待发。

第一节　创业概述

一、创业概念

关于创业的概念，目前主要有以下几种学说。

机会价值说：创业是识别并捕捉商业机会，从而实现潜在价值及创造价值的过程。

核心要素说：创业是通过利用人力、资本、机会、资源等要素来进行经营管理的。

财富目的说：创业是通过开展商业活动进行有偿经营而实现盈利目的的经济活动。

风险管理说：创业是一种高风险的创新活动，因此要合理地进行风险防范和管理，从而规避和化解风险。

组织创新说：创业是创建新企业、新团队，并通过组织创新而实现新业务的过程。

《辞海》和《现代汉语词典》中对"创业"这个名词的解释都简单明了，分别是"创立基业"和"创办事业"。

在英文中，"venture"和"entrepreneurship"都可以表示创业，前者的原意是风险，后者的原意为企业精神，两者都不是创业的意思，而创业的意思是随着时代发展不断延伸扩充而来的，而企业精神和风险也恰恰是创业不可或缺的因素。

根据杰里夫·蒂蒙斯所著的创业教育领域的经典教科书《创业创造》的定义：创业是一种思考、推理结合运气的行为方式，它为运气带来的机会所驱动，需要在方法上全盘考虑并拥有和谐的领导能力。

现今，一般把创业定义为是不拘泥于当前的资源约束、寻求机会、进行价值创造的行为过程。作为一个行为过程，创业的概念可以从以下三个方面进行分析和理解。

（一）创业需要面对资源难题，设法突破资源束缚

无数创业案例表明：大多数创业者在创业初期甚至全过程都会经历资源约束和"白手起家"的过程，这是因为，创业活动通常是创业者在资源高度约束情况下所进行的，从无到有，"从零到一"的财富创造过程。创业者往往需要通过技术创新和商业模式创新等方式对资源进行更为有效的整合，进而实现创业目标。换言之，创业者只有努力创新资源整合手段和资源获取渠道，才能真正摆脱资源约束的困境。正因此，积极探求创造性整合资源的新方法、新模式和新机制，就成为创业的基本特性。

（二）创业需要寻求有效机会

机会是具有时间性的有利情况，有效机会就是在时间之流中最好的一刹那，创业通常离不开创业者识别机会、把握机会和实现机会的有效活动。创业者从创业起始就需要努力识别商业机会，只有发现了商业机会，才有可能更好地整合资源和创造价值。因此，一般认为寻求有效机会是产生创业活动的前提。

（三）创业必须进行价值创造

创业属于人类的劳动形式之一，劳动需要产生劳动成果，创业也需要创造劳动价值。创业的本质在于创新，因此，与一般劳动相比，创业更强调创造出创新性价值，当今较为典型的创业大多诉求创新带来的新价值，这些新价值通过技术、产品和服务等方式的变革更好地为消费者服务，促进社会的发展和进步。需要特别注意的是，创业通常需要比一般劳动付出更多的时间和努力，需要承担更多的风险，也更需要坚忍不拔，坚持不懈地努力。当然，创业的渐进和成功也会带来分享不尽的成就感。

二、创业的类型

不同的创业类型有着不同的创业活动。对于创业类型的划分有多种，常见的有以下几种。

（一）从创业主体的性质划分

从创业主体的性质划分，可以将创业活动分为自主型创业、公司附属创业、公司内部创业、衍生创业等。其中，自主型创业指创业者个人或几个创业者共同组成创业团队，白手起家完全独立地创建企业的活动；公司附属创业指由一家已经相对成熟的公司创建一家新的附属企业的活动；公司内部创业指进入成熟期的企业为了获得持续增长和长久的竞争优势，为了倡导创新并使其研发成果商品化，通过授权和资源保障等支持的企业内创业；衍生创业指在现有组织中工作的个体或团队，脱离所服务的组织，凭借在过去工作中积累的经验和资源，独立开展创业活动的创业行为。

（二）从创业的动机来划分

从创业动机的角度，可以将创业分为机会型创业和就业型创业两种。机会型创业的出发点并非谋生，而是为了抓住、利用市场机遇。它以新市场、大市场为目标，因此能创造出新的需要或满足潜在的需求。机会型创业会带动新的产业发展，而不是加剧市场竞争。就业型创业的目的在于谋生，为了谋生而自觉地或被迫地走上创业之路。这类创业大多属于尾随型和模仿型，规模较小，项目多集中在服务业，并没有创造新需求，而是在现有的市场上寻找创业机会。由于创业动机仅仅是为了谋生，往往小富即安，极难做大做强。

（三）从创业的起点来划分

从创业起点的角度，可以将创业分为创建新企业和公司再创业两种。创建新企业指从无到有地创建出全新的企业组织；公司再创业指一个业已存在的公司，由于产品、市场营销以及企业组织管理体系等方面的原因而陷入困境，因而需要进行重新创建的过程。

（四）从创业项目的性质来划分

从创业项目的性质来看，可以将创业分为传统技能型创业、高新技术型创业、知识服务型创业等。传统技能型创业指使用传统技术、工艺的创业项目；高新技术型创业指知识密集度高，带有前沿性、研究开发性质的新产品项目；知识服务型创业指为人们提供知识、信息的创业项目。

（五）从创业资源需求来划分

从创业资源需求角度的不同，可将创业分为资合型创业、人合型创业和技术型创业三类。

资合型创业的基础是资产。创建的企业一般具有劳动生产率高、物资消耗少、单位产品成本低、竞争能力强等特点。资合型创业不仅要求有大量的资金、复杂的技术装备，还要有能掌握现代技术的各类人才和相应的配套服务设施，否则就难以发挥其应有的经济效果。该类创业通常出现在钢铁、重型机器制造、汽车制造、石油化工等行业领域内。

人合型创业的基础主要表现为创业者之间的相互信任和创业者拥有平等的决策权。创建的企业由于受人际关系、信用程度和个人财力的限制，融资能力较差，规模比较小。该类创业适合于产品生产技术简单、品种多、批量小、用工比重大的企业和产品，或主要依靠传统的手工艺，难以实行机械化、自动化生产的企业和产品。

技术型创业的基础是先进、现代化的科学技术。创建的企业一般具有以下特点：需要综合运用多门学科的最新科学研究成果，技术装备比较先进复杂，研发费用较高，中高级科技人员比重大，操作人员也要求有较高的科学知识和技术能力，使用劳动力和消耗原材料较少，对环境污染较小等。该类创业通常出现在需要花费较多的科研时间和产品开发费用，能生产高精尖产品的行业，如电子计算机工业、核能工业等。此外，有人把创建电子计算机软件设计、技术和管理的咨询服务企业也归入技术型创业。

(六) 从创业的次数来划分

按照创业的次数可将创业分为初次创业和再次创业。初次创业是指传统意义上的原始创业，创业者大多为刚刚毕业的大中专学生、下岗工人、失去土地的农民和农村剩余劳动力。这部分创业者少量从事实业，大多数从事第三产业。再次创业是指自己有一定的创业基础，为了发展或有更好的投资项目，进入创业队伍中谋求新的发展，进行二次创业。二次创业者有一定的经验、资本，或是技术和资源，相对于初次创业而言，成功率通常更高。

三、创业要素

创业是艰巨的事业，也是复杂的系统，"世界创业教育之父"——杰弗里·蒂蒙斯(Jeffry A. Timmons)，提出了基于创业三要素的蒂蒙斯模型，如图 1-1 所示，该模型指出了创业的关键要素包括机会、团队和资源。创业过程由机会驱动，有团队领导，有资源保障。

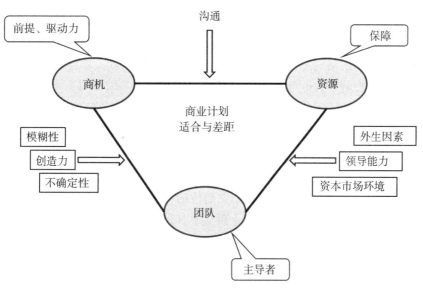

图 1-1 蒂蒙斯创业模型

(一) 创业机会

创业机会是指创业者可以利用的商业机会。从创业过程角度来说，机会是创业的起点，创业过程就是围绕机会进行识别、开发、利用的过程。创业机会往往是一个新的市场需求，或者是一个需求大于供给的市场需求，这样的市场需求并非只有创业者意识到了，其他的竞争者也许会很快加入竞争的行列。因此，并不是每一个创业机会都需要付出行动去满足他。

(二) 创业团队

创业团队并不是一群人简单的组合，而是创业初期(包括企业成立前和成立早期)的一个特殊的群体。它要求团队成员能力互补、拥有共同的愿景和价值观，通过相互信任、自觉合作、积极努力而凝聚在一起，并且团队成员愿意为共同的目标奉献自己，发挥自己最大的潜能。

(三)创业资源

创业资源是指新创企业在创造价值的过程中需要的特定资产，包括有形与无形的资产。它是新创企业创立和运营的必要条件，主要表现形式为创业人才、创业资本、创业技术和创业管理等。

四、创业过程

创业过程指的是创业者发现并评估商机，并且将商机转化为企业，以及创业者对新创企业进行成长管理的过程。创业过程包括创业者从产生创业想法到创建新企业或开创新事业并获取回报的一系列过程，它涉及识别机会、组建团队、寻求融资等活动。可将其大致划分为产生创业动机、识别创业机会、整合创业资源、创办新企业、新企业的生存和成长以及收获创业回报六个主要阶段。

(一)产生创业动机

创业动机是创业机会识别的前提，是创业的原动力，他推动创业者去发现和识别市场机会。创业者是创业活动的主体，只有个人有意愿成为创业者，才会有深思熟虑创业的想法、目标与收益。影响个人创业动机的因素有：(1)个人特质。不同的个体，因家庭、教育及从小的生长环境的不同，创业精神及对创业的向往各有不同，这在国外的犹太民族、中国的潮汕地区、温州地区有较强表现。(2)创业环境。政策制度的出台、特定的时代背景、市场经济制度都会对创业的条件和机会起到促进作用，良性的市场环境会增加创业的机会，在利益驱动下，会有更多的人涌入创业的浪潮中。技术进步和经济发展不仅增加了创业机会，而且降低了创业门槛，这为创业热情的养成起到了促进作用。(3)创业机会成本。创业机会成本是指创业者如果不创业而从事其他工作所可能获得的收入和满足程度。创业机会成本低，则创业动机强，反之，则创业动机弱。当今社会，人们已经难以满足于为他人打工或者长期从事于一项简单工作的状态，而对施展自身的能力和才华充满向往。

(二)识别创业机会

创业机会识别是对可能成为创业机会的各种事件的分析和创业预期结果的判断。识别创业机会是创业过程的核心。识别创业机会包括发现机会和评价机会价值，其中包括：(1)机会来自哪里？或者说创业者应该从何处识别创业机会？(2)何人更易于发现机会？为什么某些人能发现创业机会而其他人却不能？或者说哪些因素影响或者决定了创业者识别机会？(3)人们通常通过什么形式或途径去识别机会？是经过系统搜集和周密的调查研究还是偶然的发现？(4)是否所有的机会都有助于创业者开展创业活动并创造价值？围绕这些问题可以看到创业者在识别创业机会阶段经常要采取的活动。为了识别机会，创业者可能需要多交朋友，并经常与合作者交流沟通，这样做有助于创业者更广泛地获取信息。创业者还需要细心观察，从以往工作和周边的事务中发现问题，看到机会。

(三)整合创业资源

资源是创业的基础性条件，整合资源是创业者开发机会的重要手段，资源的有限性在创业者初创阶段表现尤为突出，可用资源稀少，因此，创业者往往更需要有效地利用整合外部资源实现自己的创业目标。

资源整合是创业者开发机会的重要手段。强调资源整合，是因为创业者可以直接控制的可用资源少，许多成功的创业者有白手起家的经历。对于创业者来说，资源整合往往意味着通过整合外部的资源和别人掌握控制的资源，来实现自己的创业理想。

人、财、物是任何生产经营单位都要具备的基本生产要素，创业活动也是如此。对打算创业并识别到创业机会的创业者来说，要想成就一番事业，就要组建团队，凝聚一批志同道合的人。创业者所需要整合的另一种基本的也是十分重要的资源就是资金，这在创业过程中被称为创业融资。创业活动是创业者在资源匮乏的情况下开展的具有创造性的工作，势必面临很大的不确定性，在很多情况下，创业者自身对事业的未来发展也不太清楚。在这样的情况下，外部组织和个体当然不敢轻易对其进行投资。所以不少创业者在创业初期乃至新企业成长的很长一段时间里，都把主要的精力投入融资中。

创业者不能仅靠自己所识别的机会整合资源，还需要围绕机会设计出清晰的商业模式，向潜在的资源提供者陈述清晰的盈利模式，有时还需要制订详细的创业计划。因为潜在的资源提供者也不希望自己拥有的资源闲置，他们也急于寻找资源升值的途径。我国目前的情况是，一方面企业难以融到资金，难以找到合适的人才；另一方面则是大量的资金被存到银行，大量的剩余劳动力在渴望得到工作。

(四)创办新企业

新企业的创建是衡量创业者创业行为的直接标志，有人甚至直接将是否创建新企业作为个人是不是创业者的衡量标准。创建新企业包括公司制度设计、企业注册、经营地址的选择、进入市场途径的确定等。创业者有时甚至要在是创建新企业还是收购现有企业等进入市场的不同途径之间进行选择，这些也是开创新事业、公司内部创业活动等都需要思考的问题。

对于公司内部创业活动来说，可能没有公司制度设计问题，但同样要设计奖惩机制，甚至需要制定利益分配原则；可能没有企业注册问题，但同样要有资金投入及预算控制机制等问题。创业初期，迫于生存的压力，也由于对未来发展无法准确预期，创业者往往容易忽视这部分工作，结果就会给以后的发展带来许多问题。

(五)新企业的生存和成长

企业初步建立，并不代表创业已获成功。俗话说：打江山容易，守江山难，新创企业成长管理的意义绝不低于创建新企业，创业者需要时刻谨慎把握企业的发展方向，根据企业的发展阶段适时制定解决方案，推动企业发展。

新企业的生存与成长是创业过程中的重要环节。表面看来，新企业与有多年经营历史的现存企业没有本质的区别，都要做好生产销售等类似的工作，但实际上差异还是巨大的。对于已存在的企业来说，其销售工作的核心任务是注重品牌价值，维护好与老顾客的关系，提升顾客的忠诚度。而对于新企业来说，首要的任务则是如何争取到第一个顾客，如何从竞争对手那里把顾客抢夺过来，这意味着新企业要为顾客创造更大的价值，也意味着可能要为获得同样的收益付出更大的代价和成本。

确保新企业生存是创业者必须面对的挑战，但创业者不能仅仅考虑企业的生存，同时还需要考虑企业的成长，不成长就无法生存得更长久，在激烈竞争的环境中尤其如此。企业成长存在内在的基本规律，在这方面，企业成长理论（包括成长决定因素理论和成长阶段理论）研究已经取得了较丰富的成果。创业者需要了解企业成长的一般规律，预见企业不同成长阶段可能面临的管理问题，采取有效的措施予以防范和解决，使机会价值得到充分的实现，同时不断地开发新的机会，把企业做大、做强、做活、做长。虽然说创业活动要经历四个阶段，但在实际过程中，并没有一个固定的和严格遵循的模式。毕竟创业行为是没有固定的流程的，它的发生也并没有一定的顺序。

(六)收获创业回报

对回报的正当追求是创业活动的目的，有助于强化创业者对事业的执着。对创业者而言，创业是获取回报的手段和途径，是一种载体。回报可能是多种多样的，对回报的满意程度在很大程度上取决于创业者的创业动机，如追求物质财富和职业理想。

五、创业的意义

(一)创业是发展性生产活动

创业是以提供产品或服务作为活动直接结果的生产活动，既可以是从无到有的创造，也可以是现有基础上的革新。发展是创业的重要特性，维持创业企业的健康发展是创业重要而基本的任务。创业的发展性还在于它的增值效果，没有增值，生产就没有意义。利润是企业生存的基础，利润和增值是事物的现象和本质。利润必须以增值为基础才有可能长久存在和发展，增值必须通过利润来体现才能生存。作为市场行为，创业必须获取利润，创业的直接目的是增值，没有增值过程就没有意义。虽然创造价值是创业的主要目的，但研究和事实证明，成功的创业者往往是为了成就一番事业而创业。那些追逐权力和金钱的人，很难保持长久的成功，往往成为昙花一现式的人物。

(二)创业是复杂系统活动

企业持续投入资源、连续提供产品与服务的过程中，包含的创业机会识别和评价、拟定创业计划、确定和获取创业资源、管理成长企业的步骤是复杂的，而每一阶段之中又可能同时蕴含着其他阶段的内容，各阶段相辅相成，不可分割。同时，创业系统工程是由商业机会、创业团队、创业资源多个创业要素组成的复杂系统，创业过程依赖于各要素的匹配和平衡，而此过程从初始阶段就是一个连续寻求平衡的行为。

(三)创业是学习过程

由于创业活动的模糊性、不确定性和风险性，创业团队一开始就要注重学习，学习掌握市场规律、组织协调创业资源、管理生产经营、塑造企业文化。学习的目的在于提高创业团队的素质，使他们有能力应对机会和挑战，调整和修正未来思路。创业必须是一个不断向社会和他人学习的过程，这是成功创业的保障。

☞【案例分析】

三国杀的创业者

一、桃园结义

正如《三国演义》中刘备的霸业始于"桃园三结义"一样，三国杀的成功，同样得从三个人说起。

早在 2004 年，清华大学计算机系 99 级博士生杜彬就从一个瑞典朋友那里了解到了桌游在欧美的风行，他相信，这种趋势同样会在中国出现。2007 年博士毕业的杜彬在面对进入 IBM 研究院工作、加入私募基金公司的创业团队和自己创业三条道路的选择时，认为后两者"做出大事的概率比较大"，而桌游则将成为中国一个新的产业，但杜彬却缺乏一个足以撬动市场大门的桌游产品。

与此同时，中国传媒大学的两个 04 级本科学生黄恺和李由，正在淘宝网上销售自己自制的卡牌桌游《三国杀》——这是一个在规则上模仿国外桌游产品 BANG! 的兴趣之作。当杜彬玩到这款充满"三国味"的游戏时，他发现自己或许已经找到了打开桌游市场的钥匙。于是杜彬很快在淘宝上找到了黄恺和李由，将这款游戏商业化，成了他们共同的目标。

二、中国式改良

他们找来各种版本的三国故事，试图将武将与其特有的技能进一步融合。中国式改良的另一个目标是让《三国杀》走出 BANG! 的阴影。为此，他们改变了 BANG! 以出牌策略为核心的游戏模式，强化了武将技能的作用，使得《三国杀》拥有了更丰富的人物数量和技能。此外，在锦囊和武器的设计上，《三国杀》也超越了 BANG! 逐渐发展成为一个独特的体系。

2007 年底，在经过反复研究和改进后，《三国杀》日渐成型，并开始推出小规模试水的"推广版"，首印 5000 套。与此同时，投资 5 万元的游卡桌游工作室成立，2008 年 11 月工作室进化为游卡桌游文化发展有限公司，中国的桌游业打开了一个新时代。

三、"病毒式"流行

推广版的《三国杀》很快销售一空，这让年轻的游卡桌游有了更大的底气。然而，小小的游卡却面临一个关键的问题：缺钱！因为没有钱，他们没法像别的游戏公司那样打广告、做宣传，于是低成本的病毒式营销，成了他们无奈的选择。

为了使"三国杀病毒"尽快繁殖，选择传播欲望强、传播能力好的核心客户至关重要。游卡准确地将目标客户设定为高校学生和年轻白领，定期到北京各大高校和 IT、金融企业内组织《三国杀》活动和比赛。掌握了这两个核心群体，《三国杀》在北京迅速风行。

当初的推广版也为《三国杀》的病毒式营销收集了宝贵的信息。例如，不少人认为推广版的 64 元定价偏高，因此游卡迅速将后续推出的《三国杀》标准版定价下调到

30 元。玩家普遍反映推广版中刘备、孙权太强，标准版则将他们削弱——这不仅改善了游戏的平衡性，更让玩家获得了极强的参与感，加深了玩家的黏着度。就连规则说明书的用语，也根据玩家的阅读和理解习惯做了调整。

2009 年 7 月底，第七届中国国际数码互动娱乐展览会(China Joy)在上海开幕。此时，游卡桌游的财务状况已明显好转，这让他们有了第一次在宣传上的"大投入"——在 China Joy 的三天展期中，向前来参观的游戏爱好者赠送了 600 套《三国杀》，算上展费和人工费用，总投入约 5 万元。

到 2009 年底，《三国杀》在上海的市场规模已经超过了北京。然而，打开全国市场的大门还只是《三国杀》成功的第一步，占领用户心智之举则真正奠定了《三国杀》的霸主地位。由于中国市场尚在启蒙阶段，懵懂的玩家往往把《三国杀》和桌游等同起来，这让游卡有了垄断玩家心智的机会。

2009 年，《三国杀》销量迎来了爆炸式增长，共售出游戏 40 余万套，销售额超过 1000 万元。而在欧美地区，一款桌游产品成功的标准，不过是销售 2000 套。

四、借力盛大

在杜彬的记忆里，当年红火一时的桌游《强手棋》死在了电脑游戏《大富翁》的手中，因此《三国杀》必须拥有与线下版相辅相成的网络版。线下版引爆市场，突出依附在娱乐上的社交性；网络版则增加用户黏着度，同时解决玩家"一个人不能玩"以及各地玩家对规则理解存在差异的难题。

然而，从 2009 年上半年开始，尽管《三国杀》的用户与日俱增，寻求网游公司合作的工作却四处碰壁，网游圈的大佬们认为《三国杀》规则过于复杂，而根据他们的经验，一个上手如此之难的网游，几乎毫无市场前景可言。

正在一筹莫展之际，2009 年 4 月一天上午，杜彬突然接到了盛大一个"18 基金"经理的电话，他的目的很简单："我们想投资你们，你们有什么要求?"

几小时过后，又一个"18 基金"的基金经理打来电话，同样想要投资。当天晚上，当杜彬接到了第三名"18 基金"经理的电话时，他意识到他们的伯乐到了。

原来，在"18 基金"的一次策略会上，桌游被盛大视为非常值得投资的新兴热点行业。而这三个基金经理，都不约而同地把游卡和《三国杀》当成了最值得投资的桌游项目。

2009 年 6 月和 2010 年初，两笔合计超过两千万元的投资先后到位，游卡桌游文化发展有限公司解决了资金困难问题，盛大则获得了该公司的控股地位。

有了盛大的资金支持，游卡再次迈向了新的高度。开放性的"设计师俱乐部"开始面向一切热爱桌游的人征集创意，组织培训，甚至开始投资于一些拥有出色创意的小型桌游工作室。

同时，初具雏形的《三国杀》Online 版的研发和运营重心开始逐渐向盛大的专业网游团队倾斜。杜彬表示、网络版的运营最终会交给盛大，游卡则从收入中分成。

此外，杜彬和黄恺认为游卡每年应至少推出 10 款不同类型的桌游产品，丰富产品线，从而降低对《三国杀》的依赖。他们还学习网游的"资料片升级"模式，持续推出《三国杀》的后续升级版本。所有的升级版都以标准版为基础，既提升了标准版的可玩性，又延长了产品寿命，《三国杀》商业价值得以再度提升。

优化客户体验、塑造品牌形象的计划也悄然展开。作为行业的开创者和领导者，游卡迈出了更为坚实的脚步。

☞【案例思考】

通过三国杀案例，请结合图1-2分析创业的一般过程和创业方法。

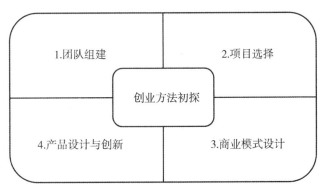

图1-2 创业一般方法与过程示意图

六、创业与创新的关系

创新、创业尽管有各自明确的研究边界，但同时也有着密不可分的内在联系。在信息化、经济全球化背景下，两者的相互作用和集成融合，对于我国创新、创业的理论与实践，对于构建创新型国家，推动企业进行技术创新、高等院校创新创业以及创新创业型人才培养具有重大且深远的影响。

（一）创业在本质上是人们的一种创新性实践活动

无论是何种性质、类型的创业活动，它们都有一个共同的特征，即创业是主体的一种能动的、开创性的实践活动，其本身具有较强的创新性。

（二）创业是一个从无到有的创新过程

创业的核心是创办企业，即通过创业者的努力，导致一个新的生产或服务性企业的诞生。通过理论或实践创新推出新的认识成果和物质产品，是创新实践的标志性内涵，正是在这样的意义上，创业从本质上体现着创新的特质。是否创办企业或者创办企业是否成功，是判断创业与非创业、成功的创业或失败的创业活动的基本标志。

创新和创业是不可分割的。创业是创新的特殊形态，创新是创业的基础源泉和前提，甚至是核心和本质，其价值也在创业。而创业是创新的载体和外在表现形式，是创新的目的与归宿，反过来也会推动创新。

（三）创业是一种推陈出新的社会实践活动

对原有的思想理念、制度文化和科学技术进行革新、改造、突破、超越乃至淘汰，这是一切创新活动共有的特质，而创业正是具有这样特质的一种实践活动。现代社会的创业，实际上是一种充满着激烈竞争的社会实践活动，这种竞争的一个具体表征，就是新创企业不断地以新的产品和服务方式取代那些产品和服务相对落后了的企业。

（四）创业是主体能动性的实践行为

主体能动性是一切创新活动的内在动因，创业过程中的主体能动性充分体现了它的创新性特征。首先，创业是一种高度的自主行为，在创业实践的全过程中，主体的主观能动性将会得到最充分的发挥和张扬。其次，主体的素养和能力等主体性创新要素是决定创业活动成败的关键。

（五）创新是创业的源泉，是创业的本质

创业者在创业过程中需要具有持续旺盛的创新、创业意识，才可能产生富有创意的想法或方案，才可能不断寻求新的模式、新的出路，最终获得创业成功。成功的创业离不开创新，脱离创新的创业，不能称为创业。每个成功的创业者都注重创新，他们可能开发出新的产品和服务，也可能找到了新的商业模式，或是探索出新的制度和管理方式，从而获得成功。正如微软开发了 Windows 操作系统平台，极大地方便了计算机的使用者，改变了计算机只能由少数人操作的局面；英特尔公司开发了 CPU，极大地加快了计算机的计算速度，也成就了微软、英特尔创业的成功。

创新的价值在于创业。从某种程度上讲，创新的价值就在于将潜在的知识、技术和市场机会转化为现实生产力，实现社会财富增长，造福人类社会。而实现这种转化的根本途径就是创业。

从总体上说，科学技术、思想观念的创新，在促进人们物质生产和生活方式的变革，引发新的生产、生活方式，进而为整个社会不断地提供新的消费需求，这是创业活动之所以源源不断的根本动因。现代创业活动依赖于科学技术、生产流程和经营理念创新支持下的产品和服务创新，正是在这样的意义上，创新成为一批又一批新企业诞生的内在支撑和根本保障。

尽管创新与创业密切相关，但两者也有着一定的区别，创新不等同于创业，创业也不等于创新。总之，从企业生存和发展的实践来看，创新具有非常重要的理论和现实意义，创业企业需要不断加强管理创新的探索和实践，帮助企业拥有持续的竞争优势。

第二节　创业人生

一、创业型人才

企业经营的成败取决于创业者自己。在决定创业之前，创业者应当分析并评价自己是否适合具有创业的素质、能力和物质条件。企业的成败取决于你自己。在你决定创业之前，应该分析评价一下自己，看看你自己是否是创业型人才。成功的创业者之所以成功，不是因为他们走运，而是因为他们具有强烈的创业意愿、工作努力，并具有创业的素质和能力。

（一）创业意愿

意愿是一种心理状态，引导个人的注意力甚至是经验和行动，为了获得某件东西(某种方法），而指向一个特定的目标（目的）或道路。意愿表明了行动者对于行为的有目的和自发的状态，行动者可以预想他的行为，但是没有办法预想行为的结果。创业者的欲望与普通人欲望的不同之处在于，他们的欲望往往超出他们的现实，往往需要打破他们现在的立足点，打破眼前的樊笼，才能够实现。

（二）创业意愿的影响因素

在创业意愿的理论研究中，创业意愿是潜在创业者对从事创业活动与否的一种主观态度，是人们具有类似于创业者特质的程度以及人们对创业的态度、能力的一般描述。创业意愿旨在创立一家新公司或是在已有的公司中创造出新的价值增长点。创业意愿有两个维度，其一是内源/外源维度，即创业者的意愿（内源）和利益相关者、市场等的意愿（外源）。创业意愿的另外一个维度是理性/直觉维度。理性的、分析的和因果导向的心理过程是商业计划、机会分析、资源获取、目标设定和大多数目标指导行为的基础。直觉的、整体的和情景性的思维，如愿景、预感等，同样驱使着创业者坚定不移地去追求创业目标。影响创业意愿的因素主要包括以下四个方面：

（1）个体特质对个体的创业意愿具有重要的影响，它在很大程度上决定了个体的创业意愿。影响创业意愿的心理特征有成就欲望、内控信念、风险承担倾向、识别和利用机会的能力、模糊性承受能力、处理问题的风格、企业家的个人价值观选择等。

（2）创业环境的影响。首先，包括经济、社会、文化、政治等因素；其次，涉及便利创业过程的来自外在环境的所有支持或帮助服务。

（3）从学生接受的创业教育的角度看，个人背景、在校经历、前瞻性人格、创业能力、具备的创业知识都会影响个体的创业意愿。

（4）在计划行为理论中，对创业意愿的研究发现，创业意愿主要由以下三个方面决定：一是态度，指个人对行为所抱有的积极或消极评价；二是感知行为控制力，即个体感知到的执行某种行为的控制能力；三是主观规范，即影响个体决策的外界因素，包括个人感知到的来自配偶、家属、朋友、老师、医生、同事等重要参照个人或群体对行为的期望。

二、创业素质

为什么是一些人，而不是另外一些人成了创业者？创业者作为创业主体，其创业素质在创业道路上扮演者重要作用。通常，创业者可以从以下方面进行思考并判断你的创业素质以及创业成功的可能性。

承诺：要想成功，你得对你的企业有所承诺，也就是说你得把你的企业看得非常重要，要全身心地投入。你愿意加班加点地工作吗？

动机：如果你是真心想创办企业，成功的可能性就大得多。你要问问自己，你为什么想创办自己的企业？如果你仅仅想有些事情可做，你创业成功的可能性就不大。

诚实：如果你做事不重信誉，名声会不太好，这对你创办企业是不利的，会对你的生意产生负面影响。

健康：你必须健康。没有健康的身体，你将无法兑现自己对企业的承诺。要知道，为企业操劳会影响你的健康，你要衡量一下你的身体条件，是否适应创办企业的需要。

风险：世上没有绝对保险的生意，失败的风险随时可能发生。你必须具有冒险精神，甘愿承担风险，但又不能盲目地去冒险。先看看你可以冒什么样的风险。

决策：在你办企业的过程中，你必须做出许多决定。当要作出对企业有重大影响的决定而又难以抉择时，你必须果断。也许你不得不辞退勤劳而忠诚的员工，只要有必要，就得这么做，不要都发不出工资了，还碍于情面保留雇员。

家庭状况：办企业将占用你很多时间，因此，得到家庭的支持尤其重要。你要征求家庭成员的意见，如果他们同意你的创业想法，支持你的创业计划，你就会有强有力的后盾。

技术能力：这是你生产产品或提供服务所需要的实用技能。技能的类型将取决于你计划创办的企业的类型。

企业管理技能：这是指经营你的企业所需要的技能。市场营销技能固然很重要，但掌握其他经营企业的技能也很必要，如成本核算和做账方面的技能等。

相关行业知识：对生意特点的认识和了解是最重要的，懂行就更容易成功。

三、创业精神

(一)创业精神的本质

创业精神，简而言之，就是开创事业的思想和理念。创业就是一种创新的精神，一种思考、推理和行动的方式。创业精神适用于个人、企业和国家。它既包括了创业的需要和动机，又包括了创业的思想和方法。创业精神是自主精神、创新精神和务实精神的综合体现。

(1)自主精神

自主精神是创业精神的基础。创业具有实践的各种特征，它以自然和社会为活动的客体，以促进人和社会的发展为目的，其结果是实现人和社会的共同发展和改造。如果对创业实践做具体的分析，就会发现它除了具有实践活动的普遍性外，还具有高于一般的实践活动的特征：在人的自主能动性方面，它特别突出了人的自主精神，即自由创造、自主创业、自立自强的精神，这种自主精神就是创业精神的基础。创业精神的强弱取决于人们自主创业的意愿，这种意愿也就是人的创业需要、创业动机，以及由此升华而成的创业理想，它构成人们的创业意识。创业意识从本质上说就是一种自强自立的精神，它是人们创业的内在动力，是创业精神的基础内容。

(2)创新精神

创新精神是创业精神的核心。在这个社会中，创新和创业精神是正常、稳定和持续的。正如管理已成为所有现代机构的特有机制，成为组织社会的主体职能一样，创新和创业精神也必须成为维持组织、经济和社会的生存所不可或缺的活动。创业就意味着创新，创新就意味着突破。具体到精神领域，则意味着要形成将变革视为正常的、有益的现象的精神，形成一种寻找变革，适应变革，并将变革当作开创事业的机会的精神，形成一种赋予资源以新的价值的创造性的行为能力。

(3)务实精神

务实精神是创业精神的归宿。务实精神是我国自古以来就重视和提倡的一种精神，它包括多重含义，要求人们办实事、求实效、立实功，躬行践履，不尚空谈，脚踏实地，实事求是，以至达到名与实相符。务实精神是我国的传统美德，也是创业精神的落脚点。创业就是要建立一番事业，它是一种实实在在的实践活动，要扎扎实实地付出艰苦的努力。因此，讲求实效，踏实干事等务实精神，是创业精神的最终归宿。

(二) 创业精神的来源

创业精神并非天生，而是在一定的社会、经济、政治、文化以及个人等条件中形成的。换句话说，影响创业精神形成的因素主要有经济、文化、政治及家庭和自身情况。

(1) 经济形式与创业精神的形成

经济形式是人类经济的运行形式，是影响创业精神形成的至关重要的决定性的因素。自然经济这一经济运行形式是不需要创业精神的，同时，它也不可能产生和形成创业精神，因为自然经济是一种保守、停滞、封闭和孤立的经济。

创业精神是商品经济发展的产物，商品经济才是创业精神产生的天然土壤。因为，在商品经济中，市场是方方面面联系的纽带，市场竞争是"最高权威"，企业时时都处于一个充满风险、充满机会的急剧变化的竞争环境之中。因此，在商品经济条件下，在市场竞争这一压力机制下，创业者是否具有冒险、创新和竞争意识，就决定着企业的生存与发展，决定着企业能否顺利地完成"惊险的跳跃"。正是这种优胜劣汰、极具竞争性的商品经济的存在和发展，创业者才有了展露自己才华的舞台，才产生了冒险、创新等创业精神。

(2) 文化环境与创业精神的形成

创业精神的形成需要一种适合的、特定的文化环境。而特定的文化也会形成特定的创业精神。在士、农、工、商等级森严的环境中，在重农抑商的文化中，是不可能形成创业精神的。重农抑商、士农工商这种文化，诱发人们的只能是"做官为荣""升官发财"的价值取向，产生的只能是"头悬梁、锥刺股"的"读书做官""学而优则仕"精神，一旦皇榜高中，便可光宗耀祖，封妻荫子，"一人得道，鸡犬升天"。在这种文化中，即便是"经商"，最终也是为了挤进仕途。

适合创业精神形成的文化环境，应该是没有森严等级规定而只有社会分工不同的环境。人们在这种分工环境中，只要获得了成功，就会赢得较高的社会地位。在这种文化中，人们尤其赞誉那些经济上的成功者，因为人们知道，经济的发展是人类社会发展和文化进步最终依赖的根本。

(3) 经济体制和政治体制与创业精神的形成

创业精神产生于特定的经济和政治体制中，这种体制的特征是把政府官员与企业家严格区分开来，各行其是、各负其责。就经济体制而言，在高度集中的计划经济体制下，是不可能产生真正意义上的创业者的。因为企业是国家机构的"附属物"，它没有生产经营的自主权，一切依照"上级"的指令行事，企业的领导人无须去挖空心思，殚精竭虑为企业的生存发展担忧。

在市场经济体制下，企业是市场主体，市场是企业的指挥棒，各方利益均要通过市场来实现。企业如果没有精明的领导人，如果缺乏创业精神，就很难生存和发展。因而市场经济呼唤创业者和创业精神，市场经济是产生和形成创业精神的基础。就政治体制而言，在政企不分的政治体制下，也不可能游离出真正意义上的创业者，不可能产生创业精神。

(4) 创业者家庭和自身情况与创业精神的形成

形成创业精神的个人因素，包括创业者的家庭状况和创业者的自身状况。就创业者的家庭状况而言，他的家庭的社会地位、经济条件、成员，尤其是他父母的受教育程度、信仰、工作性质、性格以及教育子女的方式方法，对创业精神的形成都有着十分重要的影响。

(三) 创业精神的作用

创业精神贯穿于创业过程的始终，是调节商机和资源的杠杆，能保持各类创业资源的均衡，推动创业进程的整体推进，具体有如下两方面的作用。

(1) 创业精神是创造财富的源泉

创业精神所形成的创新行为可以改变资源产出，创业精神的创新行为经常表现在建立新的顾客群。比如，麦当劳在精心研究顾客所注重的价值后，设计出了小孩喜欢的一套玩具，小孩每次来麦当劳就送给他一个玩具。这个做法吸引了许多孩子，建立了孩子这个新的顾客群，提高了购买力资源，为麦当劳创造了更多的利润。

(2) 创业精神有利于加快转变经济发展方式

创业行为经常表现为创造新的产业。如 1975 年乔布斯在车库里研制了个人计算机，使得计算机成为个人拥有的工具，1976 年乔布斯创建了苹果公司。很多这样的公司后来成为著名的企业，带动了一个产业新的增长。不仅如此，创业精神的创新行为还改变了经济增长方式，改变了产业结构，创造了新的产业——高新技术产业。

(四) 创业精神的培育

创业精神的培育不仅需要创业者提高自身的学识修养，更需要制度建设。学识修养是软件，制度建设是硬件。不能只靠内在的修养，还要靠制度的调节。

(1) 建立创业精神的主体孵化机制

创业精神的某些特质是一种天赋，即成功的创业者的许多资质都是天生的。美国微软公司联会创始人比尔·盖茨不是靠幸运取得成功的，微软也不是建立在偶然基础上的软件帝国。盖茨是计算机天才，更是一个经营和管理天才。他非凡的事业心和进取心，他的高瞻远瞩和异常敏锐的市场嗅觉，是很多人无法超越的。盖茨对商机的直觉和判断力方面的天赋也是很多人都无法比拟的。需要指出的是，在强调天赋的同时，还应该看到后天的学习对创业精神培育的作用。创业精神的孵化离不开创业者个人自身的勤奋学习、不断进取以及对某些特质、个性的刻意培养和强化。

(2) 保持思想上的先进性

先进的思想理念是任何行动成功的基本前提。观念上的超前会将创业者置于更高的层次，为其提供更为广阔的视野和更新的观察视角。保持思想上的先进性就是要以动态的、发展的眼光看待问题，时刻与外部环境同步，保持高度的外界敏感度，在此基础上进行不断的观察、分析与总结。

一是创业者要对政治、经济、文化等宏观环境敏感。具体包括国内政治体制的变动，国际政治格局的重新定位，全球经济发展趋势及侧重点的转移，新的经济增长点的形成以及地区和国际市场上消费者文化意识形态、观念的发展动向、新的需求倾向等。

二是创业者要对技术环境敏感。创业者要关注新技术的出现与发展，了解新技术可能带来的对人类社会生活、思想观念的影响，以及新技术可能带来的对新产品、新的企业甚至新的行业的重大影响。

三是创业者要对同行竞争者、供应商、经销商、潜在入侵者、替代品生产商、政府、最终消费者等企业的利益相关者给予特别的关注。创业者通过分析市场环境的均衡力量与发展倾向，可以知晓本企业所处的地位和前途。

(3)不断完善知识框架

现代科技的迅猛发展促使创业者知识架构不断提升和更新。近年来，在以高科技创业为主流的新经济活动中涌现出了一大批创业者，如马化腾、马云等，这些创业者生动地诠释了新经济的力量，也打造了年轻一代华人"知本家"的创业传奇。全球化时代，中国创业者受教育程度普遍提高，知识结构日渐丰富，逐步具备驾驭全球化时代的本领，同时他们善于把显性知识与隐性知识结合起来，及时预测和捕捉市场商机，开始赢得管理经营上的主动权。

创业者完善的知识架构要靠日积月累，不断充实。一方面要"博"，创业者应该广泛涉猎社会生活知识、人文历史知识、经济学基本理论、管理科学知识和法律法规知识，这将有助于为自己的知识结构筑就广博的"源头活水"；另一方面要"专"，良好的专业技能是创业者事业成功的保证，创业者应该根据自己的兴趣特长深入发掘自己的专业潜能。

(4)培养过硬的心理素质

创业者的心理素质是创业者气质、兴趣、性格的统称。创业者心理素质结构应当合理，即创业者各种气质、兴趣、性格能够兼容互补，减少冲突，达到和谐。

创业者的心理素质培养，应该着力于三个方面。一是培养顽强的忍耐力，塑造百折不挠的韧性。要认识到，困难是人生的常态，挫折是一种投资，所以要百折不挠、勇往直前。二是培养高度的承受力、要学会自我心理调节。商场如战场，市场环境变化无常，福祸难测，创业者要具有良好的心理调节能力，真正做到临危不惧，处乱不惊，受挫不馁。三是要学会独处，注意时常反省自身。戒骄戒躁，不断反省自我，时刻保持真我本色和清醒的头脑。

(5)营造宽松、进取、开拓、创新的社会文化氛围

从社会层面看，创业精神的培育与孵化具有普遍性和广泛性。需要在全社会营造宽松、积极进取、开拓创新的文化氛围，鼓励企业创新创业，使创业者的个性得以完全、充分、自由地发挥。政府相关的政治、经济、法律等激励政策的制定及配套完善的企业服务体系建设，将从很大程度上扶持和促进企业的创新工作，进而有助于创业精神的培育。

社会文化对创业精神的孵化有着重要的影响力。社会文化即民族文化，是全社会成员在共同的生产、生活中所形成的价值观念、行为规范、精神信仰、心理定式、思想意识、风俗习惯、科学文化水平等文化特质。社会文化是创业精神最直接也最充分的营养汲取源头，社会文化中明显的趋势特征往往也会在全社会的创业精神中得到充分的体现。

(6)充分发挥政府的服务与导航功能

第一，一国在政治、经济、法律等方面制定的政策和措施，有助于保护企业的相关利益，鼓励创业者积极创业。

第二，加强企业服务体系建设，突出重点，鼓励创业，扶持创业企业健康成长。各国或地区的企业面临的经营问题大同小异，所以政府向企业提供的支援服务种类也很类似，主要有信息公开、融资服务、基础设施建设、业务拓展支持、科技支援、质量服务和人力资源发展等。

从中小企业的不同成长阶段来看,服务体系建设可粗略地分为两类:一类侧重于创业环境;另一类侧重于成长环境。前者重点在于简化创业手续,降低交易成本,制定鼓励性的政策,加强基础设施建设,营造出激发人们创业的氛围;后者则侧重于满足企业资源外取和扩张的需要,如融资、信息服务、管理咨询等。

(7)健全创业者资源配置机制

经济全球化的一个重要特征就是各类生产要素在全球范围内自由流通配置。创业者作为一种十分关键、十分特殊、十分稀缺的资源,只能通过市场配置,才能"人尽其才,才当其值",从而使这种珍贵的资源得到最充分合理的利用,发挥最大效益。

这一点现在已达成共识,各级政府正在积极呼吁并着手建立中国的创业者市场,其中的关键是构建合理有效的运行机制,使市场充分体现优胜劣汰的效能,充分体现公开、平等、竞争、择优的市场原则,促进创业者公平竞争、不断自律和自我完善。例如,全面建立实施创业者市场准入制度、建立职业经理人中介机构的职业资格制度等。

☞【案例分析】

从烟草大王到橙王

2012年11月红塔集团原董事长、昔日"中国烟草大王"褚时健种植的橙子在北京正式上市。这位20世纪末叱咤中国烟草业的风云人物,在蛰伏十年之后,再次走进人们的视野。

褚时健1928年出生在云南省玉溪市华宁县的一个农民家庭,自1979年10月(51岁)任玉溪卷烟厂厂长后便荣誉不断:1990年被授予全国优秀企业家终身荣誉奖"金球奖",1994年被评为全国"十大改革风云人物"。

在其领导玉溪卷烟厂(后为红塔集团)的18年里,为国家贡献的利税至少有1400亿,玉溪卷烟厂也由一个根本不知名的小企业,一跃成为亚洲第一、世界第三的国际著名烟草企业集团。

褚时健虽曾缔造红塔帝国风光一时,却因贪污案而身陷囹圄。70岁时,女儿自杀身亡;71岁时,被判无期徒刑;74岁时,保外就医;75岁时,承包2000亩荒山创业;84岁时,果园年产橙子8000吨,利润超过3000万元。

然而,橙王褚时健的再次创业还要从保外就医谈起。

2002年保外就医后,众多烟草企业高薪请褚时健出山当顾问,却被他一一拒绝。2002年,褚时健投身冰糖橙这个行业时,云南的冰糖橙市场已经饱和。但当他吃到来自澳大利亚的进口橙子时,就想创自己的牌子。熟悉褚时健的人说,这就和当年他看到国外的著名香烟品牌万宝路时的反应一样,一个劲儿地想要创造中国自己的高档香烟品牌。

褚时健二次创业,进入冰糖橙这样一个市场几近饱和的行业,就是想要证明在体制外也能成功。他是在探索一种新农业模式。

褚时健和妻子在橙园搭了工棚,吃住都在园里。他要在这块贫瘠的土地上种出极品橙子,把国外橙子比下去。

白手起家困难重重。橙子刚挂果时，褚时健年年都会遇到不同问题，果树不是掉果子，就是果子口感不好。这个没什么爱好的老人，买来书店所有关于果树种植的书，一本一本地看。

后来橙子不掉了，但口感淡而无味，既不甜也不酸，褚时健睡不着，半夜12点爬起来看书，经常弄到凌晨三四点，最后得出结论，一定是肥料结构不对。

这种果子褚时健不敢卖到市场上，因为怕砸了牌子。第二年，褚时健和技术人员改变肥料配比方法，果然，口味一下就上来了。据说，这种用烟梗、鸡粪等调制的有机肥，成本虽只有200多元，效果却赶得上1000元的化肥。

褚时健说："好的冰糖橙，不是越甜越好，而是甜度和酸度维持在18∶1左右，这样的口感最适合中国人的习惯。"

作为一个标准的技术型企业家，褚时健学习能力强，对技术要求严苛，实实在在提高产品品质，扎扎实实做东西，这都体现了一个企业家的实业精神。他还经常戴着草帽，穿着拖鞋，为了寻找水源而一天爬几个山头。

在管理方式上，他使用了以前的办法。以前在管理烟厂的时候，他采用和烟农互利的办法。为了让烟农种出优质烟叶，他采用由烟厂投资，直接到烟田去建立优质烟叶基地的办法，并且把进口优质肥料以很低的价格卖给烟农。当时烟农有好多都富了，与烟农"双赢"的是烟厂，原料一天比一天好，竞争力一天比一天强，工厂的盈利能力越来越强。

而在果园，他给每棵树定标准，产量上定个数，说收多少果子就收多少，因为太多会影响果子质量，所以，多出的果子他不要。这样一来，果农一见到差点的果子就主动摘掉，从来不以次充好。

他还制定了激励机制，一个果农只要承担的任务完成，就能领到4000元工资，质量达标，再领4000元，年终奖金2000多元，一个农民一年能领到一万多元，比到外面打工挣钱还多。

以前，褚时健管理烟厂的时候，想到烟厂上班的人挤破头；现在他管理果园，想在果园干活的人也挤破头。

如今，这位老人，面对人生的沧桑，懊恼过、痛苦过，但流过泪后，擦干泪水，又一次点燃希望之火，用心过日子，将日子过得红火，让周围的人幸福、快乐。

☞【案例思考】
该案例体现了创业者的什么创业特质和创业精神？

四、创业环境与时代

(一)创业环境

创业环境是指创业者在创业的过程中，围绕创业企业成长而变化、影响创业企业成长的各种要素及其要素所组成的系统。它包括政治、经济、法律、科技、社会、自然等方面的因素，这些因素相互作用、相互制约，构成一个有机整体。

依据创业环境要素的归属，创业环境分为一般环境和特殊环境，如图 1-3 所示。一般环境包括政治与法律环境、经济与技术环境、社会与文化环境、自然环境等要素。特殊环境包括产业环境、融资环境、市场环境、利益相关者等要素。

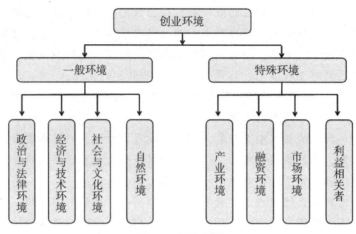

图 1-3　创业环境

政治与法律环境包括国家政治制度、政治的稳定性、政府对创业者的态度、法律政策、政府政策、政府项目等。政治与法律环境涉及创业行为的难易程度及其安全性，从而直接或间接地影响着创业活动，因而是创业者决定创业方向的重要评价因素。经济与技术环境包括经济体制和经济政策、经济发展水平及其发展潜力、市场规模及其准入程度、科技发展水平、金融支持、研究开发转移、商业环境、社会基础设施等因素。创业者的创业动机虽然有着很大的差异，但基本上是以追求经济利益为基本前提的。因此，经济因素是影响创业的直接因素。一个国家和地区的经济是否发达，市场是否成熟，技术是否先进，社会设施是否完善对创业起着决定性的作用。

社会与文化环境包括的内容非常广泛，如宗教、语言、教育体制、培训等。创业者在选择创业地点时要关注创业所在地区人们的处事态度、价值取向、道德行为准则、教育程度、风俗习惯等构成的环境因素。社会文化因素与政治因素不同，政治因素一般带有强制性，而文化因素则带有习惯性。

自然环境同样也是创业者需要考虑的重要因素。创业者在选择创业项目时，要考虑到对周围环境的影响，提倡绿色环保，坚持可持续发展。目前我国对一些排放超标的项目是禁止创业的。

特殊环境属于创业的微观环境，微观环境涉及创业者选择的产业状况、是否是国家支持行业、行业进入壁垒、融资的难易程度、市场竞争力的大小、相关利益者的态度与利益等，和企业密切相关，直接影响到创业企业战略的选择、策略的制定以及创业的成功与否。

此外，依据创业环境因素的性质，创业环境还可分为硬环境和软环境。硬环境是指有形的环境要素，包括物质环境和区位环境，如基础设施、交通条件等；软环境是指无形的环境要素，如政治法律环境、经济环境、文化环境等。

(二) 创业时代

党的十七大提出要改善就业结构促进以创业带动就业，使更多劳动者成为创业者。党的十八大要求政府贯彻促进就业和鼓励创业的方针，做好高校毕业生为重点的青年就业工作，提升劳动者就业创业能力。2014年9月，在夏季达沃斯论坛上，国务院总理李克强首次提出了"大众创业、万众创新"的理念。2015年国务院常务会议的内容，又再次把目光聚焦在创新创业上。2015年，李克强出席首届全国大众创业万众创新活动周，发表即席讲话并考察了主题展区。李克强强调，大众创业、万众创新首要在"创"，核心在"众"。互联网时代，无论是"草根"还是"精英"，都可以投身创新创业，一展才能。政府要做创新创业者的"后台服务器"，通过不断完善所需的公共产品和服务，不断清除制约"双创"的障碍，不断织牢民生保障之网，增强创新创业者试错的底气和勇气。在中国，任何历史时期都没有比现在更加需要推崇创新创业精神，全国范围内掀起了创新创业的热潮。

大学生创新创业教育是时代发展的要求、国家发展的需要、经济发展和转型的强大动力，同时又是高等教育教学改革的重要内容。各级政府也纷纷将大学生创新创业作为工作重点，出台一系列鼓励大学生创业的优惠政策。各高校也逐渐意识到激发大学生创业意识、培养大学生创业精神与创业能力的重要性。1998年5月，清华大学成功主办了第一届大学生创新创业计划大赛之后，全国"挑战杯"大学生创业计划竞赛、全国大学生电子商务"创新、创意及创业"挑战赛、"互联网+"大学生创新创业大赛等创新创业类竞赛极大地激发了大学生创新创业的热情。2012年8月1日，教育部办公厅关于印发《普通本科学校创业教育教学基本要求(试行)》的通知，鼓励普通高等学校开展创业教育，各高校纷纷响应文件精神，结合自身实际情况，积极探索大学生创新创业教育，将创新创业教育纳入教学培养体系，成立创业园、开设创业课程。"十三五"规划建议中提出，要全力激发创新创业活力，推动大众创业、万众创新，有效地落实高校毕业生就业促进和创业引领计划，带动大学生就业创业。

在"大众创业，万众创新"浪潮的推动下，国家及各级政府都在不断加大创业政策支持力度，从金融支持、政府政策、项目、教育和培训、研究开发转移、商业环境及专业基础设施、市场开放程度、有形基础设施、文化及社会规范等方面推动我国社会创业环境的优化。如果说十年前的中国大学生是受比尔·盖茨等人的影响去创业的话，十年后的今天，一个中国大学生义无反顾地投入创业热潮，除了带有对马云、张朝阳等中国式创业神话的崇拜外，更多的还是因为对当前创业环境和自身所具备的创业能力的信心。

知识经济是建立在生产、分配和使用知识和信息的基础上的经济，它以现代科学技术为核心，以知识经济的占有、分配、生产、消费为重要因素的新经济，具备以新科技革命为依托、以高科技人才为核心、创新、一体化经济的特点。知识经济关键构成要素是知识、技术创新及创业，发展知识经济能加速科技成果转化和新产品开发，提高技术含量并降低对有形生产要素的依赖，有效推动我国由粗放型经济向集约型经济转变。世界经济一体化，促使我们重新审视与认识知识决策的重要性，经济形态的人性化表现加速了科学技术与经济运行的结合，知识型企业应运而生。

知识经济时代已经来临，时代呼唤着高素质的创新与创业人才。随着全球一体化进程的快速发展，全球竞争加剧，创新创业已经成为 21 世纪经济发展的原动力和"发动机"，是当代科技进步的"助推器"，是一国经济繁荣的驱动力。

知识经济时代下的创业活动具有以下特征。

1. 创业型企业以创新驱动为发展核心

知识型经济是以创业和创新为驱动的经济，这就要求知识经济时代创业更注重创新的力量和作用，高科技、知识密集型、新产品、新商业模式企业诞生和迅速成长。

2. 企业内部创业日益增多

企业内部创业，既包括企业面临困境时的革命性战略改变，也包括企业在良好经营状态下，为维持现状及进一步发展进行的创造性努力，这是企业持续发展的动力。现在的大企业已经不是创业浪潮中的旁观者和被动的应对者，甚至世界知名企业也在积极地寻找和追逐新的、有发展前景的创意和商业机会，这些工作需要内部创业者完成，其创业主体为企业管理者与员工，是一种更广泛意义的创业。企业不断通过管理机制创新、技术创新、采用新战略、开拓新市场，形成、发展和完善自身核心竞争力，赢得企业竞争胜利。

五、创业教育

(一) 创业教育的由来

创业活动最早开始于 20 世纪 80 年代初的美国，1983 年，德州奥斯汀大学举办了首届大学生商业计划竞赛。接着，麻省理工学院(MIT)、斯坦福大学等 10 多所大学每年都继续举办。其中，MIT 的影响最大。1989 年，在北京举行"面向 21 世纪教育国际研讨会——"21 世纪的劳动世界"大会，首次提出"事业心和开拓教育"的概念，后被译为"创业教育"(enterprise education)。

创业教育思想一经提出，即得到联合国教科文组织、世界劳工组织、世界银行和国际教育署的大力支持和积极倡导。美国是较早在学校中进行创业教育的国家，并从 1998 年1 月开始实施"金融扫盲 2001 年计划"，向中学生普及金融、投资、理财、营销、商务等方面的"超前教育"，积极培养"未来的经理人"；日本也从 1998 年起提出了从小学开始实施就业与创业教育；印度则在 1996 年提出"自我就业教育"的概念，鼓励大学毕业生毕业后自谋出路；我国创业教育发展是伴随着创业活动的开展而逐步推开的，最早是 1999 年清华大学举办的第一届挑战杯中国大学生创业计划竞赛。

创业教育在全球随着知识经济时代的到来而不断深化。在美国，创业学已成为大学，尤其是商学院和工程学院发展最快的学科领域。美国很多高校开设了创业学课程，并且已经形成了一套比较科学、完善的创业教育教学、研究体系；英国政府 2005 年发起一项中学生做生意计划，要求所有 12 岁到 18 岁的中学生必须参加为期两周的商业培训课程，以促进经济发展；我国组织开展大学生创业计划大赛，在大学生中进一步开展创业教育。2003 年颁布的《中共中央关于完善社会主义市场经济体制若干问题的决定》，把"增加国民的就业能力、创新能力、创业能力，努力把人口压力转变为人力资源优势"纳入深化教育体制改革的重要目标，是我国创业教育迈上新台阶的主要标志。党的十七大报告指出，要"实施扩大就业的发展战略，促进以创业带动就业"。这都为中国高校创业教育的进一步开展提供了良好的条件。目前，我国各个高校大学生就业服务工作，也从单纯就业指导转变为就业与创业指导，创业的提出突出了社会及学校对大学生创业能力培养的高度重视。

（二）创业教育的内涵

创业教育是一种新的教育理念，是与知识经济和经济全球化时代大趋势相适应的。可以说，创业教育是具有丰富内涵和鲜明时代特征的概念。

创业教育被联合国教育、科学及文化组织（简称联合国教科文组织）称为教育的"第三本护照"，赋予了与学术教育、职业教育同等重要的地位。创业教育英文为 enterprise education，究其含义，有广义、狭义之分。

从广义上来说，联合国教科文组织指出："创业教育是指培养具有开创性的个人，它对于拿薪水的人同样重要，因为用人机构或个人除了要求受雇者在事业上有所成就外，正在越来越重视受雇者的首创、冒险精神，创业和独立工作能力以及技术、社交管理技能。"

从狭义上来说，创业教育则指进行创办企业所需要的创业意识、创业精神、创业知识、创业能力及其相应实践活动的教育。但在目前的大学中，"创业"已经超越了"创办企业"的狭义概念，而更具有开创事业、开拓事业、开拓业绩的含义，其内涵体现了开办和首创的困难与艰辛，体现了过程的开拓性与创新性。创业教育是一种为学生成长和综合素质提高的素质教育。

创业教育不能单纯地理解为教导学生从事创业活动，而应该理解为通过一系列的创业知识学习和创业实践，尤其是通过与专业教育、素质教育的结合，培养学生敢于创新、勇于创业的精神，同时又具有较强的适应能力与开拓能力，能够使学生在复杂的环境下寻求发展的机会。

世界创业教育首屈一指的美国百森商学院指出，大学的创业教育不同于社会上认为的以解决生存问题为目的的岗位职业培训，或以"企业家速成"为目的的"创业教育"活动。

真正的创业教育应该抛弃急功近利，而应当着眼于为未来的几代人设定创业遗传代码，以造就最具革命性的创业一代作为其价值取向这种前瞻性的创业教育理念，实质上是一种面向"创业革命开发人力资源的教育创新"。

创业教育不同于以往的适应性、守成性教育，而是注重把创业精神和开拓技能的培养提高到学术性和职业性同等重要的地位，通过培养具有开创性个性的人，使他们能更好地适应未来社会需要，更好地为促进社会经济发展和个人生活质量提高发挥作用。创业教育不只是灌输创业的专业知识，而应把创业教育看作培养学生个性品质、心理意识、创业技能等全方位、多领域素质的"系统整合性"教育活动。

美国百森商学院的学者们曾经选取了 10 位江浙一带的成功企业家做分析，结果发现，他们的成功都具备三个因素：第一，他们对环境理解得非常透彻；第二，一旦发现机会，他们迅速行动，并不做详细的得失分析，第三，他们都对成功有不达目的不罢休的决心。

目前中国的机会充分，对于具备以上素质的创业者，成功是显而易见的。

其中，创业者、环境和教育三者是"天时、地利、人和"的关系，是应该相互支撑的。在环境具备的前提下，就像现在的中国市场，创业教育能教给学生的主要是捕捉机会的眼光和组织资源的能力，提供帮助企业快速、高效发展的动力，也就是通过教育，学会利用环境，抓住机会，发展自己。

创业教育教给学生不仅要懂得参与企业运作，更要懂得如何建立企业，要从单方面思考问题转变到综合全面思考问题，要从关心自己过渡到关心企业。

创业教育就是要改变以往就业教育思维模式，培养主动求职者和工作岗位的创造者，使高校毕业生不仅成为求职者，而且逐渐成为岗位的创造者；既可以为自己创造就业机会，还可以为更多的人创造就业机会。这种以创造性就业和创造性就业岗位为目的的创业教育，不仅是现实社会发展的需要，也是高等教育自身发展的需要，是实现高等教育可持续发展的重要途径，是实现我国高等教育大众化的必然选择。

创业教育是挑战全球经济一体化的必要条件。随着全球经济一体化和高等教育国际化进程不断推进，人才的竞争也出现了国际化。国外高等教育培养的人才越来越多地参与我国就业岗位的竞争，这使社会就业岗位的竞争愈加激烈。特别是我国劳动力市场未能形成很好的分割，不同层次的人才对就业岗位的竞争是无序的，这也导致就业形势的恶化。面对如此尖锐的就业矛盾，高等学校仅培养学生单纯地去竞争现有的就业岗位已无法适应社会要求，培养学生具有较高的创业能力，既能"求职"又能创造新的工作岗位已势在必行。

创业教育是培养适应市场经济发展的创业人才。我国正在建设的市场经济具有开放性、自主性、竞争性、创新性、法制性等特点。通过创业教育，培养大学生善于观察、勤于思考的品质，使他们具有远见卓识和丰富的想象力，具备一定的理论知识、经验积累，在业务技能、业务基础等创业的智力因素方面得到锻炼，同时培养他们的理想、抱负、信念、意志、毅力等创业的非智力因素，使他们具备生存能力、竞争能力，真正成为充满活力的社会个体和群体，走向社会，担负起创业的重任，进而实现自我价值。

推动创业教育所带来的实际效果，绝非缓解就业压力这么简单、直接、短暂。从更基本面出发的创业教育，其目标不是帮助学生开办公司，而是着力于培养具有开创性的人，培养首创精神、冒险精神、独立意识、创业能力以及挑战现状并创造性地解决问题、满足需求的本领。从"价值塑造、能力培养和知识传授"三位一体的教育观来看，价值塑造层面的意义不容低估。创业教育如推动得当，将会有力地改变一代青年人的追求与面貌。接受创业教育的人，不会"等、靠、要、熬"，不会是"被动接受、挑剔抱怨"的旁观者或者随大流的人，而是充满着起而行之，从我做起的劲头。

(三)创业教育与其他教育的关系

创业教育与单纯的知识教育、能力教育和就业教育有所区别，创业教育是一种基于综合素质培养基础上的开拓性素质的发掘与提升。创业教育不仅是 20 世纪以来所提出的"素质教育"，而是"创新教育"的延伸和实用化，而且是在此基础上的融合，是与素质教育和创新教育有交集，又顺应时代潮流的新型教育。就业教育、素质教育、择业教育、创新教育与创业教育之间的关系见图 1-4。因此我们认为，创业教育结合了素质教育和创新教育，通过学校氛围，培养学生的创业兴趣、创业意识等，并使其具备创业所需的基本的观察力、沟通力、决策力等各项创业素质。

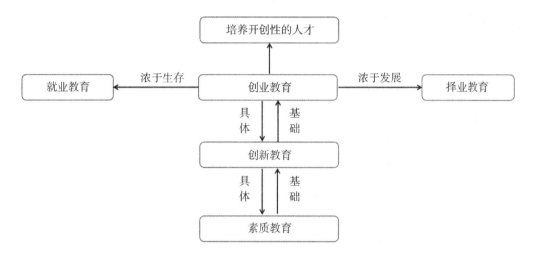

图 1-4 就业教育、素质教育、择业教育、创新教育与创业教育的关系

六、创业与职业生涯

卡耐基说"不为明天做准备的人永远不会有未来"。无论你从事什么样的行业或职业，创新创业素质都将在职业生涯中发挥积极作用。将创新创业素质融入自我生涯规划，可以走出一条光明而有价值的人生之路。

(一)职业生涯规划

职业生涯规划是指针对个人职业选择的主观和客观因素进行分析和测定，确定个人的奋斗目标并努力实现这一目标的过程。换句话说，职业生涯规划要求学生根据自身的兴趣、特点，将自己定位在一个最能发挥自己长处的位置，选择最适合自己能力的事业。职业定位是决定职业生涯成败的最关键一步，同时也是职业生涯规划的起点。

美国波士顿大学教授帕金森 1909 年在其《选择一个职业》著述中提出职业选择的三大要素或条件：

一是应清楚地了解自己的态度、能力、兴趣、智谋、局限和其他特征。

二是应清楚地了解职业选择成功的条件，所需知识，在不同职业工作岗位上所占有的优势、不利和补偿、机会和前途。

三是上述两个条件的平衡。即在清楚认识、了解个人的主观条件和社会职业岗位需求条件基础上，将主客观条件与社会职业岗位(对自己有一定可能性的)相对照，相匹配，最后选择一个职业与个人匹配相当的职业。分为两种类型：(1)因素匹配，例如所需专门技术和专业知识的职业与掌握该种特殊技能和专业知识的择业者相匹配或者脏、累、苦劳动条件很差的职业，需要吃苦耐劳、体格健壮的劳动者与之匹配。(2)特性匹配，例如，具有敏感、易动感情、不守常规、个性强、理想主义等人格特性的人，宜于从事审美性、自我情感表达的艺术创作类型的职业。

(二)大学生职业生涯与创业就业的关系

大学生职业生涯与创业就业的关系如图 1-5 所示。

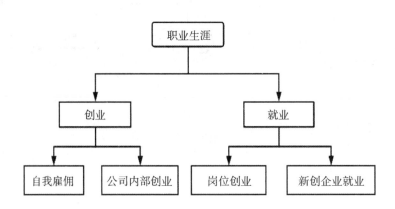

图 1-5　大学生职业生涯与创业就业的关系

从图中可以看出，创业和就业一样，都是大学生职业发展的一个方向。大学生应当正确、科学、积极地认识创业，把创业当作是就业的一种形式。即使在毕业时没有直接选择创业，但并不意味就永远与创业绝缘。在不少大型企业中，都有着内部创业或岗位创业的文化，同样鼓励就业者立足岗位创新创业。因此，每一个大学生，都不应当回避创业，而是积极地把创业融入职业发展。

(三)大学生创业的意义

随着我国"大众创业、万众创新"浪潮的掀起，大学生的创新、创业的意识也被唤醒。大学生是创业者中极具潜力的群体，年轻而富有活力，具有较为丰富的知识储备，富有想象力和创造力，并拥有不甘落后、勇于挑战的信念，逐渐成为创业大军中的生力军。

大学生是指我国全日制在校大学生，包括专科生、本科生、硕士研究生和博士研究生。大学生创业是指大学生结合自身的专业知识和较强的创新能力，通过资源和生产要素的整合，创办企业、创造产品、提供服务，实现企业的经济价值、社会价值和自身价值的实践过程。大学生自主创业是指大学生毕业后不通过传统的就业渠道谋取职业，而是依靠自身掌握的资源，通过独立或与他人合伙开办公司、创办企业等形式开展自己的事业。

首先，创业有利于缓解大学生就业压力。大学生参与创业有利于解决大学生就业难的问题。当前，大学生的就业观念正在悄悄地发生改变，一个鼓励创业、保护创业、崇尚创业的大环境正在逐步形成。原先由政府包揽的就业和创业活动逐渐被市场取代，产业结构调整带来的巨大创业机会以及政府出台"双创"的号召，促使大学生创业潜流涌动，通过自主创业活动来增加就业岗位，以缓解社会的就业压力。

其次，有利于大学生实现自我价值，满足自我精神追求。大学毕业生通过自主创业，可以把自己的兴趣与职业紧密结合，做自己认为最值得做的事情，最大限度地发挥自己的才能。当前社会鼓励大学生创业，虽然出发点在于化解就业难，但从大学生自身来说，其创业的主要原动力则在于实现自我价值及满足自我的精神追求。

最后，有利于培养大学生的创新精神。创新是一个民族的灵魂，是一个国家兴旺发达的不竭动力。大学生作为中国最具活力的群体，积极参与创新创业活动，有利于培养开拓创新的精神，把就业压力转化为创业动力。中国的未来在于大学生，中华民族的精神永恒则在于大学生旺盛的创造力与创新追求。

(四) 创业的个人价值和意义

创业是一个艰辛的过程，是一个精彩的大舞台，也是一笔人生财富，有利于最大限度地发挥个人潜能。创业起步可高可低，创业的发展空间无限。通过创业，能有效实现人生价值，把握人生航向。

创业可以激发创业者极大的兴趣。创业者选择创业项目，通常都会从个人感兴趣的领域着手，将其与自己的知识技能、专业特长等结合起来。

创业可以使个人从挑战和风险中得到别样的享受。创业充满挑战和风险，同时也充满克服种种挑战的无穷乐趣。在创业过程中，可以感受到无穷的变化、挑战和机遇，这是一个令人兴奋的过程。创业者可以通过征服创业过程中的重重困难来丰富自己的人生体验。

创业是一种有价值的人生锻炼。在创业过程中，创业者能够培养勤奋工作、不断学习、敢于承担责任、勇于创新等优良品质。即便创业失败，这种创业经历也是人生中一次宝贵的学习机会，使创业者学会更好地应对失败和挑战，变得更加成熟。很多创业失败的年轻人后来又回到公司工作，依托公司的各种平台、资源，把工作做得更为出色。所以说，创业是对人非常有价值的一种训练，它对人才培养的意义比课堂教育更为直观。

创业是实现自我价值的重要途径之一。实现自我价值是个体最高层次的需求，企业家最突出的动机是实现自我价值，即充分发挥企业家精神。企业家精神表现为坚强的意志、对成功的渴望、建立私人王国的愿望以及享受创造的快乐、施展个人能力和智谋的欢乐。创业可以主宰自己，摆脱种种羁绊，充分发挥自己的才干，发挥最大潜能，使自己的人生价值得到更好的体现；还可以使个人有机会和实力回馈社会，提高成就感，使个人能够从事喜欢的事业并从中获得乐趣。

总之，创业是实现人生理想和价值、获得自身全面发展的有效途径，创业对于创业者具有重要的意义。

【思考讨论】

1. 你身边有正在创业的人吗？根据你的观察，他们有什么特点？

2. 你知道大学期间有哪些创新创业活动，你认为大学生要在大学期间需要参与这些活动吗？为什么？

3. 你未来是否有创业的打算？如果有，你认为现阶段需要做哪些准备？

第二章　创业者和创业团队

☞【目标导引】

通过本章学习，使学生形成对创业者的理性认识，纠正神化创业者的片面认识，了解创业者应具备的基本素质，认识创业团队的重要性，掌握组建和管理创业团队的基本方法。

☞【内容导读】

使学生认识创业者的基本素质，了解创业者动机及其对创业的影响，注重识别创业活动的理性因素。使学生认识创业团队对创业成功的重要性，学习组建创业团队的思维方式及其对创业活动的影响，掌握管理创业团队的技巧和策略，认识创业团队领袖的角色与作用。使学生掌握创业团队的社会责任和分工合作的原理，认识到创业并不是创业者的个人行为，创业本身是与团队和社会息息相关的。

☞【案例导入】

在申请人中发现"潜在创业者"

2010 年，张元刚写了一份创业计划书交给了上海市杨浦区 YBC 办公室，他当时的创业项目是要开发一款餐饮管理软件，而且定价是 18 万~28 万元。当时担任张元刚创业项目初审的是 YBC 导师李肖鸣，恰好李老师开过两家咖啡馆。李老师开在复旦大学东边的 100 平方米左右的咖啡馆，使用的是在网上下载的免费餐饮管理软件；另一个 300 平方米的较大的咖啡馆，使用的是 6800 元人民币购买的某品牌餐饮管理软件。这 18 万~28 万元的定价，能接受的企业一定不是中小企业了。但是，一个刚创业对大学生如何去开发这些客户？如何打动和说服他们购买呢？李老师又看了张元刚的简历，里面没有在餐饮企业工作或者实习的经历。于是，她给张元刚发了一封长长的邮件，里面分析了目前我国餐饮管理软件的发展现状，同时她分析这个价位的软件最大的竞争对手是一家美国的 IT 企业，他们不仅占有全国 75% 的市场份额，而且是国际知名企业；又分析了中低端市场，免费餐饮管理软件市场，婉约地告知张元刚这个项目的成功率不大。

就在张元刚的创业申请被"枪毙"不久，恰逢杨浦区创业青年俱乐部成立，李肖鸣老师受邀去给俱乐部揭牌，于是在成立大会那天，李老师问 YBC 杨浦办公室杨航春："张元刚今天来了吗？""来了。""那好，我可以跟他聊聊？""好的，我通知他。"就这样，晚饭后，李老师第一次见到张元刚。从张元刚从事过的行业、过去打工时所在的公司到目前还有什么梦想等，李老师同张元刚聊了一晚上。之后李老师找杨主任说："可不可以把张元刚的计划书让他修改一下，再让我来审议一次？这次我要给他通过。""为什么？"杨主任一脸惊讶地问。"因为他就是一个创业者，他不仅具有创业者的热情和潜质，关键是他有强烈的愿望。"在接下来的书面评审和公司面试环节，李老师认真听取了张元刚团队关于"农产品安全追溯软件"的策划和远景，又让他们当场演示了餐饮管理软件的功能，感觉比其他餐饮管理软件有创新，给予了通过。张元刚于是得到了YBC10万元的创业种子基金。

如今的张元刚团队，不仅在2011年上海市政府招标中拿下了"智慧陆家嘴"6800万的订单；还在2012年上半年的竞标中一举打败其他强大的竞争对手，得到了天津滨海新城标的1亿元的软件开发项目。

2012年底，上海泽阳智能科技有限公司CEO张元刚，荣获杨浦区2012年度："终身学习大使"。他还代表全球杰出青年社区，参加了达沃斯会议，见到了他的偶像比尔·盖茨。

提示：只有一流的人才才可以打造一流的企业。在创业中，创业者的素质要远远重于项目本身和资金。创业者在经营中也应该学会如何选人、育人、用人和留人的本领，团队出击，同舟共济，成就梦想。

第一节 创 业 者

创业的行为是在市场经济条件下应运而生的。企业的创建者可以是个人，也可以是团队。通常是一些有着共同愿景和价值观的人，怀着对梦想的渴望而走到一起，形成了最初的创业团队。他们通过对资源和生产要素的重新组合，来开发自己的产品或服务，满足市场上人们的某种需求，这时，企业就诞生了。

一、创业者

创业思想出现的历史最早可以追溯到18世纪的经济学家。创业者"entrepreneur"这个词起源于法语，中世纪时期，"创业者"指的是那些掌管大型建筑工程设施（城堡、防御工事、公共建筑物、修道院和教堂等）的负责人（中文里，entrepreneur既指创业者，也指企业家）。法国经济学者坎蒂隆（Cantillon）通常被认为首次使用创业"entrepreneurship"这个词，他在其《商业性质概论》一书中指出，社会参与者包括地主、雇员和企业家三个阶层。当代创业研究的正式形成可以追溯到熊彼特学派的企业家创新理论。熊彼特在其著作《经济发展理论》第二章"经济发展的基本现象"中指出，对于资本主义来说，最重要的不是如何巩固现有的结构和市场，而是如何重构和摧毁他们，这就是有名的"创造性破坏"，因其颠覆了原有的经济思想，也被称为"熊彼特旋风"。熊彼特认为经济发展来自这种自发的非持续性的创业者的创新，即执行生产要素的新组合。他进一步解释，新组合包括5种情形：(1)引入新产品或产品的新质量；(2)引入新生产方法(并非仅指科技上的创新，也可以是新的处理商品的商业方式)；(3)开拓新市场；(4)获得新的原材料或半成品供给来源；(5)执行任何行业的新组织方式(比如建立或打破行业垄断等)。

熊彼特认为创新可以指新企业的创立，也可以发生在现有企业内部；可以是独立的商业人士，也可以是公司雇员，只要执行了新组合的功能就是创新，这样的人就是创业者。创业者开辟新的道路，而非创业者是沿着修好的路走。他指出个体在心理、认知与行为上的特征和技能领域不同，所以创业者应对模糊和不确定、变化和风险方面的能力也不同。这种认知也是将创业研究引向早期心理学和社会学视角的原因之一。

创业者并不是特殊人群，具备一些独特技能和素质有助于成功创业。

(一)创业者拥有三种自由

第一是时间自由。创业者是自己时间的主人，因此可以由自己来支配时间，不必朝九晚五地去上班。但最初的创业者，加班是经常的，甚至要为此放弃自己的业余爱好而专注于自己的事业。

第二是决策自由。创业者是自己活动的主人，在法律范畴内的决策可以完全自由。没有人告诉他该做什么不该做什么，什么是正确的什么是错误的，但是聪明的创业者往往是善于整合资源、利用外脑的。

第三是财务自由。他拥有的自有资金如何投资、和谁商量、投资什么，可以不受别人干涉，自由支配；同时，当他创业成功以后，他在购买商品的时候，可以不受价格因素的约束而仅仅考虑是否需要。

(二)成功创业者的特征

(1)自主性强，不愿意受约束，愿意对每件事都有自主权。

(2)主动性强，愿意从事有具体目标的各种活动。

(3)自控力强，有强烈的成功欲望，可以自我激励、自我管理。

(4)善于发现机会，具有很强的商业直觉。

(5)善于时间管理，会对时间安排作出取舍。

(6)善于发现问题和解决问题，而不是回避问题。

(7)能够客观地看待问题，不怕承认错误。

二、创业者素质

关于成功的创业者的疑问就像成功的领导者的问题一样，他们是天生的，还是后天培养的？不可否认，不是所有人都适合创业，经典的特质理论在今天仍然有存在的理由和市场影响力。人都是生而自知，大多数创业能力可以通过后天培养而习得。成功者往往具有共同或相似的心理特质和行为模式，表现为一种抽象的品质或素质。

创业者素质(entrepreneurial characteristics)是指创业者成功创业所具有的独特品质(特质)和能力。国外学者早在18世纪就开始了对创业者素质特征的研究，他们从不同角度对创业者应具备的品质和能力进行深入探讨。法国经济学家 Richard Cantillon(1755)首次提出创业者一词，并将其定义为"敢于冒险开创一项新事业并勇于承担责任的人"；Frank Knight(1921)赋予创业者不确定性决策者的角色，认为创业者必须能够承担不确定性带来的高风险；美国著名心理学家 McClelland 于 1973 年提出了著名的素质"冰山模型"，将人的素质按照表现方式划分为表面的"冰山以上部分"和深藏的"冰山以下部分"。其中，"冰山以上部分"包括基本知识、基本技能，是外在表现，是容易了解与测量的部分，相对而言也比较容易通过教育培训来改变和发展；而"冰山以下部分"包括社会角色、自我形象、特质和动机，是人内在的、难以测量的部分。他们不太容易通过外界的影响而得到改变，但却对人们的行为与表现起着关键性的作用。

(一) 创业者应具备的素质

(1) 有强烈的事业进取心，追求出类拔萃。

(2) 勇于承担风险，敢于做前人没有做过的事。

(3) 善于解决问题，从不回避问题，而是正视问题。

(4) 不看重个人地位，只看重企业成功所带来的满足感。

(5) 具有充沛的体力和过人的精力，充满激情。

(6) 遇事冷静、理性，不会陷入个人感情纠纷。

◎**小测试：你是一个创业者吗？**

1. 追求什么？
   A. 安稳　　　　　　　　　　　B. 自由
2. 哪一种情况更可怕？
   A. 不知道明天怎么样？　　　　B. 每天都一样
3. 人生更重要的是：
   A. 挫折少　　　　　　　　　　B. 经历多
4. 哪一种情况更有安全感？
   A. 有人可依赖　　　　　　　　B. 独立
5. 面对未知的难题：
   A. 看别人这么做　　　　　　　B. 我试试
6. 哪一种情况更容易？
   A. 遵守别人的规则　　　　　　B. 自己制定规则
7. 遇到问题更倾向于说：
   A. 这不是我的责任　　　　　　B. 我承担全部责任
8. 更愿意思考什么问题？
   A. 有标准答案的　　　　　　　B. 没有标准答案的
9. 哪一种情况更有优越感？
   A. 做得比别人好　　　　　　　B. 做别人没做过的事
10. 更喜欢哪个头衔？
    A. 大公司高管　　　　　　　　B. 小公司老板

【结论】创业者基本更倾向于 B 类答案

(二)学会用人是创业者的必修课

都说领导"用人不疑,疑人不用",但是"人尽其用,物尽其用"也非常重要。

正如世界上没有完全相同的两片叶子,世界上也没有完全一样的两个人,每个人都有自己的个性,都有自己的性格偏好和性格特征。因此,创业者作为团队的领头羊,就要熟悉和了解你的团队里每个人的特点,并根据他们的特点来安排他们到合适的岗位上,这就是知人善用。

(三)善于识人是创业者的基本功

对于一个创业者来说,正确的用人之道是要充分发挥一个人的长处和优势,避开其短处和劣势,知人善用。用人可以按特长领域来任用,也可以根据人的变化特长来任用:同一个人在不同的时期可能表现不同,用人还应把握人才的最佳状态,充分调动人才的能动性和积极性,激发出下属的潜能,以最好的状态投入自己的工作中去。

三、创业者创业潜质测评

(一)创业动机的含义与分类

1. 创业动机的含义

创业动机是创业者由于个体内在或外在的需要而在创业时所表现出来的目标或愿景,在创业过程中驱动着创业者行为,激励创业者不断发现问题、解决问题,直至实现自己的梦想。

2. 创业动机的分类

按照马斯洛的需求理论,现实中创业者的创业动机各有不同,创业者的动机也可以分成以下五类。

(1)生存的安全感。有的人创业为了不依赖他人独立地生存。

(2)安全感的需求。有的人创业是为了拥有永远不会失业的安全感。

(3)归属感的需求。有的人放弃可以无忧无虑生存的工作,创业是为了拥有更宽广的发展空间和人脉。

(4)受尊重的需求。有的人放弃高薪而去创业,是为了过一种更加受人尊重的生活,用自己的能力去打拼属于自己的自由王国。

(5)自我实现的需求。有的人干脆在创业成功的时候,卖掉自己的企业,转身去做咨询、做公益、做慈善等,这也是一种追求体现自身价值的生活方式。

由此大家可以看出,如果创业仅仅是为了赚钱,奋斗仅仅是为了当官,这都还不算是真正的成功,因为这样的追求还只是为了满足自己最基本的需求,就算你经过奋斗满足了生理需求(有吃、有穿),安全需求(有房子、有固定的收入),归属需求(有家、有爱人、有天伦之乐)以及尊重需求(有钱、有权、有势)的时候,你依然还不能算是一个成功者,因为你目前拥有的这一切仅仅是为成功所做的一种准备和铺垫,或者说是一种积累和储备。

(二)产生创业动机的驱动因素

1. 创业者可以通过创业教育提高创业素质与能力

创业者是可以培养的。培养创业者的最佳途径是让他去切实参与一个企业的创建过程，但是现实中这样的培育模式在大学教育体系里并不现实。因此，我们可以通过直接经验和间接经验双重渠道的传授来培养未来的创业者。

直接经验的获得来自创业教育中设置的实践课程，间接经验来自己成功企业家的经验传递。很多现在已经创业成功的大学生，至今认为创业前所学习的关于创业方面的知识非常重要。

2. 创业行为的产生受创业者的动机驱动

创业是寻找、评估和开发机会，以生产未来所需的产品或服务的过程，这一过程会受到人的动机的影响。

根据需求层次理论，准创业者一般会受经济需要激励和社会需要激励而生发创业动机。创业者选择创业的动机受诸多直接和间接因素的影响。

(三) 创业者创业潜质测评

综合国内外的文献研究，夏清华、李雯等提出从创业者特质（偏重心理）、创业技能（包括创业知识）两个层面来表征创业者创业潜质，具体包括以下6个维度：成就需要，内控倾向，机会认知，创新思维，风险承担，领导能力。通过问卷调查和统计分析，6个指标都通过了探索性和验证性因子分析，在此基础上开发出了创业者素质测评软件。

成就需要：渴望成功，做得更好的一种愿望或驱动力。成就需要高的人倾向于给自己设定较高的目标并作出具有一定风险的决策。

内控倾向：当个体认为自己可以控制命运，就可称为内控型的人。内控能力强的人相信自身的行为能影响事件的结果。一个人如果不相信个人努力会决定事件的结果，就不可能参与风险很大的活动，因此，创业者通常是内控型的，即相信个人能否成功靠自己的努力。

机会认知：创业者表现出的独特的机会灵敏性和认知方式。灵敏性是对变化的条件和已忽略机遇的敏感性（Kirzner，1985），认知方式是指一个人搜集、利用和评价信息的偏好，他影响了人们怎样看待获取信息的环境，怎样组织和解释这些信息，以及怎样整合到他们的心智和主观认识中，进而指导行为（Hayes & Allinson，1998）。

创新思维：一种产生出原创、新颖、独特意念的能力或思维方式，具有创新思维的人往往具有前瞻性的眼光或打破常规、出人意料的创意。创新思维既是一种与生俱来的天赋，也可以通过后天的系统学习加以培养。

风险承担：创业者愿意对资源做出大胆且具有风险性承诺的倾向和行动。对不确定性的容忍力是"一种渴望不确定性情景的心理倾向"，相反，不能容忍模糊性情境则是"一种将不确定性情境理解或解释为威胁的倾向"。

领导能力：作为特质的领导力，是成功运用影响力的个人所具备的一组特性。这种影响力是影响他人知觉、信念、态度、激励和行为的能力。

以上六种创业者素质的关键维度中，成就需要与内控倾向是创业者典型的心理特质，机会认知、创新思维、风险承担、领导能力四个维度既根植于创业者深层次的心理特征，又能够通过后天系统的学习和训练加以强化，即这四类创业者关键素质是创业者特殊禀赋予后天创业学习共同作用下形成的。

第二节　创 业 团 队

一、创业团队的特征

1. 凝聚力

团队是一体的，成败是整体而非个人，成员能够同甘共苦，经营成果能够公开且合理地分享，团队就会形成坚强的凝聚力于一体感。

每一位成员都应将团队的利益置于个人利益之上，而且充分认识到，个人利益是建立在团队利益基础上的，因此团队中没有个人英雄主义，每一位成员的价值，表现为其对团队整体价值的贡献。成员愿意牺牲短期利益来换取长期的成功果实，而不计较短期薪资、福利、津贴，将利益分享放在成功后。

2. 与企业同成长

团队成员保持对企业长期经营的信心，对于企业经营成功给予长期的承诺，每一位成员均了解企业在成功之前将会面临的挑战，并承诺不会因为一时利益或困难而退出，同意将股票集中管理。如有特殊原因而提出退出团队者，必须以票面价值将股权转让给原公司团队。

3. 企业价值发掘

团队成员全心致力于创造新企业的价值，认为创造新企业价值才是创业活动的主要目标，并认识到唯有企业不断增值，所有参与者才有可能分享其中的利益。

4. 股权分配合理

平均主义并非合理，团队成员的股权分配不一定要均等，但需要合理、透明与公平。通常创始人与主要贡献者会拥有比较多的股权，但只要与他们所创造的价值、贡献能相配套，就是一种合理的股权分配。有一家创业公司的四位成员以平均方式各拥有25%股权，但其中两位几乎对于新企业发展完全没有贡献，这样的创业团队其实是不健全的，也难吸引外部投资。

5. 利益分配公平有弹性

创业之初的股权分配与以后创业过程中的贡献往往不一致，因此会发生某些具有显著贡献的团队成员拥有股权数较低，但贡献与报酬不一致的不公平现象。因此好的创业团队需要有一套公平弹性的利益分配机制，来弥补上述不公平现象。例如新企业可以保留10%盈余或股权，用来奖赏以后有显著贡献的创业成员。

6. 能力搭配完美

创业者寻找团队成员，应该基于这样的考虑，主要是弥补当前资源能力上的不足，也就是说考虑创业目标与当前能力的差距，来寻找所需要的配套成员。好的创业团队，成员间的能力通常都能形成良好的互补，而这种能力互补也会有助于强化团队成员间彼此的合作。

当然创业团队也并非一蹴而就，往往是在新企业发展过程中才能逐渐孕育形成完美组合的创业团队。在这一过程中，创业成员也可能因为理念不合等原因，在创业过程中不断替换。有人统计，在美国创业团队成员的分手率要高于离婚率，由此可见团队组成的不易。虽然有诸多不易，团队组成与团队运作水平对创业集资与创业成败都具有关键影响力，因此创业者必须重视如何发展创业团队的问题，并培养自己在这一方面的能力。

7. 互信

猜疑会令企业瓦解。近年来中关村每年的企业倒闭率在25%左右，其中很重要的一个原因，就是创业团队内部不团结。

而建立和维护创业团队成员之间的信任，简单地说，一是要增强信任，二是要防止出现不信任，避免信任转变为不信任。信任是一种非常脆弱的心理状态，一旦产生裂痕就很难缝合，要消除不信任带来的影响往往要付出巨大的代价，所以防止不信任比增强信任更加重要。

一般来说，创业者在选择创业伙伴时主要考察对方的人品和能力。相对于能力而言，人品更加重要，它是人们交往和合作的基础，也是决定一个人是否值得信任的前提。在创业团队中人们注重的人品主要有：成员是否诚信、成员的行为和动机是否带有很强的私心。另外，团队成员要对集体忠诚，彼此以诚相待、公平相处、误会和猜疑产生时应及时沟通，避免越积越多而不可收拾。

8. 创业激情

建立优势互补的团队是创业关键。团队是人力资源的核心，"主内"与"主外"的不同人才，耐心的"总管"具有战略眼光的"领袖"，技术与市场两方面的人才，都不可偏废。创业团队的组织还要注意个人的性格与看问题的角度，如果一个团队里能够有一个总能提出建设性的可行性建议的和一个能不断地发现问题的批判性的成员，对于创业过程将大有裨益。

作为创业者还需要特别注意，那就是一定要选择对项目有热情的人加入团队，并且要使所有人在企业初创就有每天长时间工作的准备。任何人，不管他(她)的专业水平多么高，如果对事业的信心不足，将无法适应创业的需求，而这样一种消极的因素，对创业团队所有成员产生的负面影响可能是致命的。创业初期，整个团队可能需要每天16个小时在不停地工作，并要求在高负荷的压力下仍能保持创业的激情。

二、创业团队的作用

(一) 创业团队及其对创业的重要性

创业团队是由两个以上具有一定利益关系、共同承担创建新企业责任的人组建形成的工作团队。

创业团队是团队而不是群体。团队中成员所作的贡献是互补的，而群体中成员之间的工作在很大程度上是互换的。

(二) 企业的社会责任

企业是由创业团队创建的，它的社会责任就是在遵纪守法的前提下追求最大限额的利润，谋求企业更大的发展。企业利润增大就意味着依法纳税数额的增加，国家就更有能力从事各种公共事业建设以及开展慈善、扶贫等社会事业。企业更大的发展就意味着可以吸纳更多人就业，让更多人的生活得到改善。

(三) 企业的社会道德

1. 企业的产品都是可以满足社会发展需要和人们日常生活需求的

制造高品质的产品既是企业立身之本，也是企业推卸不了的社会责任，任何为了单纯逐利而做出的有损于社会公德的产品，都是企业不负责任的表现，都将被法律所不容，这是创业团队社会责任的底线。

2. 企业应关注社会发展，关注弱势群体，关注公益和慈善

企业除了关注自身发展之外，还应关心自身所处的社会环境，就捐赠慈善扶贫而言，企业本着回报社会的原则，为弱势群体和社会公益作出自己力所能及的贡献；但从社会来讲，企业捐赠多少都是一份爱心，都应给予尊重和感恩。

(四) 创业团队的分工合作

下面以弦乐四重奏为例，来阐述团队合作的分工与合作的原理。

1. 目标一致，分工明确

参加弦乐四重奏的四个人就是一个团队，他们合作的目标就是共奏一曲。就跟我们说的几个人一起创业的团队一样，互相配合，各有分工，共同的目标是把企业做好，获得盈利。

弦乐四重奏是由两个小提琴、一个中提琴和一个大提琴组成的。每个演奏者除了要有高超的技艺之外，还要有合作的技巧。他们每个人要独自负责一个声部，没有指挥，因为每个声部不是同时候出现的，每个人都在全神贯注地聆听合作者的声音，准确、恰当地发出自己的声音，合成一曲美妙的音乐。四人之中任何一位单独出来演奏，都没有四个人合作后的效果那样令人震撼、令人陶醉！

2. 配合默契，出奇制胜

演奏者技艺精湛，分别唱不同的声部，互相认真聆听，准确、适时地发声，合作共谱一曲，这就是弦乐四重奏对演出人员的要求。同样，一个创业团队要合作默契，也离不开创业团队成员之间的明确分工与互相配合。"罗马军团"的成功案例告诉我们，单个作战并不出众，团队合作可以出奇制胜！

研究表明，组建团队和管理团队是成功企业家需要具备的主要能力之一。团队合作的基石是有共同的愿景和价值观，因此，创业者是否可以提出一套凝聚人心的愿景和经营理念，作为互信和利益分享的基础，对团队合作成功起着非常重要的作用。

三、创业团队的组建

Hambrick & Mason(1984)创新地提出了高阶理论。高阶理论是以人的有限理性为前提，把高层管理者的特征、战略选择、组织绩效纳入高阶理论研究的模型中，突出了人口统计学特征对管理者认知模式的作用，以及对组织绩效的影响。

(一) 创业团队的重要性

越来越多的证据表明，一个好的管理团队对于新企业的成功有着重要的影响。创业团队对创业成功的重要作用已得到风险投资家的广泛认同。

新创立的公司极有可能仅仅是为创始人提供一种替代就业方式，为家人或外人提供就业机会，也可能是具有较高发展潜力的公司，前者和后者之间的主要差别之一在于是否一支高素质的管理团队。一个喜欢独立奋斗的创业者固然可以谋生,然而一个团队的营造者却能够创建出一个组织或一个公司,而且是一个能够创造重要价值并有收益选择权的公司。

没有团队的新创公司也许不一定会失败,但要创建一个没有团队仍具有高成长潜力的风险企业却极其困难。美国学者一项对 20 世纪 60 年代创立的 104 个高技术企业的研究指出,年销售额达 500 万美元或更多的高成长公司中的 83.3%是由团队创立的,而夭折的公司中有几个创业者的只占 53.8%。这种情形在一项"128 号公路 100 个企业"的研究中表现得更为明显。该研究的对象是美国波士顿地区沿 128 号公路构成新企业群的顶级 100 个企业。这些企业的典型特征是,已有 5 年历史的企业年销售额平均是 1600 万美元,6~10 年历史的企业年均销售额是 4900 万美元。通常是企业越成熟,销售额越高。研究表明,其中 70%的企业有多个发起人。在 86 个企业中,实际上 83%有 3~4 个发起人,17%的企业有 4 个或更多的发起人,9%的企业家有 5 个或更多的发起人。

正因为如此,风险投资者在帮助组建创业团队方面已经变得更加积极。一项研究表明,在 20 世纪 80 年代风险投资业繁荣趋势十分明显,这与 70 年代的情况形成了鲜明的对比,那时风险投资者并非积极参与管理团队的创建。

(二)团队选择的标准

恰当的团队和恰当的机会相结合是最有力的一种结合,在此情况下团队的整体功效就会大于成员部分功效之和。但是,高度成功的创业团队的比例通常很小。有些团队虽然能够幸存下来,但是团队成员的更换相当频繁,严重影响了团队的长期稳定性。还有些创业团队在筹集风险投资之前,创业资源已经耗尽致使团队的维系面临危机。在那些获得风险投资资助的团队中,也只有少数团队能够在短短几年里成功,获得大于原始投资的回报。因此,组建成功的创业团队是创业者极为关心的一个课题。研究和实践证明,按照以下基本准则组建的团队,走向成功的可能性比较大。

1. 具备共同的创业理念

共同的创业理念是组建团队的首要准则。成功的创业者是以正确的创业理念来组建创业团队和指导创业活动的。创业理念决定着创业团队的性质、创业的目的、创业的行为准则,这一基本准则指导着团队成员如何工作和如何取得成功。

从某种意义上说,创业理念比创业机会的选择、商业计划的设计和创业融资等技术问题更为重要,因为后者当中虽然每一项都非常重要,但任何一项都不可能单独地把企业带向成功,各因素能单独做到这一点的概率极小,或者可以说完全没有。

(1)共同的创业理念是实现公司愿景的关键

蒂蒙斯认为,"最成功的创业者似乎都是把某些创业理念和创业态度(即有关团队是什么、团队的使命是什么、如何奖励团队成员的看法)作为实现其公司未来愿景的关键"。"创业带头人精心构筑公司愿景并具备带领、激励、说服和诱导关键人员参与实现企业目标的能力是决定整个企业成败的关键,也是决定企业最终是大获全胜还是变卖公司以偿还个人承诺的高额负债的关键"。向员工灌输公司的愿景并激发他们渴望获胜的热情,这些活动常常在公司成立之初的非正式讨论阶段就开始了,它们引导着公司走向成功。

（2）共同的创业理念是形成共同的价值观和目标的基础

团队的价值观和目标的准确定位至关重要。在任何类型的新创企业中，参与者们都会建立起某种心理契约和创业氛围。虽然这种心理契约和创业氛围通常是随着创业发起人尊重、鼓励优秀的团队成员贡献的一系列措施建立起来的，但是如果能够将那些目标和价值观一致的人选入团队，将大大促进这种心理契约和创业氛围的建立。在成功的企业里，个人目标和团队成员的整体价值能够很好地结合在一起，公司的目标同样也能够得到团队成员的大力支持。一个团队成员的目标与其他团队成员的目标有意义的重合以及企业目标与团队成员的目标重合是有益的。

（3）共同的创业理念是形成合作精神与凝聚力的基础

具有高潜力的公司最显著的特点之一就是拥有一支能整体协同合作、凝聚力强的团队。这些出色的团队注重互相配合以减轻他人的工作负担从而提高整体的效率。团队中的每一个成员都认识到他们是一股紧密联系而又缺一不可的力量。唯有公司整体的成功才能使其中所有的人都获益。除此之外，任何个人都不可能撇开公司的整体利益而单独地获益；反之亦然，团队中任何一个人的损失也将对整个企业的利益造成损失，从而影响每一位成员的利益。但是，许多人即使有着杰出的技术或其他相关的技能、高学历的文凭等资本，也经常迷失于现代企业高度个人主义的激烈竞争中。这些人自身都非常出色，有些可能对团队运作的程序也颇为了解，但一旦转入实施阶段，利己主义就使他们无法完全融入团队中，最终会导致创业失败。

（4）共同的创业理念决定团队成员立足长远目标的程度

共同的创业理念还决定团队成员为长远打算的程度，决定着团队的兴衰。富有责任心的团队成员相信他们正在为创业的长远利益工作，他们正在成就一番事业，而不是把创业当作一个快速致富的工具。创业的收获可能需要 5 年、7 年甚至是 10 年以上，创业者将此视为一场令人愉悦的比赛，他们将在其中不断奋斗直至取得最后的胜利。没有人打算通过现在加入进来而在困境出现之前或出现时退出而获利。他们追求的是最终的资本回报及其带来的成就感，而不是当前的收入水平、地位和待遇。

（三）团队成员构成的异质性

创业团队的成员构成状况显然会直接影响到团队的工作状况并进一步影响到企业的成长及经营业绩。创业团队的人员构成状况主要指团队成员的技能、经验和人文因素。其中技能包括受教育程度、所学专业、技术技能等，按照哈佛大学教授卡兹的分类，则主要包括概念技能、人际管理技能和技术技能三大方面；经验往往指个人的工作专长以及产业背景等，如有的人擅长财务分析，有的人则富有营销技巧等；人文因素主要是指性别、年龄等方面的影响。

1. 团队成员的异质性对企业绩效的影响

团队成员在技能、经验方面的差异有助于提升群体决策的科学性，因为大家从不同的视角分析问题，可以提供更多的决策选择，同时也有助于成员之间的相互启发，进而有助于创新和创造性地发现解决问题的办法。默里发现创业团队成员之间在技能和经验方面的差异对企业长期绩效有正面的影响，尽管短期的影响可能是负面的。因为差异性有助于创造性，可以为团队决策提供多种选择，但同时会妨碍成员之间的交流和信息分享。但可以肯定的是，如果团队成员能够坚持任务和工作导向，而尽可能少地将个人与观点联系起来，异质性团队一定更富于创新，更富有灵活性和适应性的特征。

2. 团队成员构成的异质性有利于团队成员角色互补

具备异质性的团队成员如果能够为创业者起到补充和平衡作用，并且成员相互之间也能协调，就会对企业作出很大的贡献。在一个团队中总会有一个核心的创业者，在创业的起步阶段，这位核心创业者通常拥有许多头衔，身兼数职，是个多面手，在企业发展过程中，核心创业者的能力、动机和兴趣与企业的性质和要求会出现差距。这时候需要补充其他团队成员或聘请外部人力资源来填补这个缺口，例如建立董事会，聘请咨询顾问、律师、会计师等。

如果创业者的业务强项表现在技术方面，就有必要利用其他团队成员或是外部资源来弥补营销、财务等方面的不足。当然，实际上会出现责任交叠和责任共担的现象，但是团队成员必须对创业者的能力起到互补而不是叠加的作用。

3. 合理的团队报酬与激励

利益分配是团队成员之间最敏感的一种关系，建立在合理的利益分配关系上的团队才具有稳定性和可发展性。

建立合理的利益分配关系，在运行中主要是做好报酬激励体系的设计工作。企业的报酬体系不仅包括诸如股权、工资、奖金等物质上的报酬，而且包括其他一些机会，例如：实现个人发展和个人目标、掌握自主权、培养技能使自己能担当起企业里某一特定角色等。每一个团队成员对报酬的理解、所期望的报酬激励并不一致，这要取决于个体的价值观、奋斗目标以及抱负。一些人所追求的可能是长远的资本利益，而另一些人可能并没有如此长远的打算，他们只关心个人短期的收入和职业安全。对后者来说，股权激励可能并没有高薪那么受欢迎。

为新创企业团队设立的报酬激励体系应该起到促进管理团队的积极性、使他们更好地把握企业商机的作用。报酬激励体系的设计应该在团队形成过程中就开始进行，并且贯穿于增进创业团队的融合、强化创业团队的创业氛围和培养团队有效性的整个过程中。例如新创企业吸引和保持高质量团队成员的能力在很大程度上取决于报酬体系所提供的物质激励和精神激励。企业要通过这个报酬体系来获得团队成员的知识、技能、经验和承诺、风险，并将其投入创业中去。

在企业生命周期的各个阶段，给创业团队的报酬激励可以有所不同。比如自我发展机会和自我实现机会这样的激励可以贯穿企业生命的始终，而财务激励在企业发展的不同阶段则可以采取不同的策略。在创业初期，团队成员收入不高，甚至可能会入不敷出，而在收获期间，收入则可能十分可观。一些公司，尤其是像微软那样的高科技公司，初创时可能势单力薄，创业者们收入微薄，但后来的发展却可能使当初的创业者获得丰厚的回报。仅微软公司一家就造就了数百个百万富翁，而其创始人比尔·盖茨更是成了世界首富。

由于报酬激励对每个人都是至关重要的，而企业在早期给予报酬的能力有限，因此，创业者必须仔细而全面地考虑企业在整个生命周期的总体报酬制度，而且必须确保企业具备长期支付报酬的能力，不会出现在员工贡献水平提高的情况下公司无力加薪，或在新员工加入的情况下无力支付他们报酬的情况。

(四)创业团队的优劣势分析

与个体创业相比较,团队创业具有多方面的优势,对创业成功起着举足轻重的作用。创业者可以依靠团队的力量,展示自己超凡的领导力。但创业者应该学会的首要管理技巧就是"让适合的人做最合适的事"。

1. 互补性合作伙伴

对一个企业家来说,最难的事有两件:一是寻找到能够胜任业务的人;二是寻找到可以信赖的人。如果你能与可以信赖的人在一起合作,而他又可以处理重要的业务,那么无疑你们将是最好的拍档,他可以助你一臂之力。而经验表明,如果一对能人要在一起工作,那么关键的一点就是:这两个人必须是并列的关系,不应让团队中的两个能人做同一类事。最好两个人是互补型的。

2. 多用外脑,团队出击

在创业初期,你的事业就像刚刚出土的幼苗,稚嫩、脆弱、经不起打击,也许一点失误就会让大家前功尽弃。因此,遇事要多利用外脑来帮助你思考,有事多与团队的人商量,每一步投资和决策都应该如履薄冰,力求万无一失。

3. 正确的决策,需要倾听反对的意见

创业者需要有人给他提出忠告。当然并不需要他对别人的忠告言听计从,他必须自己做最后的决定,这样他可以得到不同的观点,在自己愚蠢行事时有人指出来。有一位老板竟然拥有一群挑剔的朋友,这种挑剔不是理论上的,而是操作范畴的。他希望这批人天天围住他,必须指出他的诸多错误。只有从不同的角度去看待问题,才会得出相对正确的答案。

4. 谁拥有人才,谁就拥有未来

现代社会已经不是个人英雄主义的时代了,现在的竞争都是团队合力的竞争,竞争到最后,就是看谁拥有最好的人才、最紧密的合作伙伴、最多的资源。因此,要重视团队荣誉,时刻给你的顾客一个团结向上、乐观进取的团队形象。也只有这样,你才可以在激烈的竞争中取得最后的胜利。

俗话说"三个臭皮匠赛过诸葛亮"。这句谚语充分说明了团队合作成功的力量和必要性。但是也有关于团队合作不成功的俗语,如"一个和尚挑水吃,两个和尚抬水吃,三个和尚没水吃",就是典型的团队合作失败的写照。因此,团队合作是否和谐、有力,对创业是否成功是非常关键的。

(五)组建创业团队的策略及其后续影响

1. 当前大学生常见的创业方式

(1)网络创业

网络平台建立电子商务体系,开办网店、微店,微电商、跨境电商的创业模式在大学生创业项目中是很常见的。甚至在2016年爆发性地增加了网络主播创业,网红经济成为新潮流。

(2)加盟创业

加盟已经建立的成熟企业,做大企业的小伙伴,无疑可以降低大学生的创业门槛,成功率也明显高于自主创建商业模式的创业项目。

（3）兼职创业

在课余时间到企业、商业店铺去兼职，增加就业体验，或者是自己经营一些小生意，积累市场经验，也在大学生中有一定的比例。

（4）团队创业

创业项目中以个体户形式的个人英雄主义时代已经一去不复返，而有共同理想和价值观的同学或朋友共同创业，已经成为新的潮流。

（5）大赛创业

目前各级各类的创业大赛应运而生，本来为参赛而组建的团队，因为富有创新的商业模式得到认可后，或者是在大赛中得到了创业启动资金、风险投资的大学生，从此走上创业之路的大有人在。

（6）概念企业

一个全新的理念，得到有识之士的认可，并使之完善而演变成创业项目，这在大学生中也不鲜见。

（7）内部创业

在企业内部同样需要一种创新的意识和能力，在某些大型外企和国企内部，担任一定领导岗位的大学生，也一样在凭着自己的创业精神开发项目、管理项目，成为企业发展新的动力。

根据不同创业方式和逻辑组建创业团队既可能带来优势，也可能带来障碍，对后续创业活动带来潜在影响。

2. 组建创业团队的策略

（1）团队成员应有相同的价值观

人们常将"成家立业"放在一起说，其实"成家"和"立业"这两件事有很多地方是一致的，如一个幸福的家庭和一个成功的团队，都需要成员们拥有相同的价值观，这是最为重要的基础。我们常说的"求大同存小义"中的"大同"的意思就是"价值观相同"。可以说，没有相同的价值观，很难保证一个团队可以共同度过创业初期的坎坷艰难，可以共同分享创业成功的喜悦成果。

所谓价值观，是指一个人对周围的客观事务（包括人、事、物）的意义、重要性的总评价和总看法。价值观存在于人的潜意识里，一般不易从表面看出来，但是人的价值观一旦形成，很难改变。所以，我们在组建团队时，就要选择价值观相同的人，而不是要试图改变某人的价值观以求一致，这是徒劳的。团队成员有一个共同的目标、相同的价值观是相当重要的。

（2）团队成员的能力、性格应互补

如果一群能人在一起工作的话，大家的能力和性格最好是互补型的。

（六）团队组建方式对团队后期管理的影响

创业团队最初组建的方式有很多，这些组建方式对后来的公司运作都是有影响的，具体组建方式及优劣势分析如下。

1. 亲友组合型

好多创业者最初的融资都是亲情融资，这个传统的融资方式其实也是最容易的融资方式，随之而来的是由各出资方组成的创业团队。

这类团队的好处是在创业初期由于有之前的感情基础和彼此的了解，可以很快进入创业的实质进程，缺点是有了感情的掺杂，创业者在决策和管理时，也不能太理性，否则就会影响感情，而亲情组建的团队，也很容易因亲情而分手、翻脸。

2. 同学组合型

最初的创业团队是为了参加创业比赛而组建的，随着时间的推移和创业项目的不断深化和推进，好多创业者最后就决定真的付诸实践了，这时的同学团队，也就自然演变成了创业团队。

这种团队组合的好处是大家亲手打造出来的项目，很了解细节。但是，如果团队成员没有相同的价值观的话，也很难走远。

3. 志趣相投型

有时就是由原来的志趣相投的朋友，其中一人创业成功了，其他成员也就自然而然地加入进来，逐渐成了团队成员。

这些团队组合的好处是在创业之初大家都不怎么在乎金钱，维系大家在一起的是友谊和志向，但是往往在创业成功之后，有时会因为看法、做法、想法的分歧而分道扬镳。

4. 志同道合型

这种团队是在创业过程中不断磨合而组成的坚固的团队，大家是因为有着共同的愿景，并且愿意为了同一个目标而付出自己的青春，这时就是付出很多，计较较少，所以，那些最后可以取得成功的团队大都是这样的团队。

通常志同道合的团队带头人也善于管理人心，善于管理公司，在股份、用人和薪酬计划上设计得较为合理，执行力较强，通常制定的目标和战略都可以按期实现，慢慢地就形成一种互相信任的范围，这需要创业者自身要具有很好的人格魅力和很强的创业能力。

第三节　模拟组建创业团队训练

一、团队取名、编号、确定人数

创业团队管理的重点是在维持团队稳定的前提下发挥团队多样性的优势。人才的选、育、留、用都是有一定管理技巧的。

1. 让合适的人做合适的事

从人力资源管理上"人岗匹配"的原则来说，让合适的人做合适的事，是科学的用人原则。这样做的结果对个人来说，可以调动团队成员的潜能，把人才的优势发挥得淋漓尽致；对团队来讲，扬长避短无疑是提高效率的最佳配置。

2. 团队成员有一个共同的目标

人们互相吸引的因素不外乎外貌、接近、相似、互补、补偿。一个团队的成员，有相同的价值观也相当重要。

3. 团队成员之间合作既有原则又有风度

因每个人所处的角度不同，要有自己的原则，说出自己的见解，但意见不同时，又要有风度，站在他人的角度再考虑一下。

4. 团队成员要能力互补，各有所长

结构决定属性，属性决定功能，功能决定绩效。能力互补，各有所长，独当一面，优化结构很重要。郎平时代的女排，就是因为有了一个好的团队结构，所以她们可以取得五连冠的成绩。

5. 团队合作成败直接影响企业成败

这是一个铸就团队的时代，同舟共济就是需要创业者用心搞好团队建设。企业的管理活动都是围绕企业的目标展开的，而企业的目标需要通过许多人的集体活动才能实现。即使企业制定了明确的目标，但是由于企业中的成员对目标的理解、对技术的掌握以及对客观情况的认识不同，或者因为他们个体在知识、能力、信念上的差异而表现各有不同。如果大家在思想认识上有分歧，就会在行动上出现偏差。所以，创业者要懂得团队建设，让团队成员都树立同舟共济的意识，才能成就梦想。

6. 营造相互信任的团队氛围

在情感上相互信任，是一个团队最坚实的合作基础。只有这样，才能给团队成员一种安全感，只有信任他，他才会把公司当成自己的，并以之作为施展个人才华的舞台。

二、调研立项

创业计划是创业者叩响投资者大门的"敲门砖"，一份优秀的创业计划书往往会使创业者达到事半功倍的效果。

(一)创业计划书

创业计划书是创业者计划创立的业务的书面摘要。它用以描述与拟创办企业相关的内外部环境条件和要素特点，为业务的发展提供指示图和衡量业务进展情况的标准。

通常创业计划是市场营销、财务、生产、人力资源等职能计划的综合。

写好创业计划书要思考的问题：

(1)关注产品；

(2)敢于竞争；

(3)了解市场；

(4)表明行动的方针；

(5)展示你的管理队伍；

(6)出色的计划摘要。

(二)创业计划书的内容

一般来说，在创业计划书中应该包括创业的种类、资金规划及基金来源、资金总额的分配比例、阶段目标、财务预估、行销策略、可能风险评估、创业的动机、股东名册、预定员工人数，具体内容一般包括 11 个方面：

1. 封面

封面的设计要有审美观和艺术性，一个好的封面会使阅读者产生最初的好感，形成良好的第一印象。

2. 计划摘要

它是浓缩了的创业计划书的精华。计划摘要涵盖了计划的要点，以求一目了然，以便读者能在最短的时间内评审计划并做出判断。

计划摘要一般包括以下内容：

（1）公司介绍；

（2）管理者及其组织；

（3）主要产品和业务范围；

（4）市场概貌；

（5）营销策略；

（6）销售计划；

（7）生产管理计划；

（8）财务计划；

（9）资金需求状况等。

摘要要尽量简明、生动，特别要说明自身企业的不同之处以及企业获取成功的市场因素。

3. 企业介绍

这部分的目的不是描述整个计划，也不是提供另外一个概要，而是对你的公司作出介绍，因而重点是你的公司理念和如何制定公司的战略目标。

4. 行业分析

在行业分析中，应该正确评价所选行业的基本特点、竞争状况以及未来的发展趋势等内容。

关于行业分析的典型问题：

（1）该行业发展程度如何？现在的发展动态如何？

（2）创新和技术进步在该行业扮演着一个怎样的角色？

（3）该行业的总销售额有多少？总收入为多少？发展趋势怎样？

（4）价格趋向如何？

（5）经济发展对该行业的影响程度如何？政府是如何影响该行业的？

（6）是什么因素决定着它的发展？

（7）竞争的本质是什么？你将采取什么样的战略？

（8）进入该行业的障碍是什么？你将如何克服？该行业典型的回报率有多少？

5. 产品（服务）介绍

产品介绍应包括以下内容：产品的概念、性能及特性；主要产品介绍；产品的市场竞争力；产品的研究和开发过程；发展新产品的计划和成本分析；产品的市场前景预测；产品的品牌和专利等。

在产品（服务）介绍部分，企业家要对产品（服务）做出详细的说明，说明要准确，也要通俗易懂，使不是专业人员的投资者也能明白。一般地，产品介绍都要附上产品原型、照片或其他介绍。

6. 人员及组织结构

在企业的生产活动中，存在着人力资源管理、技术管理、财务管理、作业管理、产品管理等。而人力资源管理是其中很重要的一个环节。

因为社会发展到今天，人已经成为最宝贵的资源，这是由人的主动性和创造性决定的。企业要管理好这种资源，更是要遵循科学的原则和方法。

在创业计划书中，必须要对主要管理人员加以阐明，介绍他们所具有的能力，他们在本企业中的职务和责任，他们过去的详细经历及背景。此外，在这部分创业计划书中，还应对公司结构做一简要介绍，包括：公司的组织机构图；各部门的功能与责任；各部门的负责人及主要成员；公司的报酬体系；公司的股东名单，包括认股权、比例和特权；公司的董事会成员；各位董事的背景资料。

经验和过去的成功比学位更有说服力。如果你准备把一个特别重要的位置留给一个没有经验的人，你一定要给出充分的理由。

7. 市场预测应包括以下内容：

(1)需求进行预测；

(2)市场预测市场现状综述；

(3)竞争厂商概览；

(4)目标顾客和目标市场；

(5)本企业产品的市场地位等。

8. 营销策略

对市场错误的认识是企业经营失败的最主要原因之一。

在创业计划书中，营销策略应包括以下内容：

(1)市场机构和营销渠道的选择；

(2)营销队伍和管理；

(3)促销计划和广告策略；

(4)价格决策。

9. 制造计划

创业计划书中的生产制造计划应包括以下内容：

(1)产品制造和技术设备现状；

(2)新产品投产计划；

(3)技术提升和设备更新的要求；

(4)质量控制和质量改进计划。

10. 财务规划

财务规划一般要包括以下内容：

其中重点是现金流量表、资产负债表以及损益表的制备。

流动资金是企业的生命线，因此企业在初创或扩张时，对流动资金需要预先有周详的计划和进行过程中的严格控制；

损益表反映的是企业的盈利状况，它是企业在一段时间运作后的经营结果；资产负债表则反映在某一时刻的企业状况，投资者可以用资产负债表中的数据得到的比率指标来衡量企业的经营状况以及可能的投资回报率。

11. 风险与风险管理

(1)你的公司在市场、竞争和技术方面都有哪些基本的风险？

(2) 你准备怎样应对这些风险?

(3) 就你看来, 你的公司还有一些什么样的附加机会?

(4) 在你的资本基础上如何进行扩展?

(5) 在最好和最坏情形下, 你的五年计划表现如何?

如果你的估计不那么准确, 应该估计出你的误差范围到底有多大。如果可能的话, 对你的关键性参数做最好和最坏的设定。

(三) 创业计划书的编写步骤

准备创业方案是一个展望项目的未来前景、细致探索其中的合理思路、确认实施项目所需的各种必要资源、再寻求所需支持的过程。

需要注意的是, 并非任何创业方案都要完全包括上述大纲中的全部内容。创业内容不同, 相互之间差异也就很大。

第一阶段:经验学习;

第二阶段:创业构思;

第三阶段:市场调研;

第四阶段:方案起草。

(四) 创业方案全文

写好全文, 加上封面, 将整个创业要点抽出来写成提要, 然后要按下面的顺序将全套创业方案排列起来:

(1) 市场机遇与谋略;

(2) 经营管理;

(3) 经营团队;

(4) 财务预算;

(5) 其他与听众有直接关系的信息和材料, 如企业创始人、潜在投资人, 甚至家庭成员和配偶。

(五) 最后修饰阶段

首先, 根据你的报告, 把最主要的东西做成一个 1~2 页的摘要, 放在前面。其次, 检查一下, 千万不要有错别字之类的错误, 否则别人对你是否做事严谨会怀疑的。最后, 设计一个漂亮的封面, 编写目录与页码, 然后打印、装订成册。

(六) 检查

可以从以下几个方面加以检查:

(1) 你的创业计划书是否显示出你具有管理公司的经验。

(2) 你的创业计划书是否显示了你有能力偿还借款。

(3) 你的创业计划书是否显示出你已进行过完整的市场分析。

(4) 你的创业计划书是否容易被投资者所领会。创业计划书应该备有索引和目录, 以便投资者可以较容易地查阅各个章节。还应保证目录中的信息流是有逻辑的和现实的。

(5) 你的创业计划书中是否有计划摘要被放在了最前面, 计划摘要相当于公司创业计划书的封面, 投资者首先会看它。为了保持投资者的兴趣, 计划摘要应写得引人入胜。

(6) 你的创业计划书是否在文法上全部正确。

（7）你的创业计划书能否打消投资者对产品（服务）的疑虑。

如果需要，你可以准备一件产品模型。

三、选定角色、分配任务

（一）最初的领导者

他称为 Leader，是领导者。作为一个优秀的领导者，他有能力、有权威，可以发号施令，能带领属下达成目标，但是，若这个人倒下，集体就不复存在了。20 世纪中叶的领导者称为 Manager，是管理者。这个时期的领导者作为一个团队的负责人，并不是最优秀和最有权力的。新世纪的领导者称为 Coordinator，是协调者。21 世纪，作为控制人流、物流、现金流的负责人，领导者可以让人力、财力、物力以一种合适的方式对接、搭配和流动。

在企业发展的最初阶段，创业者的个人魅力确实在企业凝聚力上发挥了重要的作用。但是，当企业发展到一定阶段之后就需要创始人启用具有高超的协调和处理各方面关系的能力、情商高于智商的人来当领头羊；因为依靠个人英雄主义的企业是长不大的。有前途、有潜力的企业一定是一个要求团队作战，谋求共赢的团队，个人英雄主义已经不符合成熟企业发展的要求了。

（二）创业领导者的角色与行为策略

创业团队领袖是创业团队的灵魂，是团队力量的协调者和整合者。

最令人敬佩的团队是《西游记》里的师徒四人，他们历经磨难，实现了最后的目标。四大名著中，只有《西游记》中师徒四人是一个成功的团队，其他的最后都是一盘散沙。究其根本原因，是因为他们拥有一个好领导——唐僧。

（三）领导者的个人魅力表现

从唐僧师徒团队来看领导者的个人魅力，主要表现在以下几点。

1. 优秀的协调者

唐僧不高估自己，有自知之明，他不会用自己的短处来应对这个世界，这就是他的长处。领导不需要专业技能特别优秀，但他擅长于把最优秀的人集合到自己手下，让他们为自己工作。

2. 对下属宽容

唐僧对自己的徒弟很宽容，特别是对最重要也是最有个性的孙悟空。

3. 善于用人

领导者要让每个下属的长处都有施展的空间。唐僧就是很好地发现了他三个徒弟的长处。一个团队需要个性化的成员共存，"二八理论"应用在团队中是指 80% 的工作是由 20% 的人做出来的，剩下的 80% 的人只做 20% 的工作。

4. 有明确的愿景目标

唐僧对团队的目标坚定不移，信心坚定。有位管理学家说过，用一句话来概括领导，就是为团队成员提供一个愿景目标，下属也都愿意跟随一个有愿景的领导。

5. 心态平和，不急功近利

唐僧遇到阻碍不灰心，取得成绩不沾沾自喜，一步一步接近自己的目标，始终保持良好的心态。这是领导者魅力的核心部分，因为一个领导者遇到的困难要比任何一个下属遇到的都要多，都要严重。

6. 对属下恩威并重

唐僧对每一个徒弟都有恩情，但对他们从来都是赏罚分明。

7. 有贵人相助

人脉关系是领导者至关重要的资源，充分利用这个资源有利于团队目标的实现。关键时刻，观音菩萨出手，有助于唐僧师徒实现自己的目标。

8. 形象好

团队形象最主要取决于领导者的形象，这个形象是指外在和内在的结合。保持良好的形象是领导者必备的素质之一。

📖【拓展阅读】

德鲁克经典五问

有时间，请静下来思考：

1. 我是谁？什么是我的优势？我的价值观是什么？

2. 我在哪里工作？我属于谁？是决策者、参与者还是执行者？

3. 我应做什么？我如何工作？会有什么贡献？

4. 我在人际关系上承担什么责任？

5. 我的后半生的目标和计划是什么？

📖【拓展训练】

思考并回答以下问题。

(1)假如你要创业，如何选择合作伙伴？

(2)如果你是一个创业者，你将如何建立你团队的管理制度，以保证沟通及时？

(3)你认为一个团队需不需要定期的人事变动或者岗位轮换？

(4)假如你开始创业，将怎样进行人才选拔和任用？是用猎头公司挖人，还是在熟悉的人里寻找？

📖【思考讨论】

分析以下案例并回答问题。

团队的股权结构设计

一、合伙人股权怎么分？

你公司的股权设计合理吗？建立新的公司该怎么跟股东、合伙人分股份才最合理？

公司股权结构合不合理并没有固定的判断标准，适合公司实际情况的股权结构就是最合理的股权结构。一般来说，从历史上众多的创业案例中可以总结出的一个大致规律，那就是股权结构比较能够提高创业的成功率。

这个股权结构就是：实际控制人是公司的大股东，大股东与小股东的持股有一定的比例差，还有一个股权期权池，用来留给未来引入关键人才作为股东或者做股权激励计划使用。对于初创公司来说，比较合理的股权结构是有一个能够确保公司做出决策的大股东，能对公司起到辅助作用的小股东，以及有20%左右的股权期权池。

但这也不是一概而论的，倘若公司各股东投入的资源基本差不多，或者发挥的重要性也都差不多，那么很可能股东的持股比例相差不大才能达到股东合作的微妙平衡。

二、什么样的股权结构最有利？

如何建立适合企业的股权结构，什么样的股权结构最有利于企业更好更长远地发展？适合企业的股权结构，就是能够确保企业能够作出决策，又能充分调动大小股东的积极性并能够激励关键员工努力工作和未来引入的优秀人才的股权结构。

初创企业一般需要有持股51%以上的大股东，才能确保公司的基本运作能够在大股东的把握之下。

例如，著名案例"真功夫"的股权结构，两个股东的持股比例在投资者入股之前是5∶5，投资者入股之后持股比例分别是4∶4∶2，两个主要股东持有相同的股权和表决权，导致在主要股东之间出现矛盾时，任何一方都没有对公司的控制权，后来也出现了一系列的狗血事件。

主要股东之间出现矛盾是因为主要股东夫妻感情破裂导致的，所以这个案例也提醒我们，如果主要股东平等持有公司股权，并且夫妻婚姻关系是维系主要股东和谐相处的关键因素的话，那么在感情破裂前，最好先解决主要股东持股比例相同、表决权相同的股权结构隐患。

公司按出资比例出让股权

在过去，如果公司启动资金是100万元，出资70万元的股东即便不参与创业，占股70%是常识；而现在，只出钱不干活的股东"掏大钱、占小股"已经成为常识。在过去，股东分股权的核心甚至唯一依据是"出多少钱"，"钱"是最大变量。而现在，"人"是股权分配的最大变量。

没有签署合伙人分配协议

许多创业公司容易出现的一个问题是在创业早期大家一起埋头一起拼，不会考虑各自占多少股份和怎么获取这些股权，因为这个时候公司的股权就是一张空头支票。等到公司的"钱"景越来越清晰时，早期的创始成员会越来越关心自己能够获取到的股份比例，而如果在这个时候再去讨论股权怎么分，很容易使分配方式不能满足所有人的预期，导致团队出现问题，影响公司的发展。所以，在创业早期就应该考虑好股权分配，签署股权分配协议。

合伙人股权没有退出机制

合伙人股权战争最大的导火索之一，是完全没有退出机制。比如，有的合伙人早期出资5万元，持有公司30%的股权。干满6个月就由于与团队不和主动离职了，或由于不胜任、健康原因或家庭变故等被动离职了。离职后，退出合伙人坚决不同意退股，理由很充分：

《公司法》没规定，股东离职得退股；

公司章程没有约定；

股东之间也没签过任何其他协议约定，甚至没就退出机制做过任何沟通；

他出过钱，也阶段性地参与了创业。

其他合伙人认为不回购股权，既不公平也不合情、不合理，但由于事先没有约定合伙人的退出机制，对合法回购退出合伙人的股权束手无策。

没有做好员工激励

阿里巴巴创办8年有65%的员工拿到了股权激励；京东员工股权已超过刘强东个人持有的70%；华为成立三年之时，至今已实施了4次大型的股权激励计划……他们的成功并不是做大了之后才做股权激励的，而是通过股权激励一步步把事业做大的！赚小钱靠个人，成大业靠团队。通过股权激励把老板个人的梦想变成全体员工的梦想是企业发展过程中必须做的一件大事，是企业成长过程中最重要的一次变革！

问题：

(1)苹果公司创始人乔布斯，其股份比例的演变是45%→30%→15%→离开；1号店创始人于刚、刘峻岭，其创始团队股份比例的演变是100%→20%→11.8%→离开。分析他们最后分道扬镳的原因，想一下，如何做才能挽回和避免这样的结局？

(2)"真功夫"联合创始人蔡达标，其股份比例的演变是50%→47%→入狱；雷士照明创始人吴长江，其股份比例的演变是100%→45%→33.4%→29.3%→6.79%→2.54%→入狱。你认为他们创业最后的结局是成功还是不成功？为什么？

第三章　创业机会与商业模式

☞【目标导引】

　　通过本章的学习，应达到如下目标：理解创业机会的内涵，创业资源的特征；掌握机会识别的基本方法；掌握机会构建的基本过程；运用创业资源理论解释创业活动；掌握创业资源整合的一般过程；理解信息加工对创业机会建构的意义，创业资源拼凑机制；了解商业模式的内涵；理解商业模式的核心要素；掌握商业模式的设计方法；体验商业模式的设计过程。

☞【内容导读】

　　本章要理解创业机会与商业模式的概念、实质与意义，了解创业机会的来源和内容，理解创业机会识别的概念，掌握创业机会识别的方法。

☞【案例导入】

格兰仕的成长之路

　　在阿波罗登月飞行时开始使用微波炉技术，但20多年以后这项技术才逐渐民用，20世纪80年代，微波炉首先在发达国家开始应用，如德国。食品在微波炉里加热，加热速度非常快，改变了人们的生活方式。直到20世纪90年代中期，在中国也没有看到这种产品。格兰仕是一家生产微波炉的乡镇企业，它借鉴国外微波炉的生产技术，吸收转化为自己的产品，生产出了自己的微波炉。格兰仕有一个分管营销的副总，提出了用规模战略进入市场的方案，以低价打开市场，同时采取配套促销的方式，买微波炉送微波炉专用碗等多种产品，一下子打开了市场，格兰仕公司逐渐成为生产微波炉的知名企业。

☞【思考题】

　　1. 格兰仕的创业机会来自哪里？

　　2. 格兰仕是如何实现创业机会转化的？

第一节　创业机会认知

一、创业机会内涵与类型

商机是创业过程的核心，创业过程是由商业机会驱动的。但商业机会不等于创业机会，应该说适合于创业的商业机会才是创业机会。蒂蒙斯认为，创业机会是一种可能盈利的机会，通过整合资源满足市场对新产品、新服务的需求并创造价值，是一个不断被发现的动态发展过程。

创业机会是创业者发现并对其有较强吸引力的、具有潜在价值有利于创业的商业机会，通过整合资源，创业者能够实现为客户提供有价值的产品或服务，并同时使自己获益的动态发展过程。

二、创业机会与商业机会

创业机会属于商业机会，但是比较具有强吸引力的，较为持久地会更有价值。商机无论大小，从经济意义上讲一定是能由此产生利润的机会。商机表现为需求的产生与满足的方式上在时间、地点、成本、数量、对象上的不平衡状态。旧的商机消失后，新的商机又会出现。没有商机，就不会有"交易"活动。

商业机会由四个要素组成，所有这些要素都是在同一时间内出现的最常在同一领域或地理位置内，在它可以被宣称为商业机会之前。这四个要素是：

（1）必需品；

（2）满足需求的手段；

（3）一种应用方法来满足需求；

（4）一种有益的方法。

如果缺少任何元素，则可能会通过找到缺失元素来开发业务机会。一个理想的特点是元素的组合是独一无二的。制度（或个人）对要素的控制越多，他们就越有能力利用机会，成为一个利基市场领袖。

我们能认识的商机大致可归结为14种：

1. 短缺商机

物以稀为贵。短缺是经济洋行牟利第一动因，空气不短缺，可在高原或在密封空间里，空气也会是商机。一切有用而短缺的东西都可以是商机，如高技术、真情、真品、知识等。

2. 时间商机

远水解不了近渴。在需求表现为时间短缺时，时间就是商机。飞机比火车快，激素虽不治病却能延缓生命，它们都有商机存在。

3. 价格与成本商机

水往低处流，"货"往高价上卖。在需求的满足上，能用更低成本满足时，低价替代物的出现也是商机，如国货或国产软件。

4. 方便性商机

江山易改，懒性难移。花钱买个方便，所以"超市"与"小店"并存。手机比电话贵，可实时性好，手机是好商机。

5. 运用需求商机

周而复始，永续不完。人们的生存需求如吃、穿、住、行每天都在继续，有人的地方，就有这种商机。

6. 价值发现性商机

天生某物必有用。一旦司空见惯的东西出现了新用途定是身价大增，板蓝根能防"非典"，醋能消毒，涨！赚！

7. 中间性商机

螳螂捕蝉，麻雀在后。人们总是急功近利，盯住最终端，不择手段。比如挖金矿时，不会计较"卖水的"的价格，结果黄金没挖着，肥了"卖水的"。

8. 基础性商机

引起所有商机的商机。对长期的投资者来说，这是重要的。如社会制度、基础建设、商业规则等，中国在加入 WTO 之后的五年内，将重排一系列商机。

9. 战略商机

未来一段时间必然出现的重大商机。时间倒流。20 年前，中国人面临着这种商机，今天出现了"下岗"和"致富"的天壤之别，就是后者主动"下岗"，利用了这个商机。

10. 关联性商机

一荣俱荣，一损俱损。由需求的互补性、继承性、选择性决定。可以看到地区间、行业间、商品间的关联商机情况。

11. 系统性商机

发源于某一独立价值链上的纵向商机。如电信繁荣，IT 需求旺盛，IT 厂商盈利，众多配套商增加，增值服务商出现，电信消费大众化。

12. 文化与习惯性商机

由生活方式决定的一些商机。比如：各种节日用品、生活与"朝拜"的道具。

13. 回归性商机

人们的追求，远离过去追随时尚一段时期之后，过去的东西又成为"短缺"物，回归心理必然出现。至于多久回归，看商家的理解了。

14. 灾难性商机

由重大的突发危机事件引起的商机。

三、创业机会的来源

创业机会来源于社会生活的方方面面，可以成为创业者发现和寻找创业机会重点关注的地方，一般可以归纳为以下几个方面：

1. 解决顾客问题

顾客是创业者应该重点关注的。创业的根本目的是满足顾客需求，而顾客需求在没有满足前就是问题，寻找创业机会的一个重要途径是善于去发现和体会潜在客户的需求或痛点。

2. 跟踪业内企业

业内人士对其产品更为了解，所以对业内企业的跟踪可以让创业者事半功倍。由于对企业跟踪的成本比较高，因此对行业较为熟悉的或有专业能力的创业者可以对市场上对手的产品、服务进行跟踪、分析和评价，由此发现市场上产品的优劣，并且有针对性地改进产品或开发新产品，这样就有可能发现较大的市场机会和开创新的市场机会。

3. 与渠道分销商交流

渠道分销商对顾客分销商是最了解的，因为他们整天与顾客打交道。他们知道顾客和市场的需求，所以他们对产品的看法可能比单个的顾客更为清晰和准确。所以在这方面，创业者不仅要与顾客交流，还要与分销商进行交流，倾听他们的建议。他们的建议不乏真知灼见，特别是他们对渠道营销的方法可能有很多很好的策略，这样可以使创业者的产品更好地与顾客接触。当然，与他们多交流也可以帮助创业者推广新产品。

4. 环境的变化

创业机会大多产生于不断变化的市场环境，环境变化了，市场需求、市场结构必然发生变化。这种变化主要来自产业结构的变动、消费结构升级、城市化加速、人口思想观念的变化、政府政策的变化、人口结构的变化、居民收入水平提高、全球化趋势等方面。正是这些外在因素的刺激，推动了人类的需求变化，要求国家、社会、人民去研究新方法、解决新问题，从而带动了新的社会总需求，为创业机会的诞生孕育新的沃土。

5. 创造和发明

创造和发明提供了新产品、新服务，更好地满足顾客需求，同时也带来了创业机会。对新技术的了解就是从其创造和发明的研发过程中获得的。创业者应对业内企业目前的研发活动有所了解，包括应重视所有目标产品的基础研究，因为科学家所研究的项目往往与基础性研究有关，而企业则与应用有关。关注科学家们的研究和企业开发同等重要，这样你就会很好地把握新技术进入应用的节奏。如互联网对视频技术的应用。你如果能了解科学家们对视频基础技术的研究进展，再跟踪 IBM 和 ADOBE 等企业的应用开发，同时关注网上的草根研究小组，再看看应用网站，你就会发现未来视频技术应用的前景，即使不发明新的东西，你也能成为销售和推广新产品的人，从而给你带来新的商机。

6. 竞争的指引

弥补竞争对手的缺陷和不足也是创业机会。看看你周围的公司，你能比他们更快、更可靠、更便宜地提供产品或服务吗？你能做得更好吗？若能，你也许就找到了创业机会。如顺丰快递的成功，就是因为它比一般的快递公司更快、更可靠。

7. 新知识的产生

随着经济的快速发展，对教育的投入越来越大，知识领域不断拓展，新知识的产生也给创业者带来了大量的机会。例如，当人类基因图像得到完全解决，可以预期，必然在生物科技与医疗服务等领域带来极多的新创业机会。

8. 国外市场

创业者要经常关注国外市场的动向。中国是一个新兴市场，与发达国家的市场相比，很多产品要在发达国家市场兴起之后一段时间，才会在新兴市场中出现。所以关注国外市场出现的新动向，在适当的时机下，就有可能发现新兴市场的大机会。这方面，很多企业作出了很好的榜样，如 GOOGLE 之于百度、EBAY 之于淘宝、亚马逊之于当当网等，都是在国外兴起一两年后，国内就开始出现类似的产品。

虽然大量的创业机会可以经由系统的研究来发掘，不过，最好的点子还是来自创业者长期的观察与生活体验。

【拓展阅读】

奥普拉·温弗瑞 1954 年出生于美国密西西比州的科修斯科。在 19 岁时，她便开始了其播音生涯，从最初的 WVOL 广播电台的主播到 WTVF-TV 最年轻的新闻主播，并且是第一位非洲裔女主播。其后，温弗瑞迁到巴尔的摩，成为那里 WJZ-TV "六点钟新闻"的主播之一。没过多久，温弗瑞又成为一档脱口秀节目"人们在说"的主持人之一。

1984 年，温弗瑞移居芝加哥成为 WLS-TV 的一个低收视率的晨间脱口秀节目"芝加哥早晨"的主持人之一。在温弗瑞主持的一年中，这档节目获得了巨大的成功，并重新命名为"奥普拉温弗瑞秀"，而且扩充时间为 1 小时。在温弗瑞的主播事业蒸蒸日上时，她遇到了一个改变她命运的人——杰夫·杰克伯斯。杰克伯斯是芝加哥的一名律师，他提醒温弗瑞仅靠打工是不能让她取得真正成功的，她应该组建自己的公司。于是，在 1986 年，他们两个人合伙组建了"哈普娱乐集团"。公司定期制作"奥普拉脱口秀"，并出售给各家电视台。在杰克伯斯的精心打理下，哈普集团迅速取得了成功。至 2001 年，仅"奥普拉脱口秀"一项的营业收入就已高达 3 亿美元。还有一个颇为引人注目的是"奥普拉读书会"，这是 1996 年推出的电视读书节目。节目一经推出就大获成功，以至于奥普拉选书的那一周，被称为是书市"奥斯卡周"。经她推选过的 47 本书，每一本都畅销。尽管温弗瑞并不认为自己是一名商人，但事实上她却是最成功的商人之一。作为一个创业者，她具有的创业精神使得她可以集中注意力并获得巨大的成功。

市场机会很多，但创业者需要的是有利于创建成功企业的最佳机会，此机会能更好地展现团队能力、适合商业环境特点、符合机会特征，便于创业者决定创业行为开展的最佳时机。创业机会识别是创业过程的第一阶段，如何识别真正有价值的创业机会，既需要创业者的天赋等主观个体特质，同时，创业机会本身的客观特征又是创业者可以通过特别的关注和方法予以把握的。捕捉商机，实现自己的创业梦想，几乎是众多创业成功者的公开秘密，但是，如何去寻找、创造商业机会，通过常被人忽略的信息发掘创业智慧，实现自身价值，创造社会财富，这是人们一直在努力追寻的目标。创业机会在何方？如何识别创业良机？怎样评价最大价值创业机会？这将是本单元重点解决的基本问题。

第二节 创业机会的识别

一、创业机会识别的关键要素

关于创业机会的识别，目前学术研究中主要存在三种思路：存在思路、结构思路和构造思路，这三种思路都阐述了创业机会的发现和利用问题。在不同思路下，创业机会观点各有差异。

1. 存在思路

以柯兹纳(Kirzner)为代表的现代奥地利学派认为，市场上存在客观的创业机会，创业机会是由追逐利润的企业家在市场非均衡状态下凭借其敏锐素质而发现的，企业家对机会的发现使市场过程由非均衡趋向于均衡。首先，现实市场经常处于非均衡状态，为创业机会的存在提供了客观基础；其次，市场参与者在判断和决策上的个体差异为创业机会的存在提供了主观基础。

柯兹纳认为发现创业机会介于两种状态之间：一是通过纯粹的偶然机会意外获得；二是通过不断搜索发现市场中的对象所隐含的内在信息。不确定的非均衡市场环境中存在机会，具有胆识、想象力和异质性知识的企业家拥有独特的敏锐眼光，易于发现这些机会，之后，他们或是通过扩大生产供应，或是通过套利活动等，让资源得到更好的配置。企业家和普通人一样，都是在自由的、不确定的世界中进行活动，不同的是，企业家总是自发地关注他人忽略的环境特征。

存在思路认为，由于整个市场很难达到理想的均衡状态，所以一定存在创业机会，但只有那些具有对信息和机会敏感的创业者才可能识别这些创业机会。总之，存在思路强调个体与客观创业机会间的匹配，如果匹配，个体就能发现和利用这些创业机会，成为创业者。

2. 结构思路

结构思路以网络研究中的结构空洞理论为基础，认为创业机会由个体或组织间的特定关系结构而产生。特定关系网络中的特定个体或组织，相对于其他个体或组织而言，在关系结构中具有信息和控制优势，可能拥有创业机会。

结构思路主张创业个体或组织嵌入在社会网络结构中，如果社会网络结构存在结构空洞，就会产生创业机会。根据美国学者罗纳德·博特(Ronald Burt)、大卫·克拉克哈特(David Krackhardt)的观点，假设有一个个体 A，与另外两个人或者组织 B 和 C 存在工作关系，B 和 C 不连接比 B 和 C 连接对 A 更有利。B 和 C 不连接意味着在 B 和 C 之间存在着结构空洞，这个结构空洞能增强 A 的职位权力或谈判力。这种结构优势有这样几个基础：第一，对介于其间的 A 而言，有更多的信息可利用，而信息蕴含着价值和权力，继而形成了 A 的优势；第二，对介于其间的 A 而言，存在控制机会，在存在结构空洞的情况下，中间人 A 通过谈判可以使 B 和 C 处在竞争地位，从而加强自己的强势地位；第三，对于介于其间的 A 而言，存在将信息优势和控制优势结合起来的潜在优势，由于 A 是中间人，信息充分，A 可以以中间人的身份为 B 与 C 提供需要的资源，并从中获取利润。

在结构空洞下，A 与 B、C 的关系越强，就拥有愈多的创业机会。

结构思路强调创业机会的产生源于个人或组织间的关系结构，结构空洞造就创业机会，而中间人的意愿、谈判能力、运作能力、信息获取能力是寻求创业机会的重要条件。

3. 构造思路

构造思路以构造理论为基础，认为创业机会不是独立存在的，而是人们在与环境的互动中创造或者构建的，并将创业机会界定为一种人们创新创造的状态，即一种通过新目的、新手段形成的能够引入新商品、新服务、新市场和新组织方式的状态。可见，构造思路强调创业机会是人们创造的一种状态，这种状态可以体现为一种环境条件。因此，有的学者认为创业机会是一系列的环境条件，这种环境条件导致创业者或创业团队通过现存条件，将一种或更多种新产品或服务引入市场。

根据构造理论，人类与社会结构是互动的。人们既促成结构，也受所促成结构限制，结构是人们先前行为的结果，也被人们的行为继续推动。创业者既创造创业机会，也被创业机会所塑造。

二、影响创业机会识别的因素

1. 创业机会识别的基本条件

面对具有相同期望值的创业机会，并非所有的创业者都能识别和把握。成功的创业机会识别是创业愿望、创业素质和能力等因素综合作用的结果。

首先，创业愿望是创业机会识别的前提。许多很好的创业机会并不是突然出现的，需要有创业愿望的人去寻找、发现。创业愿望是创业的原动力，推动创业者去识别创业机会。没有创业意愿，再好的创业机会也会视而不见，或失之交臂。其次，创业素质和能力是创业机会识别的基础。识别创业机会在很大程度上取决于创业者的创业素质和能力，这一点在《当代中国社会流动报告》中得到了部分佐证。报告通过对 1993 年以后私营企业主阶层变迁的分析发现，私营企业主的社会来源越来越以各领域精英为主，经济精英的转化尤为明显，而普通百姓转化为私营企业主的比例较少。

2. 创业机会的识别过程

创业机会的识别过程分为创业机会的来源、识别发现创业机会、创业机会评估、决定开发创业机会四个步骤。

(1)创业机会的来源

创业机会往往来源于满足顾客需求、变化的市场环境、创造发明以及更加激烈的市场竞争等方面。第一，创业的根本目的是满足顾客需求，寻找创业机会的一个重要途径是善于发现和体会自己和他人在需求方面的问题或生活中的难处。第二，创业机会也会产生于不断变化的市场环境中，环境变化了，市场需求、市场结构必然发生变化。这种变化主要来自产业结构变动、消费结构升级、城市化加速、人口思想观念变化、政府政策变化、人口结构变化、居民收入水平提高、全球化趋势等方面。第三，创造发明提供了新产品、新服务，更好地满足顾客需求，同时也带来了创业机会。第四，如果能弥补竞争对手的缺陷和不足，也将成为创业机会。

（2）识别发现创业机会

影响创业机会的识别有两个关键因素。

①创业者素质与能力。与创业机会识别相关的创业素质主要是知识和从业经验。创业者所拥有的知识很大程度上影响他对创业机会的识别。俗话说"外行看热闹，内行看门道"，只有具有广博知识和丰富从业经验的创业者才能准确地识别出创业机会，所以拥有相关行业的专业知识和从业经验是很多投资者考察创业者的重要指标。创业者除了具备相关知识和经验以外，还要具备与创业机会识别相关的能力，主要有信息获取能力、洞察能力、技术发展趋势预测能力、模仿与创新能力等。机会识别的能力首先要受洞察能力的限制，敏锐的洞察能力使企业家看到别人看不到机会。

②社会关系网。社会关系网是对创业机会的识别产生重要影响的一个因素，因为它为创业者提供了获得信息、资源和其他支持的渠道。创业者拥有的信息资源对创业机会识别有重要作用，社会关系网中的个体，比如朋友、熟人、同事、顾客、家庭等都是创业机会的重要来源。社会关系网会增强创业者对创业机会的警觉性，有时可通过社会关系网中的人找到创业机会。

（3）创业机会评估

创业机会经评估，可能产生三种结果：第一种，由于各种条件的限制而忽略这个机会；第二种，创业者不拘泥于该创业机会，采用别的方式满足该市场需求；第三种，决定对该创业机会进行开发。创业机会评估也受到一些因素的影响，这些因素决定了创业机会能否最终被开发利用。影响创业机会评估的有三个关键因素。

①创业者的价值观。需求越符合创业者的个人价值观，就越能被创业者认可。社会责任感是创业者创业的深层次动力。创业者通常是通过预告开发创业机会所产生的社会价值来评估创业价值的。

②创业资源。创业者可获得的资源在他们作出是否创业的决定中起着重要作用。创业者拥有的资源规模、资源的来源会影响他们对创业机会的评估。

③创业环境。创业环境是机会识别的关键。创业环境是创业过程中多种因素的组合，包括政策法规、经济、社会、自然等环境。一般来说，如果社会有浓厚的创业氛围，国家对个人财富创造比较推崇，有各种渠道的金融支持和完善的创业服务体系，有公平、公正的市场竞争环境，会有更多的人创业。

（4）决定开发创业机会

虽然创业机会识别对创业起着举足轻重的作用，但这是不够的。在发现创业机会后，潜在的创业者会去开发机会。开发方式可以选择创建新企业，也可以将机会出售给别的企业，通常情况下，多数创业活动是通过创建新企业而发生的。如果创业者不对创业机会进行开发，就无法认定创业者识别出了创业机会。

三、创业机会的评价标准

所有的成功创业都来自好的创业机会，创业者均对创业前景寄予厚望，并对创业机会在未来所能带来的丰厚利润满怀信心。但是，创业本身是一种高风险行为，大多数创业梦想可能会落空。事实上，创业获得成功的概率大约为1%。创业失败不但损失了金钱，而且打击创业者自信心，有的创业者甚至可能使他放弃创业梦想。如果创业者能在创业前对创业机会进行客观的分析和评价，创业成功的概率可以大幅提升。在开发创业机会前，创业者应对初步选定的创业项目进行可行性研究，从技术、经济、财务、社会和环境等方面论证项目的可行性和合理性，编制项目可行性报告和项目评估报告决定是否开发创业机会。这里要强调的是，创业者要对创业机会作出开发决定时要判断创业机会的价值，这就要求创业者掌握一套评估标准，对创业机会面临的市场机会和经济效益进行客观准确的评判。风险投资者和精明老练的企业家往往积累了丰富的经验，利用一系列关键指标对创业机会进行评估。

1. 市场定位

创业者应通过创业机会的市场定位，了解创业机会的目标市场和竞争优势，判断创业机会可能创造的市场价值。市场定位带给顾客的价值越高，创业成功的机会越大。如果创业机会在目标市场无竞争优势，就应放弃。对创业机会进行市场定位，需要了解市场定位。

(1) 市场定位的含义

市场定位是指确定产品在目标市场上所处的位置。创业者根据竞争者现有产品在市场上所处的位置，针对顾客对该类产品某些特征或属性的重视程度，设法在自己的产品上找出比竞争者更具有竞争优势的特性，为本企业产品塑造与众不同、定位鲜明的形象，并在顾客心目中占据特殊位置，从而使该产品在目标市场上确定独特地位。

(2) 市场定位的步骤

第一步，进行市场细分，选择目标市场。通常以消费者的需求、购买行为和购习习惯等差异因素作为标准进行市场细分，每一个细分市场都对应着具有类似需求倾向的消费者群体。通过市场细分，可以了解各个细分市场的购买特点、规模、发展潜力、竞争对手的市场定位，评估市场机会，选择目标市场。有效的目标市场一般要有足够的市场空间，市场竞争程度不高，且初创企业有足够的实力进入。

第二步，分析目标市场的现状，确认竞争优势。确定竞争优势就是选择定位因素。这一步骤的中心任务是要弄清楚三个问题，一是目标市场上顾客欲望满足程度以及需求；二是竞争对手的市场定位；三是针对竞争者的市场定位和潜在顾客的真正利益，企业应该及能够做什么。创业者应针对这三个问题，通过市场调研，系统地设计、调查、分析并写出调研报告，从而确定自己的竞争优势。

第三步，准确选择竞争优势，在目标市场中定位。竞争优势表明初创企业能够胜过竞争对手的能力。这种能力既可以是现有的，也可以是潜在的。因为确认竞争优势实际上就是一个企业与竞争者各方面实力相比较的过程，所以应建立一个完整的指标体系。通常的方法是分析比较企业与竞争者在产品、经营管理、技术开发、采购、生产、市场营销和财务等七个方面，由此确定本企业的优势，以确立企业在目标市场上所处的位置。

2. 市场结构

市场结构是指创业机会所在行业内部买方和卖方的数量及规模分布、产品差别的程度和新企业进入该行业的难易程度的综合状态。市场结构由市场主体、市场集中度、市场竞争格局组成。创业者通过创业机会的市场结构分析，可以了解市场集中度、市场竞争格局、进入该行业的难易程度、初创企业未来在市场中的地位及可能遭遇竞争对手反击的程度。对于行业集中度高、进入壁垒高的创业机会应放弃。确定一个行业的市场结构，主要依据为市场集中度、产品差异化、对产品价格的影响程度、市场进入壁垒四个因素。

（1）市场集中度

市场集中度是某行业市场排位前几名的企业市场份额占整个市场的比例，也称集中率。它集中反映了市场的竞争和垄断程度。一般而言，集中度越高，前几名企业在市场上的支配程度越高，对市场垄断程度越高。市场集中度由产品本质属性、业内厂家的综合实力、消费需求多样化程度、新兴行业所处的发展阶段等因素决定。

（2）产品差异化

产品差异化指不同企业生产同类产品在质量、款式、性能、服务等方面存在的差异。

（3）对产品价格的影响程度

市场集中度越高，市场排位前几名的企业对产品价格的影响程度越高。

（4）市场进入壁垒

市场进入壁垒也称市场进入障碍，指与产业内原有企业相比，潜在的新进入企业在竞争条件上所具有的不利性，或者说是产业内原有企业在竞争条件下所具有的优越性。市场进入壁垒由经济因素造成，也称经济性市场进入壁垒。经济性市场进入壁垒分为绝对成本优势、规模经济优势、产品差异化优势和对特有的经济资源的占有优势等。

市场一般分为完全竞争、垄断竞争、寡头垄断和完全垄断四种市场结构。四种市场结构中，完全竞争市场竞争最为充分，完全垄断市场不存在竞争，垄断竞争市场和寡头垄断市场具有竞争但竞争又不充分。如表2-1所示。

表2-1 四种市场结构

市场结构	基本特征	典型市场
完全竞争	企业数目众多，企业所提供的产量相对于市场规模而言只占很小的份额。市场上交易的产品或服务完全一样，没有任何差别。每个企业面临既定的市场价格。市场不存在进入壁垒	农产品市场
垄断竞争	市场中的企业可以使它的产品具有独特属性，每个企业通过打造自己的商品差异来产生垄断，这是垄断竞争市场区别于完全竞争市场的地方	轻工产品市场
寡头垄断	市场上只有少数几个厂商。这种市场的厂商向消费者出售的产品或是标准化的，或是有差异的。企业对价格有较大的控制能力。有较大的市场进入壁垒	钢铁、石油行业市场
完全垄断	市场中只有一家企业，产品独一无二，企业自行决定如何生产和生产多少、价格多高。有很大的市场进入壁垒或完全受阻。这种市场不存在竞争，厂商在产品供给数量和技术使用方面缺乏效率	公用事业市场

3. 市场规模

市场规模又称市场容量。市场规模主要研究目标产品或行业的整体规模，具体包括目标产品或行业在指定时间的产量、产值等。通过市场规模分析，可以准确地描述市场的产、销、存及进出口等情况。市场规模与竞争性直接决定了创业机会的可开发性，一般而言，市场规模大，进入障碍相对较高，市场竞争激烈程度也会略为下降。

市场规模大小要结合市场生命周期来考虑。如果要进入的是一个十分成熟或正在衰退的市场，那么纵然市场规模很大，由于已经不再成长甚至开始衰退，利润空间必然很小，因此这个创业机会应放弃。反之，一个潜在的或正在兴起、成长的市场，通常充满商机，只要进入时机正确，必然会有较大的获利空间。

4. 市场占有率

市场占有率又称市场份额，是指一个企业的销售量(或销售额)在市场同类产品中所占的比重。它直接反映企业所提供的商品和劳务对消费者和用户的满足程度，表明企业的商品在市场上所处的地位，也就是企业对市场的控制能力。市场份额越高，企业经营、竞争能力越强。在创业初期就应确立市场占有率目标，从而确定未来的发展方向。

一般而言，要成为某一市场的引领者，需要拥有20%以上的市场占有率。如果低于5%的市场占有率，则市场竞争力不高，小型初创企业的市场占有率往往就低于5%，市场占有率就是生存率，创业要想同大型创业组织竞争，提高生存率，只有以不同于大型创业组织的经营方式，从强者手中抢食。

5. 市场渗透力

新产品逐渐占领市场的速度，称为市场渗透力，也可以直接理解为用户渗透率，它是多年形成的结果。市场渗透力意味着新产品被消费者接受的速度和程度。因此，对于有形的商品，考察市场渗透力，不仅要在被调查的对象中，看一个品牌(或者品类)的产品使用者的比例，还要看这个比例扩大的速度。要注意市场渗透力与市场占有率的区别。

对于一个具有巨大潜力的创业机会，市场渗透力是一项非常重要的影响因素。聪明的创业家知道选择在市场需求正在或将要大幅成长之际进入市场，在这时，如果产品足够吸引顾客，市场渗透力一定会比较强。

6. 产品生命周期和成本结构

(1)产品的生命周期

产品生命周期是指产品的市场寿命。产品生命周期分为进入期、成长期、成熟期和衰退期四个阶段。对于创业者来说，选择了一个项目，当然希望能够有比较长时间的经营，获得收益，为此，创业者还需要知道所选项目处在哪一生命周期阶段，最好处在进入期和成长期，这样，产品生命期长，市场竞争性不强，有利于初创企业的发展。

(2) 成本结构

成本结构亦称成本构成，是指成本中各项费用占总成本的比重。成本结构可以反映产品的生产特点，有的大量耗用材料，有的大量耗费人工，有的大量耗费劳动力，有的大量占用设备引起折旧费用上升，有的变动成本高，有的固定成本高。成本结构在很大程度上还受技术发展、生产类型和生产规模的影响。

分析成本结构有三个方面作用。一是通过总成本占销售收入的比例，帮助创业者弄清实现100元钱(或者1元钱)的销售收入需要投入的成本费用,以此判断创业机会的获利空间。二是通过分析成本中各项费用占总成本的比重,帮助创业者弄清楚,在创业项目中,哪部分钱花得多,哪部分钱花得少,成本是否还有降低的可能。三是通过前两项分析,帮助创业者弄清楚,自己的创业项目的成本与竞争对手相比,是否具有成本优势。

惠普原CEO马克赫德说"我们正在努力使成本结构更优。"这是他成为惠普CEO第一年所做的主要工作。两年后他又说:"公司仍然必须削减成本,从而更能盈利和增长。"惠普2006年的成本结构及销售收入情况为:总成本为850.98亿美元,销售收入为916.58亿美元,总成本占销售收入的比例为92.84%。总成本构成部分和比例是:产品成本(552.48亿美元,64.92%)、服务成本(139.30亿美元,16.37%)、融资利息(2.49亿美元,0.29%)、研究与开发(35.91亿美元,4.22%)、销售行政及管理费(112.66亿美元,13.24%)、分期偿还所收购的无形资产(6.04亿美元,0.71%)、重组费用(1.58亿美元,0.19%)、补偿给被收购企业的研究开发费(0.52亿美元,0.06%)。这是按照成本的经济用途划分的。

从以上数字分析可看出,一是惠普每实现100美元的销售收入,就得投入约93美元。二是产品成本超过了总成本的六成;销售行政及管理费位居第三位,是研究开发费用的3倍。通过分析可知,为什么马克赫德要努力优化成本结构和削减成本。如果创业者拥有专利技术,就拥有绝对成本优势,因为专利技术垄断了工艺技术或产业标准,专利保护的经济性壁垒限制了其他竞争者取得最新技术的机会,与其他竞争者相比,拥有专利的创业者在市场上就有竞争优势。但创业者要考虑专利保护的有效性,一般专利保护的经济性壁垒是通过新技术被仿制的成本来衡量的,专利技术的绝对优势可用仿制所需要的时间来表示。美国经济学家曼斯费尔德(Mansfield)在1981年考察了由48种产品构成的创新的样本,发现仿制成本大约是原来创新成本的2/3,有60%的专利产品需要4年左右才被仿制出来。

四、创业机会风险与管理

1. 创业风险及其特征

机遇或机会总是与风险并存的。发现了创业机会,产生了创业动机,但创业动机与创业行动之间需要有理性判断来连接,那就是对创业风险的分析。通常风险具有如下特征:风险是客观存在的;风险是相对的、变化着的;风险是可以识别的,因而也是可以控制的;风险与收益是对等的。

人们常说的创业风险有两类,一类是准备创业时,你要从风险角度分析创业是否可行,可行性概率有多大?从而决定是不是创业。另一类是已经开始了创业,分析创业风险是为了认识风险、防范风险,从而选择有针对性的战略和策略。

创业风险,一是指风险因素,二是指风险事件和风险损失。所谓风险因素是创业过程中有可能遇到的干扰。风险因素指能够引起或增加风险事件发生的机会或影响损失的严重程度的因素,即在一定条件下和一定时期内,由于自然因素或社会因素等各种结果发生的不确定性而导致行为主体遭受损失的大小以及这种损失发生可能性的大小。所谓风险事件和风险损失,是指风险的可能变成了现实,以致引起损失的后果,一旦某些风险因素真正发生，创业者即会遇到难克服的困难，导致创业活动难以推进，甚至导致创业失败。风险损失是指非故意的，非预期的，非计划的利益的减少，可以用货币来衡量。损失包括直接损失和间接损失。风险以损失发生的大小与损失发生的概率两个指标进行衡量。

例如，"六味面馆"的创业项目。成都某高校食品科学系六名研究生自筹资金 20 万元，在成都著名景观琴台古径边开起了"六味面馆"。第一家店还未开张，六名股东已经计划两年内在成都开 20 家连锁店。原本想以"研究生"之名来制造广告轰动效应，但事情的发展却出人意料。一番豪华装修后，六名研究生就各自回到学校，忙于功课。不久，由于面馆长时间处于无人管理和经营欠佳的状况，投资人已准备公开转让。这家当初在成都号称"第一研究生面馆"的餐馆仅仅经营了 4 个多月，就不得不草草收场。

该案例提示我们思考，这几名研究生在创业之初想过创业风险吗？分析此案例创业过程及失败的原因。你会得出什么结论？创业失败的一个原因就是当初对风险分析不够，没有应对策略。如果是你去以这个项目创业，你有什么好的办法让面馆盈利？为什么新创企业以惨败告终？该案例说明，第一，并不是所有的创业都是以创新带动的，很多创业是生存型的，但随着创业的深入，创新型的创业必将越来越受到重视，即强调以创新来带动创业；第二，仅有项目，没有全身心投入和实干精神，创业是难以成功的；第三，有项目但没有创新，创业也不能够成功。创业是创新者与企业家将有价值的创意、设计，采用可实施的技术实体化，实现首次商业应用。需要风险识别、寻找资源、有成长战略等。不仅仅是首次商业应用，还需要将项目进一步商业化、成熟化、扩张，实现公司成长，获得持续利润。所以，没有创新也可以有创业，但有创新不一定就能够实现创业。所以，有这样一句创业箴言：要创业就一定要在风险和收益之间进行抉择和权衡，既不能为了收益而不顾风险的大小，也不能因害怕风险而错失良机，而是要在争取实现目标的前提下，管理风险，控制风险，规避风险，这才是创业者对待风险的正确态度。

2. 主要创业风险

按创业风险产生的原因划分，创业风险包括主观创业风险和客观创业风险。主观风险是指在创业阶段，由于创业者的身体与心理素质等主观方面的因素导致创业失败的可能性。客观风险是指在创业阶段，由于客观因素导致创业失败的可能性，如市场的变动、政策的变化、竞争对手的出现、创业资金缺乏等。

按创业风险产生的内容划分，创业风险包括：

（1）技术风险：由于技术因素及其不确定性而导致创业失败的可能性。

（2）市场风险：转化缺口大，由于市场不确定性导致创业者或创业企业损失的可能性。

（3）政治风险：由于战争、国际关系变化等而使创业者蒙受损失的可能性。

（4）管理风险：因创业企业管理不善产生的风险。

（5）生产风险：创业企业提供的产品或服务从小批试制到大批生产过程中使创业者蒙受损失的可能性。

（6）经济风险：由于宏观经济环境波动或调整而使创业者蒙受损失的可能性。

3. 识别与防范创业风险

风险识别是应对一切风险的基础，只有识别了风险才可能有机会化解。同时风险也是一种机会，应该开拓、提高它积极的作用。所以，一是要树立风险识别的基本理念，包括有备无患的意识、识别风险的能力、未雨绸缪的观念、持之以恒的思想和实事求是的精神；二是掌握风险识别的基本途径，从自然因素和人为因素两个角度进行分析；三是了解识别风险的方法和步骤，即信息收集、风险识别、重点评估、拟定计划。风险识别过程要做到信息收集全面，因素罗列全面，最终分析综合。

创业是包含一系列决策和风险在内的活动，风险及其管理一直存在。一般而言创业企业有很多共同风险，主要是来自宏观环境的风险，包括产业政策、法律法规的约束限制、企业团队和股权结构等。同时，不同企业也会遇到特有的风险。例如，资金型的特有风险：资金预算是否准确、资金补给能否胜任后续需求、不同来源资金的回报要求与项目是否匹配、来自具有资金优势的同行的威胁；技术型的特有风险：技术的生命周期、技术的可复制和替代性、技术的壁垒是否建立可复制性；创意型的特有风险：创意的持续生命力、对资金和技术的依赖度；社会资源型的特有风险：资源的掌控程度是否足够高、人脉资本持续时间长短、是否有法律上的保障。

评估风险主要是评估自己对创业风险的承担能力。可以从以下六个指标来评估：一是创业与个人目标契合程度：机会与目标的契合程度越高，则创业投入意愿与风险承受意愿也会越大，目标实现的概率也相对较高。二是机会成本：机会是否对于生涯发展有吸引力。三是对于失败的底线：必须要自己设定承认失败的底线，以便保留下次可以东山再起的机会。四是个人风险偏好：喜欢冒险，具有风险意识的创业者要比安全保守的创业者风险承受能力强。五是风险承受度：一个能以理性分析面对风险的人，才是比较理想的创业者。六是负荷承受度：负荷承受度与创业者投入工作多寡，以及辛苦程度密切相关。不仅仅要识别和评估风险，更主要是要制定措施和办法，防范和规避创业风险。例如，应对技术风险，可采用模仿创新战略、组建技术研发联合体等方式；应对市场风险，可树立以市场为导向的整合营销理念、生产适销对路的产品等；应对财务风险，采取小的增量决策，投放资源要慢，谨慎考虑将资源投放的地方。如果需要一次性大量投入，设法找到外部投资。根据经营战略确定合理的债务结构，做好现金预算，加强财务预算控制，保持资产流动性等。应对管理风险，可以建立健全现代企业制度、完善企业的内部控制制度、提高决策者、管理者的自身素质等。

📖【拓展阅读】

威尔·凯洛格成为创业者的经历，与机遇促成有关。威尔年轻时是个极平常的人，他在他哥哥约翰开的疗养院里做杂工。约翰是个十分吝啬的人，他给打工的弟弟的工资不多。所以，威尔干得很不开心，若离开哥哥去干别的，他又感到茫然无路。直到有一天，威尔的命运发生了变化。

那天晚上，威尔帮哥哥试制一种新的易消化的食品。十点钟后，别的伙计都下班了，只有他一个人还在厨房里辛苦地工作着。威尔干事情喜欢坚持到底，并总想干得更好。他再次把面团放在热水里烫得半熟，然后放进锅里去煮，煮的时间长短不一，他想试试各种方法的效果。接着，他再用擀面杖将煮好的面团擀成薄片。每一种摊在一个地方，等着明天来看实际效果。威尔不停地忙着，不知不觉夜已很深了。他好不容易才忙完这些活，疲惫不堪地离开了厨房。可走时，却忘记了反扣在一只大盆底下的面团。第二天早晨，威尔忽然想起了自己的失误，赶忙到厨房里揭开大盆，用擀面杖去擀那个面团。不料，这个面团成了许多碎片。原来，由于面团过了夜，每个小面团都均匀地受了潮气，所以一擀就碎了。威尔不敢将此事告诉哥哥，更不敢将"醒"过的面片扔掉。他抱着侥幸的心理，悄悄地把这种碎片煮了一点自尝，发现味道似乎与过去的面片不同。是不是自己的口感有问题？威尔一时不敢相信。这时，哥哥进来了，他催促弟弟赶忙将面片煮好给病人品尝。威尔壮着胆子将碎片煮好送给了住院疗养的病人。不料，病人吃过碎片面后居然赞不绝口，哥哥对此也感到奇怪，再三追问弟弟在面片里放了什么东西，威尔只好说出了事情的真相。

真是有心栽花花不开，无心插柳柳成荫。威尔发明出这种后来被称为"麦片"的新食品后，他感悟到创业机会来临了。兄弟俩一合计，便马上决定购买加工设备，将麦片这种保健食品推上了市场。几年后，威尔又开发出大麦片、燕麦片、玉米片等新品种，生意越做越红火，从此"威尔麦片"名震北美。

第三节　商业模式认知

一、商业模式的构成

(一)商业模式概述

现代管理学之父彼得·德鲁克曾说："当今企业之间的竞争，不是产品之间的竞争，而是商业模式之间的竞争。"在"互联网+"环境下，研究商业模式更要从商业模式的基本概念出发，对其内涵、特点、要素、分类方法与主要结构方面进行探索，进而结合"互联网+"这一现实背景，对其概念进行界定，着重分析其新特征，并探究"互联网+"环境给多样化商业模式带来的机遇和挑战。

1. 商业模式的含义

研究商业模式，首先需要对商业模式和商业模式要素的概念进行准确的界定，在准确界定概念的基础上，了解商业设计的过程，进而在商业模式过程设计的体系中去科学地探讨商业模式的创新问题。

笔者通过对 Cnki、Wiley、Ebsco 等数据库的统计分析，按时间将"商业模式"概念的研究划分为了三个阶段。第一个阶段(20 世纪 50 年代至 90 年代)"商业模式"概念的提出阶段。"商业模式"一词最早于 1957 年出现在 Belliman 与 Clark 的文章中，1960 年 Jones 首次将"商业模式"一词作为研究主题进行研究。早期的商业模式含义主要包括业务、流程、数据和通信线路等内容，他将商业模式大多定义为在技术上的结构优化。

第二个阶段(20 世纪 90 年代至 2005 年)"商业模式"概念的形成阶段。20 世纪 90 年代，哈佛商业评论、经济学人等权威刊物开始出现大量关于"商业模式"的期刊论文。其中，Drucker 于 1994 年将"商业模式"定义为一种可盈利的经营理论。Gary Hamel 认为"商业模式"是企业的一种"战略意向"。同一时期的 Mintzberg 于 1994 年把企业或组织的商业模式归结为"战略思想"，这一阶段大部分学者试图通过"商业模式"这一概念来概括同一时期出现的大量跨国企业的成功经验。

第三阶段(2005 年至今)"商业模式"概念的分析阶段。2003 年，Coles 人为"商业模式"就是要从"Who、What、When、Where、Why、How、How Much"等方面来理解。Osterwalder 等学者于 2005 年对研究商业模式的文献进行了系统的分类，得出商业模式的本质是企业经营成本的运行逻辑，商业模式可以进一步划分为具体模式、子模式、元模式三个层次。我国罗珉教授于 2009 年提出"商业模式"是指一个企业建立以及运用的那些基础假设条件及经营行为手段和措施。方志远教授于 2012 年基于 Osterwalder 把商业模式定义为九种商业模式要素所构成的逻辑联系。这一阶段的"商业模式"研究不仅仅是关于"商业模式"要素的归纳，也开始延伸到对"商业模式"及其构成要素的关系进行研究，并由此提出"商业模式"不仅存在于互联网公司，也存在于各行各业中，并具有不同的分类与多样性的特征。

从时间维度对"商业模式"的研究文献进行归纳分析发现，尽管学术界对"商业模式"概念的研究具有时间早、持续长以及发展快的特点，但是到目前为止仍然未形成一个统一的定义与范式。究其原因有以下两点：一是不同学者由于各自知识结构的不同对商业模式概念的切入点各不相同，难以形成相对一致的认识；二是科技创新与移动互联网时代的到来不断对商业模式提出新的问题与要素，商业模式的概念难以在一定时期内形成相对一致的认识。

2. 商业模式的分类

通过对商业模式相关文献研究的梳理发现，目前学术界对于商业模式内涵的界定通常有以下三种分类。第一，商业模式描述了企业持续盈利的经营模式；第二，商业模式描述的是企业各个要素之间所形成的系统结构；第三，商业模式描述的是企业经营模式、客户的价值诉求和企业自身战略定位的内在关系。

第一种分类将商业模式描述为企业持续盈利的经营模式，该视角定义的商业模式关注了企业内部流程及各个流程之间的结构问题。本研究以现有的把商业模式描述为企业持续盈利经营模式的文献分析为基础，运用亲和图法将该视角呈现，其中包括了顾客界面、价值创造和利润获取三个要素。

第二种分类是以元模式研究作为出发点，将商业模式描述为企业各个要素之间所形成的系统结构。该视角将商业模式作为一个系统性概念，其系统性概念要求商业模式组成要素之间具有一致性，即内部一致性与外部一致性。内部一致性主要对企业内部而言，强调企业内部主要活动的一致配置。外部一致性主要是从给定的外界条件出发，探求商业模式结构的合理性。简言之，该观点主要强调一个成功的商业模式能够将商业模式构成要素中提供的物质相关因素、市场因素、内部能力因素、竞争战略因素、经济因素和增长退出因素之间以一致和互补的方式联合在一起。

3. 商业模式的界定

通过对典型商业模式概念三种视角的分类梳理可知，商业模式首先是以企业为主体，以服务企业的经营为核心的。但随着商业模式概念的发展，商业模式的概念已经超越了企业的边界，开始关注社会价值的创造与企业利益的共同发展。此外，只有将企业放入价值网络与交易规则当中，整合企业的各个要素才能构成一个相对完整的商业模式概念。综上所述，商业模式本身就是一个系统的元模式概念，描述了企业在经营运作中如何获取竞争优势的内在逻辑，该逻辑涵盖了企业的运营机制、战略地位和与客户之间的交易机制。

4. 商业模式的特征

商业模式的内在逻辑主要是强调对企业竞争优势的获取，具有系统性、适应性和差异性三个特征。

第一，商业模式作为企业创造价值的逻辑方式具有明显的系统性。系统性是指构成企业运营的各方面、各层次存在相互联系、互相依赖的客观逻辑关系。而商业模式是由客户价值、经营方式、企业战略地位三大基本要素构成的整体系统。这三大基本要素之间相互作用，共同构成一个企业获取竞争优势的创造系统。首先，从三大要素对整体作用的角度分析，商业模式对企业整体的重视，表现为对企业要素组合的关注。商业模式在运行之前作为企业构想出的蓝图，在实际运行过程中必然会形成理论与实际的冲突。由此，当商业模式三大要素中某一要素、子因素以及要素之间发生变化时，企业的商业模式必然会自动应变以保持商业模式整体的运行和发展。其次，从整体对要素而言，商业模式是由各个要素组成的系统性内在逻辑，每个要素在一定程度上能够被竞争对手模仿，但将各个要素组合起来形成协同效应，达到一加一大于二的效果，竞争对手就难以理解各个要素之间的因果关联、要素与要素之间的整体与局部关联。

第二，商业模式具有适应性。商业模式是与商业相关的真实世界的某些方面在人们精神上的表现。从意识形态的角度出发，商业模式是企业获取竞争优势和实现其战略定位，尽可能满足客户价值诉求的一系列设想。这一系列设想都需要到现实生活中去检验，以实现商业模式与现实的适应。具体来说，从集体性与显性角度来看，商业模式的提出以及实施并非一个单方面个体能够完成的，而是由企业管理层集体所共同提出的知识集合。集体所提出的商业模式也是适应了企业自身发展的实际情况的显性概念。从隐性角度来看，商业模式的形成是在现实的适应中自然而然形成的，需要随着具体现实各要素的变化而变化。

第三，商业模式具有差异性。商业模式存在于企业价值创造和经营活动当中，每一个企业都是在其特有的商业模式下运营的。这说明商业模式并不是存续于一个行业和领域之中，而是在各个经济活动中以其特有的形式客观存在的。20世纪末21世纪初，大部分学者把商业模式与互联网企业相关联，但随着商业模式概念由具体化案例研究向元模式概念发展，不同领域的学者也开始从多样化的视角对商业模式进行研究，提出商业模式不仅仅存在于单一的行业中，各个行业的商业模式都存在其差异化特点的观点。Zott 和 Amit 使用了一个包含近200个公司的真实数据集对企业产品市场决策和商业模式之间的一致性进行了回归分析，结论表明，在保险业领域以忠诚度为中心的商业模式能够有效提高公司的绩效。Patzelt 等将商业模式作为科技创新企业绩效的一个调节变量，结果发现科技创新型企业以创新人才为基础的商业模式对大学生创新创业教育概论业绩的影响起了决定性作用。显然，商业模式存在差异性的特征已经逐渐被学术界所认同。

(二) 商业模式构成要素分类

1. 商业模式要素的分类

商业模式概念的差异性与不统一性导致了商业模式构成要素观点的多样化倾向。

Timmers 于 1998 年提出商业模式的构成要素是企业商业活动中各个参与者的潜在利益以及收入。Scott M. Shater 等人于 2005 年把商业模式的组成要素综合为四大类，即战略选择、价值网络、获取价值与创造价值。Michael Morris 等于 2005 年根据之前的研究成果认为商业模式具有 24 个不同的构成要素，但是有国内学者研究认为其中 15 个是重复的。在 Michael Morris 所提及的众多构成要素之中，价值提供、经济模型、消费者细分、消费者管理、合作商网络、内在的组织结构、内在相关联的行动、目标市场是其商业模式的主要构成要素。魏炜、朱武祥教授于 2010 年提出商业模式是由战略定位、运营系统、企业核心资源能力、企业盈利模式、企业的自由现金流、企业的市场价值等要素构成的。罗珉教授则于 2009 年通过对之前的研究成果的分析，提出商业模式由 8 个构成维度的要素构成，即价值主张和网络、企业的核心战略、企业内部的组织设计、企业产品与企业服务设计、企业核心资源配置、企业持续经营收入机制以及企业潜在的盈利。彭歆北于 2008 年提出商业模式是由业务组合模式、企业核心竞争力模式、企业运营模式、企业盈利模式以及企业的资源分配模式构成。张振鹏则于 2016 年把商业模式的构成要素归纳为三个大类，即商业绩效、商业过程和商业对象。

2. 商业模式要素的内涵

商业模式要素同商业模式概念一样存在差异性的特征，具体体现为以下三点：第一，企业是以营利为目的的经济组织，获取利润是企业的目的。商业模式要素构建的内核就是为企业赢得市场竞争力，从而使企业获得超额利润。第二，获取利润的来源是客户，说明商业模式的目的是满足客户价值诉求，只有通过有效分析客户需求，向客户提供独特的产品或者服务，才能实现企业的盈利。第三，企业价值的发现在于企业战略的选择，准确可行的战略定位能为企业确定目标市场进而进行价值创造打下坚实基础。第四，企业的运营机制是商业模式的主要要素之一，同时也是企业价值实现的载体。战略选择和市场定位确定的是企业如何发现价值的问题，运营机制解决的是如何创造价值的问题。运营机制包括服务项目、企业活动、人才培养等。因此，在综合商业模式概念和商业模式要素概念的基础上，商业模式应该包括企业战略选择、客户价值诉求、企业营销机制、企业盈利模式、企业资本运作模式、企业运行机制以及企业资源配置七种要素。

企业战略选择（Enterprise Strategy Selection）：企业通过现实商业环境的分析，根据自身的发展情况，制定出能有效完成其商业服务的策略或计划。

客户价值诉求（Customer Value Appeal）：企业通过准确的调查研究，主动去了解客户的价值偏好以及价值需求点。

企业营销机制（Mechanism of Enterprise Marketing）：企业制定一系列与客户相关联的市场策略，并切实履行，以求达到交换双方（企业与客户）价值增值的目的。

企业盈利模式（Corporate Proft Pattem）：企业通过各种增加收入流量的方法进行利润创造，简单来说，就是企业增加利润的渠道或者方法。

企业资本运作模式（Enterprise Capital Operation Mode）：企业首先通过运作资金增加资本积累，然后采取兼并、收购、重组等财务杠杆方式来求得企业利润最大化。

企业运行机制（Enterprises Management Mechanisms）：运行机制是指企业生存和发展的内在功能及其运行方式，也指企业在价值创造中的运作模式和管理过程。

企业资源配置(Enterprise Resource Allocation):企业配置其商业模式中的核心资源和关键人员。

二、商业模式的设计

(一)商业模式的设计方法

企业的目的是在市场中获得超额利润,商业模式的本质是以系统性的方式为企业获得超额利润而服务。成功的商业模式设计应该以创造企业价值为出发点,充分考虑参与者多方的利益诉求,优化社会资源达到企业价值、客户价值与社会价值的协同创造。

(二)商业模式的设计过程

通过对商业模式、商业模式要素和商业模式设计研究方法的文献进行梳理,可以看出商业模式的设计应该包含以下过程。

第一,制定企业战略以确定产品或服务在市场中的最佳定位。

制定企业战略是构建一个优秀商业模式的起点,而企业战略的核心在于确定企业的业务范围并且明确业务范围在市场竞争中所占据的位置。业务范围的确定回答了企业管理者应该找什么、抓什么、干什么的问题,让企业能够在庞大的信息数据时代准确地选择适合自己的信息。服务范围的方式多种多样。具体来说,一是企业从产品或服务的优势出发,对自己的业务范围进行确定,如伊利公司属于奶制品行业、奔驰公司属于汽车制造业等。二是根据核心资源能力确定自己的业务范围,如高通公司属于手机市场的顶端,三星公司的屏幕生产等。三是依据企业所处的行业价值链环节确定其业务范围,如品牌制造商、供应商、零售商等。

第二,分析客户的价值需求以锁定目标客户。

锁定目标客户是商业模式创造价值的基础。确定企业的目标客户群体意味着企业需要考虑到如何在实体或概念化的群体中划分出能创造价值的一部分。客户群体可以有多种多样的划分方法,如从市场概念出发可以分为创造性市场划分和已有市场的"重新划分"。创造性市场划分是指借助统计学、心理学、经济学等知识设定一个新的模型,根据新模型来划分目标群体。已有市场的"重新划分"是在现有的基础上进一步发现别人没想到的新划分。从客户群体的需求偏好出发,把分析客户需求作为最重要的划分标准,即综合多种学科通过科学的测量与评价方式,甄别潜在客户或已有客户已经存在或者将会出现的隐性需求,将用户的需求倾向转化为新的创业机会,进而衍生出新的产品或服务。例如,七天连锁酒店独辟蹊径地挖掘到了中小游客的个体需要,为游客提供了更为便捷和低价的酒店住宿服务,满足了中低层次消费者的需求,受到了游客的好评。

第三,构建企业特有的业务系统,服务好商业模式各个环节的价值创造。

构建企业独特的业务系统,需要企业针对不同的消费群体和服务群体有针对性地开展相关的交易和服务,将与企业相关者都纳入一个统一的价值链中进而开展相关活动。一方面要制定出科学合理的利益分配机制,以价值创造的多少为大原则,打造强有力的内部刺激效应,构筑商业模式内部运作价值链。另一方面要疏通、拓宽利润渠道,以互利共赢为原则构筑商业模式外部运作价值链。此外,业务系统中利益相关者之间形成的关系网络也是一套复杂的运行机制,深嵌于企业价值链之中。

第四，构建独特的盈利模式。

盈利模式是一种可靠的、基于现实的程序，用于全方位考虑企业的具体情形。能向顾客展示如何将必须实现的财务目标、企业的外部现实和内部活动(包括战略、经营活动、人员的选择和开发、组织的结构和流程)联系在一起。同一行业的企业，定位和业务系统不同，盈利模式也不同。即使定位和业务系统相同的企业，盈利模式也可以千姿百态。但不同的盈利模式都是传统盈利模式概念下的表现形式，按照传统盈利模式划分的商业模式，如开放式商业模式、绑定式商业模式、会员免费式商业模式、佣金式商业模式、B2C、C2C 等也都是传统盈利模式下商业模式在实践中的具体应用。由此，企业构建科学独特的盈利模式对构建长效科学的商业模式具有战略意义。

第五，构建企业的资本运作模式以提高企业产品的附加值。

以价值为基础的商业模式设计中，起点是价值发现，中间是价值创造活动(包括价值主张、价值创造、价值配置)，终点是价值的优化。即依靠一系列的资本策略来实现。数据化和商标化时代的到来需要企业采取更多的资本运作来完成企业要素投入要素产出的转化，进一步提高企业产品的附加值吸引更多的客户群体。例如，苹果公司收购 beats，雀巢收购徐福记。

(三) 商业模式的设计分析工具

对商业模式运行的关键环节进行测评、跟踪，对商业模式的实施绩效进行评估，检测商业模式的竞争优势，发现问题及时采取措施，可以让企业的商业模式高效运行、持续成长，不断提升竞争优势。结合管理学理论方法，本节提出价值链分析、价值流分析、作业基础管理和流程管理等商业模式设计的分析工具。

1. 价值链分析

价值链模型是 1985 年 Michael Porter 在《竞争优势》一书中提出的。该理论认为：企业的任务就是不断地创造价值，创造价值的过程由一系列互不相同，但又相互联系的价值活动所组成。企业的运作是为了价值最大化，为此需要进行包括设计、生产、营销以及对产品起辅助作用在内的各种活动，并用价值链表示。价值链分析可以评价企业竞争优势来源于哪些活动环节，有助于企业认清运作活动链上的优劣环节，调整价值链结构，创造新的竞争优势。价值链是分析各个运作活动在创造价值方面贡献大小的有用工具，它从根本上将企业作为价值创造活动的综合体来考虑，这些活动包括生产操作、营销与分销、后勤等。价值创造体现在生产过程的各个具体活动中，价值链的每一活动既增加消费者从企业产品中获得的收益，也增加企业在生产、销售产品过程中的成本。价值创造是产成品的价值与生产成品所牺牲价值的差额。消费者在购买产成品时付出的货币价格低于他的可察觉价值时，他才会觉得合算，即消费者剩余。企业要创造比竞争对手更多的价值才能获取竞争优势。

2. 价值流分析

价值流是指从原材料转变为成品并给它赋予价值的全部活动，包括从供应商处购买的原材料到达企业，企业对其进行加工后转变为成品再交付客户的全过程，企业内以及企业与供应商、客户之间的信息沟通形成的信息流也是价值流的一部分。价值流包括增值和非增值活动，如供应链成员间的沟通，物料的运输，生产计划的制订和安排以及从原材料到产品的物质转换过程等。价值流分析可以绘制价值流图，分析运作过程现状，从顾客需求开始，通过研究运作流程中的每一道工序，从下游追溯到上游，直至供应商，分析每个工序的增值和非增值活动，包括准备、加工、库存、物料的转移方法等，记录对应的时间，分析物流信息传递的路径和方法，分析判别和确定问题所在及其原因，设计出新的价值流程，为持续改善提供目标。价值流管理通过绘制价值流图，进行价值流图分析来发现并消灭浪费、降低成本，赢取最高的边际利润。

3. 作业基础管理

作业基础管理是帮助企业管理者制定企业战略以及将战略落到实处所需的行动及其与企业资源之间关系的一种管理方法。成功的企业能将外部的资源最大程度地整合到价值网络中，实现价值拓展的最大化，为企业带来最大的战略利益。作业基础管理的目标已扩展到对企业活动、业务流程、产品和服务的计量，从而对分配于上述这些企业活动和业务流程乃至产品和服务上的企业资源予以定价。作业基础管理对这种战略的筹划和实施是至关重要的，它辨别了关键作业、成本动因及为降低成本而改善业务流程的途径。作业基础管理能帮助管理者发现价值增加的机会。通过识别和分析关键作业、业务流程及改进方法，能够帮助发展客户战略、支持技术领先战略或者辅助支持定价策略的制定。作业基础管理关注的重点是确定作业，找出成本动因，包括资源动因和作业动因，据此分配资源和作业成本。

4. 流程管理及其分析工具

流程管理理论认为，为客户创造价值的不是哪一个独立的部门或者个人，而是企业的流程，流程的变化或者通过"改进"，或者通过"重组"，根据流程的增值性要求来配置资源、形成适应于流程需要的新的组织机构。业务流程是把一个或多个输入转化为对顾客有价值的输出的活动（迈克尔·哈默），或是一组将输入转化为输出的相互关联或相互作用的活动（ISO9000）。流程的定义包括六个要素：输入资源、活动、活动的相互作用（结构）、输出结果、顾客、价值。企业的流程具有多个层级，能够帮助发展客户战略、支持技术领先战略或者辅助支持定价策略的制定。

5. 价值链分析与作业基础管理的结合

价值链管理和作业基础管理都涉及流程（或者活动）。价值链管理是利益导向的战略思维观念；作业基础管理在思想理念上是属于成本导向的。价值链高度概括并抽象出了企业的经营活动，揭示出了这些活动的目标本质价值增值；作业基础管理则为价值链分析和企业竞争战略的策划和实施提供了有效的分析方法。两者集中于企业的业务流程、经营活动（作业），可以将两者有机结合，互动有机地应用价值链管理和成本管理的优势，通过对企业所在产业链和企业内部整个价值链的分析，找出企业的优势和增值环节，通过对企业资源的战略性整合和集中配置实现价值增值，营造竞争优势，同时对微观作业活动进行成本价值分析，消除资源浪费，节省投入，实现投入、产出两个方面的价值增值。构成价值链的是企业运作中互有差异又相互联系的各种流程和作业，作业基础管理所针对的就是这些流程和作业。从流程管理及其分析工具当中设计商业模式的价值创造来源不失为一个有效方法。

成功的企业必须时刻关注调整自己，根据市场环境不断设计与创新企业的商务模式，适应市场的变化。随着商业模式对企业重要性的不断发展，急需加强商业模式的理论研究，为商业模式设计提供方法和分析工具。目前，对商业模式的研究处于不断的发展过程中，缺乏有效的理论指导，许多企业对商业模式的设计仍处在不断尝试和探索中，缺乏有效的理论工具指导。本章对商业模式设计进行了尝试和探索，提出了商业模式设计的方法、过程和分析工具，在一定程度上弥补了现有理论研究的不足，也为商业模式设计提供了操作方法。

三、商业模式的评价

1. 商业模式认识有助于整合资源

商业模式的要义在于通过特定产品或服务为客户创造价值，而价值创造通过创业者创业来实现。根据前面创业分析得知，创业是不拘泥于当前资源条件的约束去追寻机会，通过资源整合以利用和开发机会并创造价值的过程，其核心是整合资源创造价值。面对客户需求，创业者通常按以下逻辑思考：第一，客户到底需求什么，通过访谈与交流等凝练出具体的需求核心要素，将客户的模糊需求具体化、可操作化；第二，可以通过什么产品或服务来体现核心要素功能，满足客户具体需求；第三，为生产这些产品或服务，需要哪些资源，如技术、原料、人员、工艺、场地等，这些资源分布何处，产权如何；第四，对那些自己不能拥有但必须使用的资源，通过什么方式去整合。由此我们找到问题的关键点，也是创业行动的逻辑起点。随后按上述思考的方向依次展开：整合资源，生产产品，提交客户。因此，重新整合散存在各地的资源，是创业的首要工作。深刻认识商业模式，有助于创业者清晰地理解为什么要整合资源，为后期创业提供原动力。

2. 商业模式认知有助于整合商业生态

根据上述分析，创业行动起始于整合资源，资源散存于创业团队、利益相关者、战略合作伙伴以及其他机构，它们由近及远依次向外推进。对于这些资源分布可以从两个方面来认识：一方面，每一类资源也存在于不同部门和个人。如利益相关者是政府部门、高校、科研院所、企业、中介机构，而每一类又可明细化为具体主体。另一方面，这些资源主体有的相互关联，甚至你中有我、我中有你。由此，资源拥有者形成了错综复杂的关系网络，彼此通过利益、情感等联系形成商业生态。当创业者运用某些资源时，相当于生态主体间一次动态调整与组合，同时每一资源主体又与其他主体相连，由此导致创业生态的整合与优化。正是在这一次次的优化组合中，商业生态形成对创业者的强大支持能力，同时也增强商业生态活力。

3. 商业模式认知有助于理解市场需求

创业源于客户需求。为此首先要进行市场识别，即发掘没有实现的市场需求，这个需求既可以通过客户抱怨类自诉得知，也可以通过创业者在此基础上发掘。随后多角度分析需求要点是什么，为什么需求没有得到满足，以及如何才能得到满足。这种需求是个别需求，还是普遍需求。如果是普遍需求，这个面有多大。这些分析就是分析市场容量和实现市场需求的可行性。对于市场容量，如果太小则不足以投入资源开发，或者不急于现在开发。美国铱星公司的失败教训足以证明，没有市场容量支持的创业不可持续。开发还要看可能性，即产品可行性分析，这里涉及技术、人员、材料、工艺、管理等各个方面。如果目前不具备开发能力，或者哪方面薄弱，就要先补强，或者在开发中补强，否则创业难以为继。

四、商业模式画布训练

前面我们已经介绍过商业模式的概念，随后又分析了商业模型，下面我们在商业模型的基础上，再进一步分析商业模式，理解其核心构件，解析如何设计企业商业模式。

(一)商业模式再认识

虽然对什么是商业模式认识不一致，但大多接受下列表述：商业模式描述了企业如何创造价值、传递价值和获取价值的基本原理。在商业活动中，直接参与者是创业企业(卖方)与客户(买方)，间接参与者还包括政府、机构、社会等其他利益相关者，以下我们一并将其列入广义的客户中。从创造价值来看，当创业企业通过产品或服务为客户的需求提供服务时，即为客户创造了价值。与此同时，客户为其服务支付创业企业一定报酬，这也为创业企业创造了经济价值，同时还为创业企业提供服务社会的人生价值。从传递价值来看，一方面，创业企业将镶嵌于产品或服务中的价值由创业企业直接传递给了客户，同时也间接传递给社会(如社会创业在社会上产生的正的外部性)。另一方面，客户也通过支付创业企业服务费传递了经济价值，同时也间接向社会传递了感恩、平等、公正等社会价值。从获取价值来看，不仅买卖双方相互获取价值，而且买卖双方与其他利益相关者之间也获取以营造良好外部环境为主要内容的社会支持价值。外部环境有以制度、规范、监督为主要内容的硬约束，和以友爱、和善、向上等为主要内容的软约束。

(二)商业模式关键要素

为了进一步回应商业模式中的创造价值、传递价值和获取价值，通常将商业模式分为9个关键要素：客户细分模块、价值主张模块、渠道通路模块、客户关系模块、收入来源模块、核心资源模块、关键业务模块、重要合作模块、成本结构模块等，如图3-1所示。下面结合创业画布，逐一分析每一要素及其彼此间的关系。

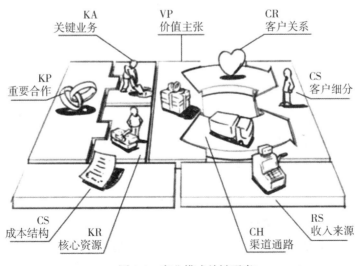

图 3-1　商业模式关键要素

1. 客户细分模块

客户细分模块用来描述创业企业想要接触和服务的人群或组织。客户是任何商业模式的核心，如果没有可获益的客户，就没有企业的长久存活。为了更好地服务客户，企业可以把客户分成不同的细分区隔，每一区隔中的客户具有共同的要求、共同的行业以及其他共同属性。由此企业决定到底服务哪些客户细分群体，忽视哪些群体。一旦决定就着手设计商业模式。通常重要客户有大众市场、利基市场、区隔化市场、多元化市场、多边平台或多边市场。

2. 价值主张模块

价值主张模块用来描述为特定客户细分创造价值的系列产品和服务。它是客户转向创业公司而非其他公司的原因。每个价值主张都包含了可选系列产品或服务，以迎合特定客户细分群体的需求。其中有些主张是创新性的，并提供一个全新的或破坏性的产品或服务，而另一些产品则是与现在市场的产品类似，只是强化或增加了一些功能而已。下面是客户价值主张的要素：新颖、性能、成本削减、定制化、设计、可达性、便利性/可用性、品牌/身份地位、风险控制。

3. 渠道通路模块

渠道通路模块用来描述创业企业如何沟通，接触其客户细分而传递其价值主张。通常包括沟通、分销和销售这些构成了公司相对客户的接口界面。它们是客户的接触点，在客户体验中起着重要作用。通路包含的功能有：提升公司产品或服务在客户中的认知、帮助客户评价公司价值主张、协助客户购买特定产品或服务、向客户传递价值主张、提供今后客户支持。

4. 客户关系模块

客户关系模块用以描述创业企业与特定客户细分群体建立的关系类型。客户关系范围从人到自动化。如早期移动网络运营商的客户关系由积极的客户获取策略所驱动，包括免费移动电话。当市场饱和后，运营商转而聚集客户保留以提升客户的平均收入。常用的客户关系有以下类型：个人助理/专用个人助理、自助服务、自动化服务、社区服务、共同创作。

5. 收入来源模块

收入来源模块用来描述创业企业从每个客户群体中获取的现金收入。创业企业生存与发展的前提是收入或赚钱。企业需要研究哪些愿意付费的客户，而不是点击流量类的潜在客户。通常一个商业模式包含两种不同类型的收入来源：一是客户一次性支付；二是客户经常性支付，如会员制等。当然，每个收入来源的定价机制可能不同，诸如固定标价、拍卖定价、市场定价、收益管理定价等。以下是一些可获取收入的方式：资产销售、使用收费、订阅收费、租赁收费、授权收费、经纪收费、广告收费。

6. 核心资源模块

核心资源模块用来描述让商业模式有效运转所必需的重要因素。每个商业模式都需要核心资源，它们使创业企业能创造和提供价值主张、接触市场、与客户细分群体建立关系并赚取收入。不同的商业模式所需要的核心资源有所不同。如芯片设计需要人才密集型的研发团队，而芯片制造则需要资本密集型的生产设施。常用的核心资源有实体资产、知识资产、人力资源、金融资产。

7. 关键业务模块

关键业务模块主要描述为了确保其商业模式可行，是创业企业必须做的重要事情。因为任何商业模式都需要多种关键业务活动，它们是企业得以成功运行的基础。与核心资源一样，关键业务也是创造和提供价值主张、接触市场、维系客户关系并获取收益。但关键业务随着商业模式而变，制造型企业与服务型企业的关键业务差异较大。

8. 重要合作模块

重要合作模块用以描述让商业模式有效运行所需的供应商与合作伙伴的网络。事实上，创业企业基于多种原因打造合作关系，建立包括众多利益相关者、战略合作伙伴，以及其他主体参与的合作网络，以达到利益共享、风险共担之目的。建立合作通常基于以下4种动机：优化商业模式、发挥规模经济和范围经济、降低风险和不确定性、获取特定资源。

9. 成本结构模块

成本结构模块用来描述运营一个商业模式所引发的所有成本。事实上，在创业企业创造价值和提供价值、维系客户关系以及产生收入时都会引发成本。这些成本在确定关键资源、关键业务与重要合作后，可以相对容易计算出来。但也有一些商业模式，如美国西南航空和我国的春秋航空等廉价航空模式，更多是由成本驱动的。大体说来，企业成本及变化大体源于以下几个方面：成本驱动 VS 价值驱动、固定成本 VS 可变成本、规模经济 VS 范围经济。

以上9个要素模块构建了商业模式便捷分析工具，也称为商业模式画布，9块画布的内容就像空白待填补的小黑板，可以把各种创意或写或绘制在这里，一目了然。

(三) 商业画布的设计过程

创业是在为客户创造价值的同时为自己创造价值，由此回答3个问题：如何为客户创造价值？如何为企业创造价值？如何搭建客户价值与企业价值的桥梁？商业模式相应地就围绕这3个问题设计，其核心是解决这个问题：用什么办法将客户口袋里的钱(客户价值)转移(桥梁)到自己的口袋(企业价值)？为此，从商业模式设计角度来看，需要解决两个问题。一是分析客户价值，二是价值通道。第一个问题可展开为两个问题：谁是客户？有何需求？第二个问题也可分解为：用什么渠道？整合哪些资源？由此，我们在商业模式设计中极力解决以下4个问题：谁是目标客户？客户有何要求？如何搭建客户与企业之间的桥梁？如何整合资源？

1. 确定目标客户

确定客户是创业的首要问题。尽管创业者声称为客户服务，但多数是泛泛而论，对客户具体情况并不清楚。如校园创业者都说为大学生服务，但细究下来却不深知：服务什么样(年级、专业、生源地、性别，地理位置等)的学生，服务多少学生(数量)，服务哪个方面(升学，就业，出国，情感，旅游)，需求程度如何(一般，迫切，强烈)等。这些问题不清楚，没有办法展开后续工作。为此，需要调研确定以下几个问题：描述客户轮廓、详细列出问题清单、分析确认重要问题、市场调研问题。上述问题清楚了，我们对客户便有了清晰的认识。商业模式与此相关的模块有顾客关系、顾客细分。

2. 定义价值主张

价值主张是商业模式的基础，说明创业企业帮助客户实现什么样的价值。任何企业都有价值主张。至于主张具体是什么，需要企业在调研的基础上反复讨论明确。无论价值主张是什么，它应具备如下 3 个特征：一是真实性。即使客户感受到真实的价值，而不是停留在描述阶段。要么能解决当前问题，要么解决了业内竞争者没有解决的问题，要么满足了客户未来需要。二要可行性。即可执行、可操作、可评估。三是关联性。即价值与客户密切关联。这尤其适合于那些引领市场需求类的产品或服务。它或者部分解决了客户的问题，或者基本解决了客户的抱怨，或者满足了客户的期许。

3. 设计收益模式

收益是商业模式的核心。企业在为客户创造价值时也要为自己创造价值，否则企业价值难以实现。企业收益模式包括收益来源、收益方式以及未来的收益分析等。收益来源即设计收益渠道。如对交友网站，我们通过广告、会员以及匹配服务等获益，这些就是当下的获益来源。至于收益方式依每种来源而定。如上述的广告，可以按时段、时长、容量等收益，每一种又可细分为不同收费标准；再如配对，可根据配对时间、配对双方相似度，以及所花的时间等进行收费。此外，随着业务的拓展，未来可能会有新的收益渠道，如上述网站的主题活动、机构专场推广等。商业模式中与此相关的模块有：收入来源、成本结构、渠道通路。

4. 整合关键资源

一般来说，创业企业独自不可能为客户创造价值，而是与利益相关者、战略合作伙伴一起，充分利用各方面的资源才能为客户创造价值。尤其是世界经济一体化背景下，各经济体彼此相连，互相作用。尤其对那些致力于"百年老店"的企业来说，更要整合各方面的资源。整合资源也存在三个基本问题：整合谁的资源，如何整合资源，整合效果如何。一般来说，整合是整合利益相关者资源、战略合作者资源、不定向目标资源等以应对临时资源需求。至于如何整合资源，最重要的是建立在共同愿景基础上，兼顾各自的利益。为此要保持沟通联系，建立相对紧密的合作关系。鉴于资源的稀缺性，整合评估应侧重资源的利用率以及资源的效益。前者应考虑是否充分利用资源，后者应考虑是否发挥资源的最大效用，避免资源无效流失甚至浪费，等等。

📖【拓展阅读】

四川航空是怎么靠免费模式做到多赢的？

很多人都坐过飞机，我们知道通常下了飞机以后还要再搭乘另一种交通工具才能到达目的地。但是在成都机场有个很特别的景象：旅客下了飞机之后，会看到机场外停了百部休旅车，后面写着"免费接送"。如果你想前往市区，平均要花 150 元人民币的车费去搭出租。但是如果选择搭黄色的休旅车，只要一台车坐满了，司机就会发车带乘客去市区的任何一个点，完全免费！如果你是乘客你会不会坐？

其实事情是这样的：四川航空向风行汽车买了 150 辆休旅车，这么大一笔订单当然是为了要提供上述免费的接送服务。四川航空一方面提供的机票是五折优惠，另一方面又给乘客提供免费接送服务，这一举措为四川航空带来上亿元利润。很多人都疑惑：免费的车怎么也能给它创造这么高的利润？

原价一台 14.8 万元人民币的休旅车，四川航空要求以 9 万元的价格购买 150 台。条件是，四川航空令司机于载客的途中提供乘客关于这台车子的详细介绍，简单地说，就是司机在车上帮车商做广告，销售汽车。在乘客的乘坐体验中顺道带出车子的优点和车商的服务。每一部车可以载 7 名乘客，以每天 3 趟计算，150 辆车带来的广告受众人数是：7×6×365×150。超过 200 万的受众群体，宣传效果非同一般。四川航空将休旅车以一台 17.8 万元的价钱出售给这些准司机，告诉他们只要每载一个乘客，四川航空就会付给司机 25 元人民币。四川航空立即进账 1320 万元人民币：（17.8 万~9 万元）×150 台车子＝1320 万元。你或许会疑惑：不对，司机为什么要用更贵的价钱买车？因为对司机而言，比起一般出租车要在路上到处晃呀晃地找客人，四川航空提供了一条客源稳定的路线。接下来，四川航空推出了只要购买五折票价以上的机票，就送免费市区接送的活动。基本上整个资源整合的商业模式已经形成了。对乘客而言，不仅省下 150 元的车费，也解决机场到市区之间的交通问题。对风行汽车而言，虽然以低价出售车子，不过该公司却多出了 150 名业务员帮他卖车子，以及省下了一笔广告预算，换得一个稳定的广告通路。对司机而言，与其把钱投资在自行开出租车营业上，不如成为四川航空的专线司机，获得稳定的收入来源。而对四川航空而言呢？这 150 台印有"免费接送"字样的车子每天在市区里跑来跑去，让这个优惠信息传遍大街小巷。还不够，与车商签约在期限过了之后就可以开始收广告费（包含出租车体广告）；另外，四川航空最大的获利还有那 1320 万元。当这个商业模式形成后，根据统计，四川航空平均每天多卖了 10000 张机票。回想一下，四川航空付出的成本只有多少？从四川航空的案例不难看出，免费商业模式就是打造一个平台，让你在上面既能做好人，又能做好事。免费模式是要从一个点到一条线再到一个面，再编织一张网，最后形成天罗地网。

【拓展训练】

选择一个创业型企业，完成其商业模式画布，并分析其商业模式中的九个因素。

【思考讨论】

小米模式的本质

供应链、生态链两个齿轮的咬合度，决定了小米速度。随着小米香港上市招股书的披露，越来越多的企业关注小米，重点多是小米上市的估值、雷军的身价，或者对小米历轮融资和回报进行分析。小米是中国互联网发展史上的奇迹，累计融资 20 亿美元上下，不到 10 年创造出了千亿销售的企业；而近年来独角兽频出，融资数十亿而收入寥寥的企业比比皆是。小米和雷军虽然有融资能力，却没有滥用。因此，小米的成败代表着中国互联网的成败，小米是中国互联网行业的锚，小米临近上市，成功的故事开始了一半，其商业模式也足够可以写入教科书。抛开关于估值、可转债、小米金融等扑朔迷离的数字，让我们还原小米的真实现金流，仔细看一下小米的模式。

在小米披露的招股书中，小米 2017 年年收入 1146 亿元，非国际财务报告准则口径(主要是调整了历轮融资的可转债、股权支付等非业务支出)净利润 53.6 亿元，净利润率 4.7%，从现金流量表来看，小米的现金流似乎并不乐观，经营活动净流出 10 亿元，投资流出 26.8 亿元，而经营活动和投资活动的现金主要靠融资活动所得的 62.1 亿元现金弥补，因此年度尚有结余。这样看来，小米很像一个典型的中国独角兽，靠融资支持着业务发展。小米的确在 2014 年进行了最后一轮 F 轮的融资，融资金额达 1 亿美元，最后一笔交割一直延续到 2017 年。不过，2017 年小米通过股权融资获得的现金不到 1 亿元。2017 年小米的融资活动得到的现金主要来自银行融资借款，总额为 112 亿元，但是，这并不是用来支持小米运营所用的现金流。根据小米招股书的披露，2017 年 112 亿元的融资借款主要是为互联网金融业务提供资金。互联网金融业务主要是小米金融。这一业务小米已经做好了单独的构架，并且在招股书中披露了分拆的可能方案，未来大概率类似京东金融一样独立于小米集团之外。同时，仔细分析小米的经营活动现金流也可以发现，一个主要消耗掉小米运营现金流的项目是应收贷款及利息，同样，这是小米金融的贷款业务向贷款用户放款导致。

小米有良好的造血功能，经营活动正向现金流为 58.7 亿元，能够支持公司的对外项目投资和资本开支(2017 年资本开支为 12.2 亿元，包含在投资活动现金流内)。也就是说，小米主营业务的自由现金流良好。对小米良好现金流的解读，大多数人会联想到小米的饥饿营销。的确，小米创立初期，开创了产品预售的先河，用粉丝效应打造出了小米品牌。回顾历史，小米早期预售 10 万台手机，能做到在数分钟内销售一空。从财报上来看，2017 年 12 月 31 日小米账面上客户的预付款高达 34 亿元，按照当年小米存货周转天数 45 天计算，小米一年周转约 8 次，对应 1146 亿元销售大约是 140 亿/次，这意味着 24% 左右的货款是预付款，由"米粉"这样的粉丝垫付。

但是饥饿营销只是手段，撑不起千亿的销售体系。小米真正核心的能力，是对其供应链的管理能力。截至 2017 年底财务数据显示，对应 2017 年 1146 亿元销售额的，是 163 亿元的存货，55 亿元的应收账款和高达 340 亿元的贸易应付款。这些数据直观反映出小米有效利用了供应商的账期，对冲生产规模扩大所需的资金。从小米披露的现金循环周期来看，小米在历史上一直是有效利用了供应商的账期优势。虽然在出海销售的过程中，海外市场如印度对资金的占用会多一些，但不影响小米的现金循环周期为负，也就是利用供应链的账期差异，来实现规模的扩张。小米的销售额从 2016 年的 684 亿元增长到 2017 年的 1146 亿元，贸易应付账款增加了接近 160 亿元，平均账期 95 天。相比之下，小米在 2016 年和 2017 年自身的资本支出仅为 18 亿元和 12 亿元，而且，从过往 3 年的现金循环周期天数逐年增加的趋势来看，小米对供应链资金的利用能力还在增强。

能驾驭"低价—高产—高销"这一循环逻辑的企业并不多，因为这对供应链有极高的要求，手机厂商尤其是。芯片核心技术在高通，屏幕核心技术在三星，其他的环节都有重量级的企业，手机厂家竞争激烈且利润微薄，并没有多少议价能力。2016 年小米遭遇了供应链危机，雷军不得不"挥泪斩马谡"，把原联合创始人周光平博士调离，调动有供应链管理经验、原负责小米移动电源的张峰，并亲自挂帅负责供应链，前后四次到访三星，稳定屏幕的供给。经过一年多的动荡，2017 年小米销量恢复，创出新高。根据小米官方的披露，小米的供应链覆盖了手机行业的核心企业，很多是细分领域的龙头公司、上市公司，在考虑利润之外对销售规模、市场份额也非常看重，能够配合小米保质保量、长线发展的诉求。2017 年小米的供应商大会，主题就叫作"同舟共赢"。

2016 年小米手机销量下滑的时候，除了暴露出供应链的问题之外，公司也意识到线下渠道的重要性。小米主打的性价比策略，单靠手机的利润并不能支持线下的经营成本。而这时小米的生态链产品也在蓬勃发展，从移动电源、耳机、手环等手机周边到空气净化器、投影仪等应有尽有，这无疑是小米打开线下渠道的利器。

根据小米招股书的披露，小米整个生态链体系有 90 多家硬件公司，出产 1600 个 SKU 的产品。这足以撑起一个数百坪的门店，让用户停留足够长的时间。除了购买相对低频的产品如手机和智能电视等，还可以选购手环、充电宝、平衡车、电动牙刷、扫地机器人、无人机等多种硬件。据小米之家官方披露的数据，目前进店下单的顾客，单人平均成交产品数为 2.6 个。

此外，2017 年初小米公司从上海证券交易所获得了发行 100 亿元供应链金融 ABS 产品的许可，能够更好地从资金上支持生态链上的公司。因此，对于国内的硬件初创公司来说，获得小米的青睐，就意味着获得了产品以外的所有支持，线上线下的销售渠道、召回部分供应商、技术和资金。生产手环的华米是成立刚满 4 年的企业，主要产品是小米手环，2017 年销售额为 20 亿元，其中小米的产品占了 16 亿元。华米成立以来就保持了销量 50% 的增速，2015 年估值超过 10 亿美元成为独角兽，并且被评为"2015 年福布斯中国成长最快科技公司"，2018 年 2 月登陆了纽交所。生态链企业对小米同样有积极的作用，仅销售而言，2017 年小米生态链的销售达到了 200 亿元。除了丰富小米之家的产品选择，生态链的产品对小米的利润有直接的贡献。

以生产空气净化器的智米为例，根据招股书中小米和智米的框架协议，双方约定采购价为成本加不超过 2% 的利润乘数，然后再根据利润分成。小米 IoT 板块的毛利率 2017 年为 8.3%，2017 年小米从智米采购加上利润分成的金额为 19 亿元人民币，公开资料中未披露小米和智米的分成比例，假设该比例为 5∶5，那小米从销售智米得到的利润大约在 8000 万元。

此外，在供应链环节，小米也对生态链企业卡得略紧。2017 年小米采购了关联企业 133 亿元的产品和服务，假设主要为生态链企业的产品，关联方的贸易应收款年底余额仅为 1.6 亿元，换算成应收账款周期天数仅有 4 天。小米生态链和小米之家的创始人都是刘德，小米的联合创始人之一，曾经是北京科技大学工业设计系主任，是国内工业设计行业的专家。刘德在小米负责过前 100 万台手机的供应链工作，并不得心应手，反而在供应链的反面，生态链的位置，找到了小米的商业价值。

（资料来源：《21 世纪商业评论》2018 年第 6 期）

　　小米供应链的逻辑并不难理解，核心是以价格优势为基础预估上规模的销售数量，从供应量获得优惠的条款，进而实现低价，兑现销售数量。这个商业模式并不是小米原创，格力凭借这一策略获得了小家电的半壁江山。小米的招股书中把硬件、互联网服务、新零售作为三个环，放在了用户的周围，这是小米的一种直观的解释。然而推动小米前进的，是小米背后，用户看不到的供应链、生态链，这两个链条是小米的动力来源，并且缺一不可。一方面，供应链的规模优势吸引生态链的企业加入，另一方面，生态链的企业在产品、销售、利润、资金上都反哺供应链，让小米变得更为强大和抗打击。小米生态链策略效果很好，截至 2018 年 3 月 31 日，小米之家一共开设了 331 家，在连锁零售中仅次于苹果。对于小米生态链的合作公司来说，小米的线下+线上的销售网络非常适合科技含量高的消费品，用户有足够多的时间来了解和切身体验产品，能够大幅提高转化率和销售。除了销售渠道之外，小米的供应链能够帮助合作伙伴降低成本、提高效率，无论是从议价能力还是设计能力，都是业内领先的水平。供应链和生态链像是小米的两个齿轮，密不可分，只有在这两个齿轮高度咬合、亲密无间的前提下，小米才能稳定地让资金流转起来，吸引优秀的团队持续做出优质的产品，让小米保持高速前进。

　　问题：
　　阅读案例，分析小米商业模式画布中的各个要素，并画出小米的商业模式画布。

第四章　创业资源获取与管理

☞【目标导引】

　　本章教学能使学生了解创业过程中的资源需求和资源获取方法，特别是创造性整合资源的途径，认识创业资金筹募渠道，掌握创业资源开发与利用的技巧和策略。

☞【内容导读】

　　重点：

　　1. 创业资源的含义与分类；

　　2. 不同创业资源的作用；

　　3. 创业融资的含义与类别；

　　4. 创业融资的意义与原则。

　　难点：

　　1. 创业资源的获取、整合和利用的途径和方法；

　　2. 创业融资的渠道与过程；

　　3. 创业资源的开发；

　　4. 创业资源的利用。

☞【案例导入】

牛根生：一家企业90％的资源都是整合进来的

　　没有任何资源，难道就不能创业吗？我们要明白一个道理，资源可以整合的，没有工厂，可以借别人的工厂生产；没有品牌，就先做别人的品牌，然后积累一定基础后，做自己的品牌。基本上企业的任何资源都可以整合。现在这个时代，靠一家企业独立经营，单打独斗，力量是有限的，一定要整合各方面的资源才能把一家企业做大。

　　牛根生是这方面的牛人，他刚开始只是伊利的一个洗碗工，凭着自己的勤奋和聪明做到生产部门的总经理。后来他因各种原因从伊利辞职，那个时候他已经40多岁了，去北京找工作，人家嫌弃他年纪大。没有办法，他又回到呼和浩特，邀请原来伊利的几个同事，一起出来创业。人有了，却没有奶源，没有工厂，没有品牌，每一项都是致命的。

牛根生开始就把资源进行整合，通过人脉关系找到哈尔滨一家乳制品公司。这家公司设备都是新的，但是营销渠道没有打通，所以产品一直滞销。牛根生马上找到这家公司的老板说："你来帮我们生产，我们这边都是伊利技术高层，我们负责技术把关，牛奶的销售铺货我们也承包了。"这位老板一听，马上答应下来。而且他们几个一起出来创业的伙伴也有落脚的地方，解决了生存的问题。

没有品牌怎么办？在乳制品这个行业，没有品牌很难销售，因为品牌代表着安全可靠。他们借势，整合，打出口号："蒙牛甘居第二，向老大哥伊利学习"，口号一出，让伊利情何以堪，却又哭笑不得。一个不知名的品牌马上挤入全国前列。牛根生不只是盯着伊利，而是把蒙牛和内蒙古的几个知名品牌联系起来：伊利、鄂尔多斯、宁城老窖、蒙牛为内蒙古喝彩！因为前三个都是内蒙古驰名商标，蒙牛放在最后，给人的感觉就是蒙牛为内蒙古的第四品牌。牛根生整合品牌资源，让蒙牛没有花一分钱，却迅速让自己的品牌成为知名的品牌。

没有奶源怎么解决？自己买牛去养，首先牛很贵，也没有那么多人员去照顾牛，于是蒙牛整合了三方面的资源：农户、农村信用社和奶站。用信用社的借款给奶农，蒙牛担保，而且蒙牛承诺包销。奶牛生产出来的奶由奶站接收，蒙牛又找到奶站。蒙牛定时把信用社的钱还了，把利润又给了奶农，乘机喊出一个口号："一年养 10 头牛，过的日子比蒙牛的老板还牛"。

（资料来源：简书网，https://www.jianshu.com/p/f9e2fb0e3c38）

通过上面的案件，我们可以得出如下启示：

第一，不要眼高手低，从最基本的事情做起，这样可以为自己以后的发展创造坚实的基础，而任何事情想要成功，基础是重要的因素之一。

第二，在某件事情上的能力可以让你扶摇直上，也可以让你成为众矢之的，应该要学会高调做事，低调做人，适时地隐藏自己的锋芒，这样才不会引起他人的过多的注意，而在此之后，等到合适的时机，寻求质的转变。

第三，竞争对手不一定就是敌人，而更多的时候是学习和总结的对象，任何事情既然已经到了相互竞争的阶段，那么对方身上肯定有值得学习的东西，在特定的情况下还可以成为一种资源，在创业中，这种想法极为重要。

总的来说，只要做好以上几点，对于创业来说肯定是有帮助的，而成功与否也要看特定的环境来实际操作，创业者要把握天时、地利、人和这三个重要的因素，只有这样才会大大地提升创业成功率。

第一节　创业资源认知

一、创业资源的含义与类别

(一)创业资源的含义

很多创业者认为，只要有个好创意，再得到风险投资，加上自己的激情、执着、运气就可以创业成功了。其实创业更重要的是团队、经验、执行力。大多数创业者之所以失败，是因为缺乏经验、没有团队、缺乏执行力。总的来说，是缺乏创业必需的一些资源。因此创业资源就是企业创立，以及成长过程中所需要的各种生产要素和支撑，概括来说，就是创业必不可少的人脉、资本、技术、人才等资源。

例如，你有了一个非常棒的创意，没有钱可以创业吗？没有团队可以创业吗？没有场地可以创业吗？不会营销可以成功吗？因此你会发现，古人所说的"道、法、器、术、势"，本质上就是创业资源。

总而言之，广义上的创业资源是涵盖使创业者创业活动顺利进行的一切支持性资源，包括有形与无形的资产。它是新创企业创立和运营的必要条件，主要表现形式为创业人才、创业资本、创业机会、创业技术和创业管理等。创业的过程实际上是创业者建立、整合和拓展资源的过程。

从狭义上来看，创业资源是促使创业者启动创业活动的关键优势资源。关键优势资源是指建立企业高利模式的业务系统所必需的和重要的资源与能力，如麦当劳的标准化资源与能力、海尔的创新资源与能力、沃尔玛的低成本战略资源与能力。并不是企业现有的所有资源和能力都同等珍贵，也不是企业每一种资源和能力都是企业所必需的，只有和企业定位、赢利模式、业务系统流程、现金流结构相契合并且能互相强化的资源和能力才是企业真正需要的。

从资源的角度看，创业者是否具备业务系统所需的关键资源能力是其能否成功创业的核心问题。创业者对关键优势资源和能力识别得越清晰，利用得越充分，在激烈的市场竞争中保持创业后的竞争优势也就越持久。创业者对创业资源管理的原则是：必要资源要齐备、适量，关键优势资源要富集并不断追求。

创业者要么根据自己的关键优势资源选择创业项目，要么根据创业项目整合关键优势资源，否则创业必败无疑。

(二)创业资源的类型

不同的创业活动具有不同的创业资源需求。我们把创业资源分为有形资源和无形资源两大类，而其中无形资源往往是撬动有形资源的重要杠杆。

1. 有形资源

有形资源包含金融资源、实物资源和组织资源三大类。

(1)金融资源。金融资源是指企业物质要素和非物质要素的货币体现，具体表现为已经发生的能用会计方式记录在账的，能以货币计量的各种经济资源，包括资金、债权和其他。

(2)实物资源。实物资源是指企业从事生产经营活动所需要的一切生产资料，其构成状况可按实物资源在生产经营过程的作用划分为劳动对象和劳动手段。

(3)组织资源。组织资源是指为了实现既定的目标，按一定规则和程序而设置的多层次岗位及其相应人员隶属关系的权责角色结构。组织资源包括企业的战略规划、员工开发、评价和报酬系统等。

2. 无形资源

无形资源包含人力资源、科技资源、品牌资源、市场资源、政策资源、信息资源六大类。

(1)人力资源。人力资源是指存在于企业组织系统内部的有经验的、掌握特殊技能的、被激励起来的员工和可供企业利用的外部人员的总和。人力资源是企业资源结构中最重要的关键性资源，是企业技术资源和信息资源的载体，是其他资源的操作者，决定着所有资源效力的发挥水平。

(2)科技资源。科技资源包括两个方面：①与解决实际问题有关的软件方面的知识；②为解决这些实际问题而使用的设备、工具等硬件方面的知识。科技资源的专有性主要表现为与企业相关的专业知识、商业秘密、专利和著作权等。

(3)品牌资源。品牌是一个名称、名词、符号或设计，或是它们的组合，其目的是识别某个销售者或某群销售者的产品或服务，并使之同竞争对手的产品和服务区别开来。品牌资源又可细分为产品品牌、服务品牌和企业品牌三大类。

(4)市场资源。市场资源包括营销网络与客户资源、行业经验资源、人脉关系。凭什么进入这个行业？这个行业的特点是什么？盈利模式是什么？是否有起码的商业人脉？市场和客户在哪里？销售的途径有哪些？

(5)政策资源。近年来，政府会采取一系列的创业扶植政策，支持创业教育与培训，提升创业技能，通过资金扶持、减免税费、财政补贴、社会保障等鼓励创业，为创业者信息与管理咨询及专业化服务，提供金融支持、项目支持等。

(6)信息资源。依靠什么来进行决策？从哪里获得决策所需的信息？从哪里获得有关创业资源的信息？

3. 无形资源是撬动有形资源的重要杠杆

由于企业新创，企业的战略规划、员工开发、评价和报酬系统等制度安排还不完善，因此有形资源中的组织资源无疑是较为薄弱的部分；从而无形资源中的人力资源在很大程度上承担着组织资源的功能，成为创业时期最为关键的因素，创业者及其团队的洞察力、知识、能力、经验及社会关系将影响到整个创业过程的开始与成功。

同时，在企业新创时期，专门的知识技能往往掌握在创业者等少数人手中，因而此时的技术资源在事实上和人力资源紧密结合，并且上述两种资源可能成为企业竞争优势的重要来源。在有形资源中，创业时期的资源最初主要为财务资源和少量的厂房、设备等实物资源。

然而，这些资源的取得(如风险投资)，很大程度上取决于创业者及其团队的能力、经验、社会关系及其掌握的关键技术资源，以及信息资源、政策资源等无形资源；同时，在企业新创过程中对所需的厂房、设施、原材料等有形资源的组织与运作也有赖于创业者及其团队的能力与经验。

二、创业资源的特性与作用

在此将创业过程分为企业创立之前的机会识别和创立之后的企业成长过程两个阶段，分别考察创业资源在每个阶段中如何发挥作用。

(一)机会识别过程

机会识别与创业资源密不可分。从直观的含义上看，机会识别是要分析、考察、评价可能的潜在创业机会。Kirzner(1973)认为，机会代表着通过资源整合、满足市场需求以实现市场价值的可能性。因此，创业机会的存在本质上是部分创业者能够发现其他人未能发现的特定资源的价值的现象。例如，在同样的产品或者盈利模式下，一些人会付诸行动去创业，其他人却往往放任机会流失，有的人会经营得很成功，而另一些人却会遭受损失。对后者来说，往往是缺乏必要创业资源的缘故。

（二）企业成长过程

企业创立之后，一方面，创业者仍需要积极地从外界获取创业资源；另一方面，已经获取的创业资源在企业发展过程中逐渐被整合、利用。资源整合对于创业过程的促进作用是通过创业战略的制定和实施来实现的。丰富的创业资源是企业战略制定和实施的基础和保障，同时，充分的创业资源还可以适当校正企业的战略方向，帮助新创企业选择正确的创业战略。

需要提及的是，新创企业所拥有的创业资源必须加以有效整合，才能形成企业的核心竞争优势。资源整合，就是把企业所拥有的自然资源、信息资源和知识资源在时间和空间上加以合理配置、重新组合，以实现资源效用的最大化。必须注意的是，这种资源效用的最大化，并非简单的各项资源各安其位，各司其职，而是能够通过重新整合规划，创造企业独特的核心竞争力，实现企业在市场上的竞争优势。

📖 **【拓展阅读】**

创业资源成功整合案例

在天津生活的人都知道国际商场。国际商场是天津第一家上市公司，20世纪80年代初期开业，定位于引进国外最好的商品，让改革初期急于了解国外又无法出国的人了解外国。准确而新颖的定位使国际商场开业后很红火。

国际商场紧邻南京路，南京路是一条十分繁忙的主干道，道路对面就是滨江道繁华的商业街。在国际商场刚开业时，门口并没有过街天桥，行人穿越南京路很不方便，也不安全。修建天桥是很正常的事情，估计经过那里的人都会自然地想到这一点。但是，绝大多数人会觉得这个天桥应该由政府来修建，所以也就是想想、发发牢骚就过去了。

有一天，一位年轻人同样产生了这样的想法，但他没有认为这是政府该干的事，而是立即去找政府商量，提出自己出钱修建过街天桥，不仅是自己建，而是希望政府批准，但前提是在修建好的天桥上挂广告牌。不花钱还让老百姓高兴，而且天桥也不注明谁出资修建，政府觉得不错，就同意了。这个年轻人拿到政府的批文后立即找像可口可乐这样著名的大公司洽谈广告业务。

在这么繁华的街道上立广告牌，当然是件好事。就这样，这位年轻人从大公司那里拿到了广告的定金，再用这笔钱修建了天桥，还略有剩余。天桥建好了，广告也挂上了，年轻人从大公司那里拿到余款，这就是他创业的第一桶金。

第二节　创业资源的获取

一、创业资源获取的影响因素

(一)创业网络

创业网络是创业者(创业企业)所拥有的各种社会关系，包括创业者的个体网络以及创业企业的组织关系网络。网络系统对于小企业来讲可能是一个弥补稀缺资源的主要途径。例如，外部网络帮助企业找到新的资源源头。或许更重要的是，外部网络也是一个获取信息的渠道。这些关系网络能够增强企业获取资源的能力，因为网络是创业者获取外部资源的一个方法。创业网络有三种类型：社会网络、支持性网络和公司间网络。

(1)社会网络中包括亲人、朋友和熟人。

(2)支持性网络由一些支持机构，如银行、政府及非政府组织组成。

(3)公司间网络包括其他所有企业。

学生创业的网络形式是比较简单的。大学生由于大部分的时间是在学校内读书、学习，因此很少有机会接触社会，这就造成了大学生的创业网络中几乎没有政府网络和商业网络的存在。而大学生在校期间积累了一定的人力资本，因此大学生在创业之初主要依靠的网络类型是个人网络。由于政府对于大学生创业的政策支持，他们具有一定的支持性网络，如银行等金融机构会为他们提供相应的小额贷款等。因此，大学生的创业网络类型主要有两种，即个人网络和支持性网络。

(二)创业者信息获取能力

信息获取能力是指创业者在社会生活或创业过程中捕捉、吸收和利用信息的一种潜在能力，包括信息接收、捕捉、判断、选择、加工、传递、吸收、利用、搜集与检索能力。

创业需要资源，从广义来看，即从创业企业的内外部条件来看，创业资源包括创业者、人才、技术、资本、信息、市场、关系、营销网络等；从狭义来看，即从创业企业的内部条件来看，创业资源包括人力资源、财力资源、技术资源、信息资源等。因此，信息获取能力本身有助于对丰富的、高质量的信息资源的获取。

由于新创企业在资源获取过程中的信息不对称，信息资源作为一种特殊的战略性资源在新创企业资源获取过程中发挥重要的杠杆作用。因此，信息获取能力在相当程度上影响着创业者对其他创业关键资源的获取，直接影响并决定新创企业的创业绩效。

技术信息获取能够为新创企业提供外部参考，帮助企业识别创业失败，进而促进失败学习行为。同时，失败学习行为可以激发更多创新活动，提高组织创新绩效。很多高科技新创企业为降低技术环境不确定性的影响，通过建立各类流程以获取丰富的外部技术信息。

(三)创业团队

新创企业把创意变成产品或服务，把产品或服务市场化、产业化是一个艰苦的过程，必须组建好一个富有凝聚力和创新精神的创业团队，这是获取各项创业资源的重要前提，也是创业成功的一个基本保障。

不管创业者在某个领域多么优秀，他也不可能具备所有的知识和经营管理经验，而借助团队就可能拥有创业所需要的各种知识和经验，如顾客经验、产品经验、市场经验和创业经验等。同时，通过团队，人脉关系网络可以放得更大，能够有效地增进创业者的社会资本，提高创业成功的概率。因此，创业团队本身就是一项极为重要的创业资源。

库普和布龙研究发现，他们所调查的高成长企业中80%以上是由团队创建的。大量的实证研究表明，团队创办的企业在存活率和成长性两方面都显著高于个人创办的企业。团队创业的成功率要远远高于个人独自创业。西格尔等对宾夕法尼亚州的大约1600家新企业的研究发现，创业团队是否拥有在新企业所处行业的先前工作经验，是区分高成长性和低成长性的唯一因素。调查中发现，85%以上的网络创业团队成员有创业经验，属于二次创业，并且他们的业绩普遍好于先前没有创业和工作经验的创业团队。

团队创业较个人创业能产生更好的绩效，其内在逻辑在于创业团队是一个特殊的群体，而群体能够建立在各个成员不同的资源与能力的基础之上，贡献并且整合差异化的知识、技能、能力、资金和关系等各类资源，这些资源以及群体协作、集体创新、知识共享与共担风险产生的乘数效应，能够帮助新创企业更好地克服创新的风险和突破资源的约束。

此外，创业团队的价值观、对商机的识别能力、对资源的获取与整合、领导能力等，都是极其重要的战略资源，会为企业带来持久的竞争优势。

（四）政府政策

创业政策可以通过多种途径和方式对创业活动产生正面影响。通过支持创业教育与培训、创业计划等方式，增强创业意识，培养创业精神，提升创业技能；通过资金扶持、减免税费、财政补贴、社会保障，为创业者提供信息与管理咨询及专业化服务，提供金融支持、项目支持、政府购买和基础设施等；通过新闻媒介、教育机构等正面宣传，引导人们关注创业，改变对创业的态度，培育先进的创业文化，通过法律保障、公平的市场竞争环境、知识产权保护政策、小企业扶持政策，促进初创企业成长。这些都是政府干预创业资源的市场配置，有利于创业资源的获取。

（五）资源的配置方式

由于资源的异质性、效用的多维性和知识的分散性，人们对于同样资源往往具有不同的效用期望，有些期望难以依靠市场交换得到满足，因此，如果通过资源配置方式创新，能够开发出新的效用，使之更好地满足资源所有者的期望，创业者就有可能从资源所有者手中获得资源使用权，以开展生产经营活动。

二、创业资源获取的途径与技巧

（一）创业资源获取的途径

1. 合作获取资源

要获取创业资源，首先要寻找到可以提供资源的对象。对此，其中一种办法是找到少数拥有丰富资源的资源提供者，如政府、银行、大公司等，这方面创业者往往没有优势；另一种办法是尽量多找潜在的资源提供者。

商业活动强调利益的重要性，要获取资源需要认真分析潜在资源提供者所关心的利益所在。只要不同诉求的组织或个人之间存在共同利益，或能够建立起紧密的利益联系，就可以成为利益相关者。利益相关者应当相互合作，合作才能共赢，在没有合作基础的前提下，共赢就不容易。

洛克菲勒有这样一句名言：建立在商业基础上的友谊永远比建立在友谊基础上的商业更重要，经济全球化的重要特征是资源的全球性流动，"不求所有，但求所用"，合作可以突破空间、组织和制度等方面的限制，从而在更加广阔的范围内开展，这也是创业活动活跃的重要原因。要想成功地获取创业资源，创业者必须要有创新的思维，要兼顾各方面利益相关者的利益，通过多种方式合作达到共赢的境界。

2. 信息带来资源

创业者的信息技能包括信息需求识别及表述、信息检索及获取、信息评价及处理、信息整合及学习、信息利用与开发等。掌握并善用这些信息技能，对于创业者把握商机、获取创业资源、作出创业决策、推进创业企业成长都十分重要。

在全球金融危机中，一些企业就是因为对金融信息的反应迟钝，遭受了灭顶之灾。同时，不少创业者则是因为及时获取并利用了有价值的信息而创业成功。

在知识经济时代，掌握并善用信息和网络技术不仅能使创业者摆脱烦琐的文件和纸上作业，轻而易举地对企业产品的库存、销售、业绩、市场占有量、竞争对手的情况、顾客对企业产品的反馈信息等进行即时控制，而且还可以充分利用员工创造性劳动和技术专长，对信息和数据作出更加正确的判断，使其成为企业决策资源。

3. 杠杆撬动资源

杠杆效应就是以尽可能少的付出而获取尽可能多的回报。无形资源往往是撬动有形资源的重要杠杆。杠杆可以是资金、时间、品牌、公共管理、能力等。方式可以包括借用、租赁、共享、契约和资源外取等。

成功的创业者一般具有丰富的社会资源和快速准确的信息资源，并善于利用关键资源，特别是无形资源的杠杆效应的"撬动"资源。杠杆撬动资源具体体现在以下几个方面：

（1）能比别人更加延长地使用资源；

（2）更充分地利用别人没有意识到的资源；

（3）利用他人或别的企业的资源来完成自己的创业目的；

（4）将一种资源补足另一种资源，产生更高的复合价值；

（5）利用一种资源撬动和获得其他资源。

4. 沟通凝聚资源

沟通很重要，具有较强沟通能力是创业者成功获取资源的关键因素。

有两个数字可以很直观地反映沟通的重要性，就是两个70%。

（1）第一个70%。创业者70%的时间用在沟通上。开会、谈判、协商、拜见投资者或走访客户等是最常见的沟通形式，撰写计划书和各类文字材料是一种书面沟通的方式，对外各种拜访、联络也都是沟通的表现形式，管理者大约有70%的时间花费在此类沟通上。

（2）第二个70%。企业中70%的问题是由于沟通障碍引起的。例如，创业企业常见的效率低下的问题，往往是由于缺乏沟通或不懂得沟通所引起的。此外，企业里面执行力差、领导力不强的问题，归根结底都与沟通能力的欠缺有关。

人与人之间最宝贵的是真诚、信任和尊重，而其桥梁就是沟通。创业企业的资源获取，在很大程度上就是通过企业与内外部的沟通来实现的。与外部的沟通，主要包括与投资者、银行、政府部门、媒体、业界、客户、供应商等，通过沟通建立联系，获得信任，与对方达成共识，强化创业者的社会网络，争取多方的支持或帮助，取得一个共赢的结果；在企业内部，通过有效的沟通，凝聚了员工人心，聚合了自有资源，降低了内部冲突，提升了整个企业的效率和业绩。

(二)创业资源获取的技巧

创业资源获取过程中，采用适当的技巧可使得资源获取事半功倍。获取创业资源最主要的原则是盘活、用好、用足企业的现有资源，四两拨千斤，以有限的内部资源，撬动尽可能多的外部资源。具体技巧包括以下两个方面：

(1)多用无形资源。企业初创期间，有形资源比较匮乏，企业应该充分挖掘自身的无形资源，以此为杠杆，来撬动外界的有形资源。例如，创业可通过个人的专业洞察力和以往积累的社会资源，以及对未来的美好设想与承诺，来打动外部投资者，邀其入股，来换取上游供应商的代理权和信用融资，也换取员工对工作的投入等。

(2)多用合作换取资源。新创企业资源紧缺，但可通过广泛的合作，通过对未来计划美好的利益预期来换取合作，获取实实在在的资源。例如：通过连锁加盟，降低经营风险，直接获得品牌与客户资源；通过共同开发，分摊开发成本，降低开发风险，获得技术资源，更快、更稳妥地实现企业的发展。

【拓展阅读】

整合资源的妙处

相信不少人有过搭飞机的经验，通常大家下了飞机以后还要再搭乘另一种接驳交通工具才能到达目的地。在某机场有个很特别的景象，当你下了飞机以后，你会看到机场外停了上百部的休旅车。如果你想前往市区，平均要花150元人民币的车费去搭出租车，但是如果你选择搭乘休旅车，只要一辆车坐满了，司机就会发车带乘客去市区的任何一个点，完全免费！居然有这样的好事呀？航空公司一次性从汽车公司订购150辆商务车。航空公司此次采购商务车主要是为了延伸服务空间，挑选高品质的商务车作为旅客航空服务班车来提高在陆地上航空服务的水平。原价14.8万元一辆的休旅车，航空公司以9万元的价格购买了150辆，条件是航空公司要求司机在载客的途中向乘客提供关于这辆商务车的详细介绍，简单来说，就是司机在车上帮车商销售车子！那司机哪里找？许多准备找工作的人，其中有部分人很想当出租车司机。因此航空公司征召了这些人，将这些车以17.8万元一辆的价格出售给这些准司机，告诉他们只要每载一名乘客，航空公司就会付给司机25元。很快，航空公司进账了1320万元。司机为什么要用更贵的价钱买车？因为对司机而言，比起一般出租车要在路上到处找客人，航空公司提供了一条客源稳定的路线！这样的诱因当然能吸引到司机来应征！接下来，航空公司推出了只要购买五折票价以上的机票，就送免费市区接驳的活动。基本上整个资源整合的商业模式已经形成了。

第三节 创 业 融 资

一、创业融资的含义与类别

融资是创业者创业过程中最重要环节之一，融资难问题是阻碍创业项目发展的最大瓶颈。实际上，任何商业活动都需要资金，企业对资金的需求始终贯穿在企业发展的整个过程中。如何在有效时间内获得所需资本，把握市场机会，迅速将好的创意转化为产品和服务，这是绝大多数创业者所面临的难题，即所谓的创业融资。

(一)创业融资的含义

融资，即资金融通。它有广义和狭义之分。广义"融资"指资金持有者之间流动以余补缺的一种经济行为，它是资金双向互动的过程，不仅包括资金的融入，还包括资金的融出，即不仅包括资金的来源，还包括资金的运用。狭义"融资"指资金的融入，即资金来源。

创业融资是指创业者为了将某种创意转化为商业现实，通过不同的渠道，采用不同的方式筹集资金，以建立企业的过程。创业者应该根据初创企业在不同发展阶段的资本需求特征，结合创业计划和企业发展战略，合理确定资本结构以及资本需求数量。

(二)创业融资的类别

从不同融资渠道和用不同融资方式筹集的资金，由于具体的来源、方式以及期限等的不同，形成不同的类别，不同类型资金的结合，构成企业具体的融资组合。企业的全部资金来源，通常可分为自有资金与借入资金、长期资金与短期资金、内部融资与外部融资、直接融资与间接融资等类型。

1. 自有资金与借入资金

企业的全部资金来源，可以按资金权益性质的不同区分为自有资金和借入资金。合理安排自有资金与借入资金的比例关系，是融资管理的一个核心问题。

(1)自有资金

自有资金亦称自有资本或权益资本，是企业依法筹集并长期拥有、自主调配运用的资金来源。根据我国财务制度，企业自有资金包括资本金、资本公积金、盈余公积金和未分配利润。按照国际惯例，一般包括实收资本(或股本)和留存收益两部分。

自有资金具有下列属性：

①自有资金的所有权归属企业的所有者，所有者凭其所有权参与企业的经营管理和利润分配，并对企业的经营状况承担有限责任。

②企业对自有资金依法享有经营权，在企业存续期内，投资者除依法转让外，不得以任何方式抽回其投入的资本，因而自有资金被视为"永久性资本"。

③企业的自有资金是通过国家财政资金、其他企业资金、民间资金、外商资金等渠道，采用吸收直接投资、发行股票、留用利润等方式筹措形成的。

(2)借入资金

企业的借入资金亦称借入资本或债务资本，是企业依法筹措并依约使用、按期偿还的资金来源。借入资金包括各种债券、应付债券、应付票据等。

借入资金具有下列属性：

①借入资金体现企业与债权人的债权债务关系，它属于企业的债务，是债权人的债权。

②企业的债权人有权按期索取本息，但无权参与企业的经营管理，对企业的经营状况不承担责任。

③企业对借入资金在约定的期限内享有使用权，承担按期付息还本的义务。

④企业的借入资金是通过银行、非银行金融机构、民间等渠道，采用银行借款、发行债券、发行融资券、商业信用、财务租赁等方式筹措取得的。借入资金有的可按规定转化为自有资金，如可转换为股票的公司债券。

2. 长期资金与短期资金

企业的资金来源，可以按期限的不同区分为长期资金和短期资金，两者构成企业全部资金的期限结构。合理安排企业资金的期限结构，有利于实现企业资金的最佳配置和融资组合。

（1）长期资金

长期资金是指需用期限在 1 年以上的资金。企业要长期、持续、稳定地进行生产经营活动，就需要一定数量的长期资金。广义的长期资金还可具体区分为中期资金和长期资金。一般划分标准是：需用期在 1 年以上至 5 年以内的资金为中期资金；5 年以上的资金为长期资金。企业需要长期资金的原因主要有：购建固定资产、取得无形资产、开展长期投资、垫支于流动资产等。长期资金通常采用吸收直接投资、发行股票、发行债券、长期借款、融资租赁等方式来筹措。

（2）短期资金

短期资金是指需用期限在 1 年以内的资金。企业由于生产经营过程中资金周转的暂时短缺，往往需要一些短期资金。企业的短期资金，一般是通过短期借款、商业信用、发行融资券等方式来融通。企业的长期资金和短期资金，有时亦可相互通融。比如，用短期资金来源暂时解决长期资金需要，或者用长期资金来源临时解决短期资金的不足。

3. 内部融资与外部融资

企业的资金来源可以分别通过内部融资和外部融资来形成。企业应在充分利用内部资金来源之后，再考虑外部融资问题。

（1）内部融资

内部融资是指在企业内部通过计提折旧而形成现金来源或通过留用利润等增加资金来源。其中，计提折旧并不增加企业的资金规模，只是资金的形态转化，为企业增加现金来源，其数量的多寡由企业的折旧资产规模和折旧政策所决定。留用利润则增加企业的资金总量，其数量由企业可分配利润和利润分配政策（或胜利政策）决定。内部融资是在企业内部"自然地"形成的，因此被称为"自动化的资金来源"。它一般无须花费融资费用。

（2）外部融资

外部融资是指在企业内部融资不能满足需要时，向企业外部筹集形成资金来源。初创时期的企业，内部融资的可能性是很有限的；成长阶段的企业，内部融资也往往难以满足需要。于是，企业就要广泛开展外部融资。

企业外部融资的渠道和方式很多，本章所列述的融资渠道和融资方式，基本上都适用于外部融资。外部融资通常需要花费融资费用，如发行股票和债券需要支付发行成本，取得借款需要支付一定的手续费等。

（3）内部融资和外部融资的选择

企业融资是一个随自身的发展由内部融资向外部融资的交替变换过程。创业之初，主要依靠内部融资来积累，随着企业逐步成长，抗风险能力增强，内部融资难以满足要求，外部融资就成为企业扩张的主要手段，当企业具备相当规模后，自身有了较强积累能力，则会逐步缩小外部融资总量，转而依靠自身雄厚的积累资金来发展。

考虑到外部融资的成本代价，创业企业在资金筹措过程中，一定要重视内部积累。辩证地讲，内部融资是外部融资的保证，外部融资的规模和风险必须以内部融资的能力来衡量。通常是在内部融资不能满足其要求的时候，才考虑通过外部融资渠道来解决。

4. 直接融资与间接融资

企业的融资活动按其是否以金融机构为媒介，可分为直接融资和间接融资，两者各有特点。

（1）直接融资

直接融资是指企业不经过银行等金融机构，用直接与资金供应者协商借贷或发行股票、债券等办法融集资金。它是不断发展的融资形式。在直接融资过程中，资金供求双方借助于融资手段直接实现资金的转移，而无须银行等金融机构作为媒介。

（2）间接融资

间接融资是指企业借助银行等金融机构而进行的融资活动。它是传统的融资形式。在间接融资形式下，银行等金融机构发挥中介作用，它预先聚集资金，然后提供给融资企业。间接融资的基本方式是银行借款，此外还有非银行金融机构借款、融资租赁等某些具体形式。

（3）直接融资与间接融资的差别

直接融资与间接融资相比，两者有明显的差别：

①融资机制不同。直接融资依赖于资金市场机制，以各种证券作为载体，而间接融资则既可运用市场，也可运用计划或行政机制。

②融资范围不同。直接融资具有广阔的领域，可利用的融资渠道和方式较多；而间接融资的范围比较窄，融资渠道和方式比较单一。

③融资效率和费用高低不同。直接融资的手续较为繁杂，所需文件较多，准备时间较长，故融资效率较低融资费用较高。而间接融资手续比较简便，过程比较简单，比如银行借款只需通过申请、签订借款合同和办理借据即可，故融资效率较高，融资费用较低。

④融资的意义不同。直接融资能使企业最大限度地利用社会资金，提高企业的知名度与资信度，改善企业的资本结构；而间接融资则主要是满足企业资金周转的需要。

（4）直接融资和间接融资的选择

在直接融资中，由于信息不对称，一方面，投资者要求资金使用者的经营活动具有较高的透明度，不管规模大小，企业为达到较高的透明度所需支付的信息披露、社会公证等费用差别不大，因而，创业企业筹集单位资金的费用相对很高；另一方面，信息不透明程度越高，资金提供者所要求的风险补偿就越高，除高科技企业外，大量劳动密集型的创业企业也难以达到投资者的收益要求。

在间接融资中，由于金融媒介能够以较低的成本，事先对资金的使用者进行甄别，并通过合同对资金使用者的行为进行约束，事后则继续对资金使用者进行监督，因此，这种融资方式对资金使用者信息透明度的要求相对较低。因而，银行信贷方式就成为创业企业外部融资的主要方式。

5. 股权融资和债权融资

按大类来分，企业的融资方式有两类，债权融资和股权融资。所谓股权融资是指企业的股东愿意让出部分企业所有权，通过企业增资的方式引进新的股东的融资方式。股权融资所获得的资金，企业无须还本付息，但新股东将与老股东同样分享企业的盈利与增长。股权融资的特点决定了其用途的广泛性，既可以充实企业的营运资金，也可以用于企业的投资活动；债权融资是指企业通过借钱的方式进行融资，债权融资所获得的资金，企业首先要承担资金的利息，另外在借款到期后要向债权人偿还资金的本金。债权融资的特点决定了其用途主要是解决企业营运资金短缺的问题，而不是用于资本项下的开支。

二、创业融资的意义与原则

(一) 创业融资的意义

创业的门槛不仅在于更高的个人能力，还在于它需要投入资金以启动项目。创业面临的难题之一就是"启动资金"，正所谓"万事俱备，只欠东风"。经常听到一些青年朋友感叹"给我一个支点，就能撬起整个地球，可是支点在哪里呢?"于是我们看到了"一分钱难倒英雄汉"的场面。那么何处获得创业的启动资金呢? 麦可思曾经在一份大学毕业生自主创业资金来源的调查结果中发现"父母、亲友投资或借贷"是超过一半创业者的启动资金来源，政府的任何资助只有 1%，微不足道，甚至民间的风险投资都是政府资助的 3 倍。大学毕业生的家庭和自己承担了几乎全部的资金投入，这一资金门槛把许多有心创业的大学毕业生挡在了外面。这一调查结果说明一方面政府以优惠商业贷款或风险投资形式支持大学毕业生创业的力度有待加强，另一方面也说明相当部分大学生的筹资渠道单一、筹资能力不足。加之许多创业者之所以创业，原因之一就是经济上并不富裕。

因此，几乎完全通过自有资金开展创业活动，可能性不大。并且由于创业风险大，为了分散风险、创业者也倾向于利用外部资金进行创业。今天，在中国，包括大学毕业生在内的创业者面临的主要问题仍是资金短缺。由于社会普遍信用水平低，使得真正的创业者的融资环境恶化。融资难，不仅仅出现在创业企业身上，有时甚至表现在成熟的大企业身上。如何在信用制度不健全的环境下融资，是摆在每一位立志创业者面前的主要瓶颈。

(二) 创业融资的原则

筹集创业资金时，创业者应在自己能承受的风险的基础上，遵循既定的原则，尽可能以较低的成本及时获得足额创业资金。一般来说，创业融资应遵循以下原则。

1. 合法性原则

创业融资作为一种经济活动，影响着社会资本及资源的流向和流量，涉及相关经济主体的经济权益，创业者必须遵守国家的有关法律法规，依法依约履行责任，维护相关融资主体的权益，避免非法融资行为的发生。

2. 合理性原则

在创业的不同时期，创业资金的需求量不同，能够采用的融资方式可能也不同，创业者应根据创业计划，结合创业企业不同发展阶段的经营策略，运用相应的财务手段，合理预测资金需求量，详细分析资金的筹集渠道，确定合理的资本结构，包括股权资金和债权资金的结构，以及债权资金内部的长短期资金的结构等，为企业持续发展植入"健康的基因"。

3. 及时性原则

在市场经济条件下，机会稍纵即逝的特性要求创业者必须能够及时筹集所需资金，将可行的项目付诸实施，并根据初创企业不同阶段的资金需求，使融资和投资在时间上协调一致，避免因资金不足影响生产经营的正常进行，同时也要防止资金过多造成的闲置和浪费，将资金成本控制在合理的范围之内。

4. 效益性原则

创办和经营企业的根本目的是获得一定的经济利益，所以，创业者应在进行成本效益分析的基础上决定资金筹集的方式和来源。鉴于投资是决定融资的主要因素，投资收益和融资成本的对比便是创业者在融资之前要做的首要工作。只有投资的报酬率高于融资成本，才能够使创业者实现创业目标；而且投资所需的资金数量决定了融资的数量，对创业项目投资的估计也会影响融资方式和融资成本。因此，创业者应在充分考虑投资效益的基础上，确定最优的融资组合。

5. 杠杆性原则

创业者在筹集创业资金时，应选择有资源背景的资金，以便充分利用资金的杠杆效应，在关键的时候为企业发展助力。大多数优秀的风险投资往往在企业特殊时期，会与企业家一起将有效的资源进行整合，如选择投行、证券公司，进行 IPO 路演等，甚至还参与到企业决策中。这种资源是无价的。因此，创业者不能盲目地"拜金"，找到一个有资源背景的基金更有利于企业的持续快速发展。

三、创业融资的渠道与过程

(一) 创业融资的渠道

资金是一种稀缺的资源，资金缺乏是大部分大学生创业者创业过程中面临的主要问题。融资渠道是指资金来源的方向与通路，体现资金的源泉和流量。由于受到融资信息、信用能力等多种因素的影响，相当多的大学生创业者的创业资金主要来源于"父母支持""亲友合股"等渠道。认识融资渠道的种类及每种渠道的特点，有利于充分开拓和正确利用融资渠道。因此，认识与拓展大学生创业融资渠道是大学生创业活动中现实而且紧迫的要求。总体而言，融资渠道主要有以下 7 种：

1. 个人资金

个人资金是创业者通过积累、继承而形成的资本，对大学生创业者而言，个人资金主要来源于父母的资金支持和个人积蓄。与外部资金相比，创业者的自我积累资金具有两个突出优势：①从企业外部寻找投资者会占用创业者大量的精力、时间，并要花费相应的费用；②一味地遵循投资者的标准会降低创业者构建新企业时的灵活性，而利用自我积累资金能够使创业者最初的创意得以实施。

尽管有些大学生创业没有动用个人资金就创办起了新的风险企业，但这种情况较少。这不仅因为从资金成本或企业经营控制的角度来说，个人资金成本最为低廉，而且还因为在试图引入外部资金，尤其是获得银行、私人投资者以及创业资本家的资金时，绝对必须拥有个人资金。外部资金的供给者通常认为，如果创业者没有投入个人资金，创业者可能对企业经营不会那么尽心尽力。大学生自有资金往往有限，因此对于大学生创业者而言，个人资金的投入水平，关键在于创业者的投入占其全部可用资产的比例，而不在于投入资金的绝对数量。

2. 亲友资金

对于大学生创业活动而言，新创企业早期需要的资金具有高度的不确定性，但由于需求的资金量相对较少，因此，对银行和其他金融机构来说缺乏规模经济性。除了一些特殊情况，机构的权益投资者和贷款人几乎不涉及这一阶段的新创企业。

在这一阶段，对新创企业而言，亲友资金就是常见的资金来源，出于他们与创业者之间的亲情关系，也由于他们易于接触，他们是最可能进行投资的人。尽管从家人或朋友那里获得资金较为容易，但同所有其他资金来源一样，这种融资渠道既有好处，也有如股权稀释、容易给企业贴上家族企业的标签、形成特权股东等潜在的缺陷。虽然获得的资金金额较少，但如果这是以权益资金的方式注入，家庭成员或朋友就获得了企业的股东地位，享有相应的权益和特权。这可能会使他们觉得自己对企业的经营有直接的投入，从而对雇员、设施或销售收入及利润产生负面影响。

大学生创业者在引入亲友资金时应深入思考，对任何可能发生的问题都应防患于未然，通过书面文件、严格企业管理，规避亲友融资可能出现的风险，而每一笔亲友投资也不应该是强迫或误导的结果，而是因为他们认为这是一个好的投资机会。

3. 创业商业贷款

创业商业贷款是指具有一定生产经营能力或已经从事生产经营活动的个人，因创业或再创业提出资金需求申请，经银行认可，有效担保后再发放的一种专项贷款。符合条件的借款人，根据个人状况和偿还能力，最高可获得单笔50万元的贷款支持；对创业达到一定规模，还可提出更高额度的贷款申请。为了支持大学生创业，很多地方政府也指定专门银行，从事与再就业配套的小额贷款，条件比正常贷款业务更优惠；部分金融企业推出的对高校毕业生创业贷款业务，可以高校毕业生为借款主体，以其家庭或直系亲属成员的稳定收入或有效资产提供相应的联合担保，对创业贷款给予一定的优惠利率扶持，视贷款风险度的不同，在法定贷款利率的基础上可适当下浮或小幅度上浮。

商业贷款的优点是利息支出可以在税前抵扣，融资成本低，运营良好的企业在债务到期时可以续贷；缺点是一般要提供抵押(担保)品，还有不低于30%的自筹资金，由于要按期还本付息，如果企业经营状况不好，就有可能导致财务危机。

大学生申请创业贷款的途径主要有三种：直接向银行申请贷款、申请科技型中小企业贴息贷款和利用新的技术成果或知识产权、专利权进行担保贷款。但是因为银行在对个人申请贷款方面的审核非常严格，特别是注重申请贷款人的偿还能力，在大学生刚刚开始创业时，在银行的贷款审核部门看来几乎不具备偿还能力，所以直接向银行申请贷款较为困难。

4. 政府资助

为支持大学生创业。我国各级政府出台许多优惠政策，涉及融资、开业、税收、创业培训、创业指导等诸多方面。随着我国经济的发展，政府对创业的支持力度，无论从产业的覆盖面还是从政府对创业者的支持额度都有了很大的提升，由政府提供的扶持基金也在逐步增加。

如科技型中小企业技术创新基金：经国务院批准设立，用于支持科技型中小企业技术创新的政府专项基金，扶持和引导科技型中小企业的技术创新活动。根据中小企业和项目的不同特点，创新基金的支持方式主要有：贷款贴息、无偿资助、资本金投入等。另外，科技部的"863"计划、"火炬计划"等，每年也会有一定数额的资金用于科技型中小企业的研发、技术创新和成果转化。

中小企业国际市场开拓基金：由中央财政和地方财政共同安排的专门用于支持中小企业开拓国际市场的专项资金。

各省市为支持当地创业经济的发展，也纷纷出台许多政策，支持创业，主要有人力资源和社会保障部设立的开业贷款担保政策、小企业担保基金专项贷款、中小企业贷款信用担保、大学生科技创业基金等。

5. 私募与上市

大学生创业者可能的创业资金来源还有私人投资者的私募资金，这些私人投资者可以是富有的个人、亲朋等。这些私人投资者在作出投资决策时，常常征询投资顾问、会计师、技术分析专家或律师等，然后才会作出投资决策。在我国私募方面的立法还没有完善，加上较严格的国家金融监管，私募基金在短时间内很难成为一种有效的大学生创业资金募集方式。

创业企业能够公开上市是许多大学生创业者的梦想与愿景。但实际上，公开上市通常是很艰难的事情。创业者必须仔细评价企业是否已经做好公开发行股票的准备以及企业股票上市的有利之处是否超过其不利之处。在评价上市准备情况时，创业者必须考虑公司的规模、盈余和业绩、市场条件、资金需求的紧迫性以及现有股东的意愿。在利弊分析过程中，创业者应综合考虑公开发行股票的主要优势——新资本、流动性和价值评估、增强获得资金的能力以及威信，和主要的缺点——融资费用、信息的披露、股权的失控和维持增长的压力等。

根据《创业企业股票发行上市审核规则》（征求意见稿），我国创业型企业上市的基本条件包括：

(1) 申请人为合法存续的股份有限公司；

(2) 在同一管理层下，持续经营两年以上；

(3) 最近两年内无重大违法违规行为，财务会计文件无虚假记载；

(4) 申请人符合《创业企业股票发行上市条例》规定的融资金额与股权比例条件；

(5) 申请人符合《创业企业股票发行上市条例》《中华人民共和国公司法》（以下简称

《公司法》)等其他资产金额与比率、上市流程、治理结构、行业与盈利预期等其他相关条件。

同时,中小企业在深圳证券交易所上市交易大致要经过改制和设立、上市辅导、申请文件的申报与审核以及最后的发行与上市的基本程序。首先,中小企业根据《公司法》的规定,依据自身的状况通过改制或者设立来完成主体资格的转变。拟定改制重组方案后,聘请中介机构对拟定改制的资产进行审计、评估;或签署发起人协议和起草公司章程等文件,设置公司内部组织机构,以取得上市资格。在实际操作中,企业虽有多种改制方式,但不管如何改制,都应达到以下要求:具有独立的运营能力,主营业务突出,规范和完善公司法人治理结构,企业改制后的财务制度应符合相关法规、规章的要求,企业在改制的过程中,应重点关注业绩连续计算问题。然后为上市辅导及申报与审批阶段,企业聘请辅导机构对其进行尽职调查、问题诊断、专业培训和业务指导,学习上市公司必备知识,完善组织结构和内部管理,规范企业行为,明确业务发展目标和募集资金投向,对照发行上市条件对存在的问题进行整改,准备首次公开发行申请文件。企业和聘请的中介机构,按照证监会的要求制作申请文件,保荐机构向证监会推荐并申报,证监会对申请文件进行初审,提交股票发行审核委员会审核,报证监会核准。最后,企业才进入股票发行与上市阶段。中小企业的发行申请经证监会进行核准后,企业应该在指定媒体上刊登招股说明书摘要及发行公告,公开发行股票,提交上市申请,办理股份的托管与登记,挂牌上市。

在创业企业公开上市后,创业企业要保持与金融机构的良好关系,接受证监会、证监会派出机构和交易所对上市公司关于信息披露和实时监控的监管,以保障其上市之后的规范运作。公开发行股票的预测需要很多的计划和考虑,需要大量的财力、物力来完成准备工作。实际上,公开发行股票不是对每一个新创企业都适用的。猫扑网的创始人、千橡集团 CEO 陈一舟表示:由于大学生创业很多是围绕大学校园展开,比如配送行业、电子商务等,眼界较窄、盈利能力较弱。而上市其实是一种融资手段,上市过急过早,可能更容易引来一些对企业发展不利的东西。只有当一家企业不需要大把花钱,手里的项目已经开始赢得丰厚的回报时,上市才是最好的。

6. 风险投资

风险投资,也被称为创业投资,是一种向极具发展潜力的新建企业或中小企业提供股权资本,并通过提供创业管理服务参与投资对象的创业过程,以期所投资对象发育成熟或相对成熟后以股权转让方式实现高资本增值收益的资本运作方式。从字面上讲,风险投资的称谓源于对英文字面的直译,很容易导致误解,认为风险投资是偏好风险、追求高收益的投资。事实上,风险投资追求的风险并不是传统意义上的风险,对于以盈利为目的的投资机构,追求投资的安全性以及合理风险下的投资回报是其关注的问题。从本质上讲,风险投资是一种支持创业活动的投资制度创新。风险投资有如下特点。

(1)投资方式以股权投资为主,为新创企业提供"收益共享,风险共担"的长期股权资本。

(2)投资周期较长,风险投资的目的不在于获取近期财务利润,而在于当投资对象的市场评价较高时,通过股权转让活动,一次性地为投资者带来尽可能多的市场回报,即取得中长期资本利润。

（3）它不只是一种投资行为，而是集资本融通、创业管理服务等诸多因素于一体的综合性经济活动，投资后风险投资机构一般要通过参加董事会，派驻财务人员和高层管理人员等方式对投资项目进行项目监管，为新创企业提供增值服务。

与许多为创业者提供资金的其他渠道相比，风险投资商有自己不同的目标，比如，借贷者关心资金的安全性和偿还性；作为所投资企业的部分所有者，风险投资家最担心的是投资安全性与资本回报。所以，他们常常花很多时间来权衡投资的风险和收益，特别是对产品或服务的潜力以及管理者的能力要素的衡量。

风险企业要成功获取风险资本，首先要了解风险投资公司的基本运作程序。风险投资商往往会收到很多的项目建议书，而投资商经过严格审查、精细筛选，最终挑出个别的优秀项目进行投资，可谓百里挑一。

7. 租赁

租赁分为融资租赁和经营租赁。融资租赁是资产的所有者（出租人）与资产的使用者（承租人）就资产的使用权所签订的不可撤销的合同约定，它定义了所有相关的条款，包括租金额、租期和付款周期等。一般租赁交易由三方（出租人、承租人和供货商）参与，由两个合同（租赁合同和购买合同）构成。融资租赁交易是一种价值和使用价值分别实现，所有权和使用权分离的交易方式。

融资租赁的期限一般在五年以上，又称为财务租赁或资本租赁。与经营租赁相比，融资租赁有以下特点：①承租人提出申请，出租人引进承租人所需设备后将其出租给承租人；②租赁合同比较稳定，不得随便变更；③租约期满后，可将设备低价转让给承租人，可由出租人收回，也可延长租赁期限；④租赁期内，出租人一般不提供设备维修和保养方面的服务。

经营租赁是由出租人向承租企业提供租赁设备，并提供设备维修保养和人员培训等服务性业务，经营租赁的期限较短。承租企业采用这种租赁方式的目的，主要不在于融通资本，而是为了获得设备的短期使用以及出租人提供的专门性技术服务。从承租企业无须先融资再购买设备即可享有设备使用权的角度来看，经营租赁也有短期融资的功效。

经营租赁的期限一般在五年之内，其主要特点如下：①承租人可以随时向出租人提出租赁资产的要求；②在设备租赁期间，如有新设备出现或不需要租入设备时，承租企业可以按规定提前解除租赁合同，这对承租企业比较有利；③租赁期满后，租赁资产一般返还给出租人；④出租人向承租人提供专门服务。

（二）创业融资的过程

一般来说，创业融资过程主要包括融资前的准备与评估、测算所需资金、编写商业计划书、确定融资来源、展开融资谈判、签约打款等6个方面的内容。

1. 融资前的准备与评估

创业融资是新创企业顺利成长的关键，因此，创业者一定要在融资之前做好充分的准备工作；对融资过程有一定了解，建立和经营个人信用，积累自己的人脉资源，学习估算创业所需资金的方法，知晓、了解融资渠道的途径，熟悉商业计划书的结构和编写策略，提高自己的谈判技巧等，以提高融资成功的概率。市场经济是信用经济，信用对国家、社会、个人都是重要的资源，信用在创业融资过程中起着很重要的作用。无论是从何种渠道筹集资金，投资者都会比较关注创业者个人的信用状况。因此，为保证融资的顺利进行，创业者应尽早建立起良好的个人信用记录，如做一个信用卡的诚信持卡人，同时注意在日常生活中按时缴纳各项税费，遵纪守法，保持良好的个人信用记录。

2. 测算所需资金

世上没有免费的午餐，也没有零成本的资金。创业者必须明白，企业所使用的资金都是具有一定成本的。这并不是说，筹集的资金越少越好，因为任何一家顺利经营的企业都需要基本的周转资金，如果筹集的资金不足以支持企业的日常运转，则企业会面临资金断流，进而导致破产清算；但这也不意味着筹集的资金越多越好，如上所述，资金都是具有成本的，如果在资金使用过程中不能够创造出高于其成本的收益，则企业会发生亏损。因此，创业者在筹集资金之前，要能够运用科学的方法，准确地计算资金需求量。

3. 编写商业计划书

新创企业对于资金的需求，需要通盘考虑企业创办和发展的方方面面，要对企业有一个全面的筹划。编写创业计划书是一种很好地对未来企业进行规划的方式，在创业计划书中，创业者需要估计未来可能的销售状况，为实现销售需要配备的资源，进而计算出所需要的资金数额。

4. 确定融资来源

确定了新创企业需要的资金数额之后，创业者需要进一步了解可能的筹资渠道，不同筹资渠道的优缺点，根据筹资机会的大小，以及创业者对企业未来的所有权规划，充分权衡利弊，确定所要采用的融资来源。

5. 展开融资谈判

选定所拟采取的融资渠道之后，创业者即需要与潜在的投资者进行融资谈判，要提高谈判的概率，要求投资者首先对自己的创业项目非常熟悉，充满信心，并对潜在投资者可能提出的问题作出猜想，事先准备相应的答案，另外，在谈判时，要抓住时机陈述重点，做到条理清晰。一般情况下，创业者还应向有经验的人士进行咨询，以提高谈判成功的概率。

6. 签约打款

双方就投资金额、投资方式、投资回报如何实现、投资后的管理和权益保证等问题进行细致而又艰苦的谈判，如果达成一致，就签订正式的投资协议。创业者必须清楚，在投资人资金没有到账之前一切都存在变数。虽然违约是所有投资人都不愿意做的事，但是市场是瞬息万变的，一切皆有可能。一旦资金到位，融资就完成了。这时的投资方身份也变成了合作伙伴。

📖【拓展阅读】

吉利汽车：融资狠角色

在吉利汽车发展历程中，融资贯穿始终。特别是吉利成功收购沃尔沃这桩"以小博大"的并购案，将其融资财技更是发挥得淋漓尽致。

应该说，从诞生到现在，吉利频繁的融资是应对快速扩张的无奈之举，作为一个民营企业，因为缺乏顺畅的银行贷款渠道，只能通过市场和非市场化的融资去解决。不过，其融资方式在解决其资本问题的同时，也可能给其长远发展带来隐患。

地方融资+资本市场

自1997年正式进军汽车行业的吉利，因为其民营身份加上并不被看好的前景，没有银行愿为其贷款，这使其走上了一条独特的融资道路。理特管理顾问有限公司董事经理江崇龙对《第一财经日报》表示，地方融资和公开的资本市场是其融资的两条主要渠道。

对于业内人士来说，吉利让人记忆深刻的地方在于其遍布全国的十大生产基地。在短短十几年时间内，吉利汽车在全国疯狂圈地，连续在湘潭、兰州、慈溪、济南、成都、桂林等地正式投资或者规划建设生产基地，加上其原先在宁波和台州的四大生产基地，总共拥有十大基地的吉利汽车已经成为全国车企之最。

其实，这正是其融资的奥妙所在。利用地方政府发展汽车产业的冲动，吉利不仅以极低的价格，甚至是零地价拿地，享受着"三免两减"的税收优惠，而且还可以以此为条件向地方政府借款。

以2006年建立的兰州基地为例，吉利和兰州市政府有一个《专项资金借款合同》，兰州市约定向吉利借款1.7亿元，以支持兰州吉利汽车项目建设。这或许可以解释为什么吉利汽车董事长李书福此前所说的，"建设基地不需要花很多钱"。

自2003年吉利借壳在香港上市之后，资本市场也成为其融资的一个主要途径。李书福去年曾透露，其从香港资本市场调用资金20多亿元人民币。这笔钱对吉利的发展起到至关重要的作用，被用于吉利宁波工厂设备更新、路桥基地的建设，以及山东工厂、新品研发等。

吉利汽车在2009年9月还向高盛旗下的一家基金公司定向发行可换股债券和认股权证，若认股权全面行使，吉利将可筹资25.86亿港元，据悉募集资金将用于应付公司的资本开支、集团潜在的收购事项及一般企业用途。

另外，吉利多基地格局和上市融资是相辅相成的。吉利的每一个新基地、新项目进入上市公司之时，都是一次资产重估和溢价的过程。这一过程不仅让吉利其后的发展获得了宝贵的流动资金，还降低了上市公司的资产负债率，增加其在资本市场的融资能力。

地方融资的双刃剑

在吉利收购沃尔沃项目中，地方融资平台的作用发挥到了最大化。

吉利收购沃尔沃耗资15亿美元，如果单纯依靠其资本积累，这几乎是不可能完成的任务。要知道2009年吉利汽车的利润不过才11.8亿元。根据最后披露的数字，在15亿美元的收购资金中，11亿美元来自吉利兆圆国际投资有限公司(下称"吉利兆圆")融资平台，占了接近80%。2亿美元来自中国建设银行伦敦分行，另有2亿美元为福特卖方融资。

在吉利收购沃尔沃的融资结构中，吉利、大庆国资、上海嘉尔沃出资额分别为人民币41亿元、30亿元、10亿元，股权比例分别为51%、37%和12%。另外。在项目运作中，有30亿元是成都市政府的资金。而作为交换条件，国产沃尔沃可能需要在成都、大庆和上海嘉定分别建立工厂。

　　吉利兆圆作为融资平台，其实也在吉利汽车和沃尔沃之间设立了一道风险隔离墙。一旦沃尔沃出现任何闪失，吉利汽车业不会被拖下水。

　　这种融资安排，使吉利撬动了沃尔沃，但是负面影响也开始显现。在收购之后的国内生产基地选择上，吉利很是纠结。这也是为什么自2010年8月份收购完成之后，迟迟未能公布生产基地的原因。之前，吉利汽车的10大基地虽然为其解决了资本问题，但现在这种多基地格局也使其供应链不堪重负。

　　江崇龙认为，作为豪华车来说，本身产销量就不高，再将生产分散在三个地方，无疑将推高成本、增加国产化的风险。

（资料来源：《第一财经日报》）

第四节　创业资源的管理

一、创业资源的开发

　　创业者所能掌握和整合到的资源以及其对资源的利用能力很大程度上决定了他们是否可以成功地创造出机会，进而推动创业活动向前发展。因此，创业者整合创业资源的能力显得至关重要。然而，由于大部分创业者是在资源缺乏的情况下创业的，最初的创业资源主要来自自己和家庭成员，因此，创业初始资源显著匮乏。此外，由于创业者没有历史业绩可供参考、缺乏有效的资产用于抵押、缺乏控制创业风险的经验，以致其创业的未来收益具有较大的不确定性，这种不确定性使其在吸引创业所需人力、财力、技术等外部资源时难度加大，获取外部资源的可能性降低。这种原始资源的天然劣势和较高的外部资源的不可得性使得大多数创业者难以整合到充足的创业所需的资源。

　　尽管创业者面临着资源匮乏的难题，但实际上创业者所拥有的创业精神、独特创意以及社会关系等资源同样具有战略性。因此，对创业者而言，难以整合到充足的创业所需的资源并不意味着失去创业的机会。如果创业者可以借助自身的创造性，用有限的资源创造尽可能大的价值，并能积极开发和整合各类外部资源，就能在资源有限的情况下，充分发挥资源整合效应，创造出"1+1+1>3"的功效，从而实现创业的成功，如马云等优秀创业者的成功也以事实证明了这一点。

二、创业资源的利用

　　资源是在一定的技术经济条件下，现实或可预见的将来能作为人类生产和生活需要的一切物质和非物质的要素。创业资源是指新创业项目和创业企业在创造价值的过程中需要的特定资产，是创业活动展开的必备要素，包括人力资源、客户资源、资金资源、技术资源、经营管理资源、行业资源、业务资源、人脉资源、知识资源等。创业资源的整合，就是寻找尽量多的有利资源，并以高效率的方式来配置、开发和使用这些资源的过程。

(一)人力资源

创业资源中的人力资源是指创业者具有的体质、文化知识和劳动技能水平。拥有创业所需的人才、团队是创业的先决条件。高素质人才，是要根据创业所需，寻找具有较强专业性的人员来组建团队并能很快投入其中，通过自身综合能力的发挥为创业铺平道路。人力资源管理是创业团队为有效利用其人力资源而进行的活动。这些活动包括：制订团队的人力资源管理战略和人力资源计划，并在其指导下，进行人员安排、业绩评定、员工激励、管理培训及决定报酬和劳资关系等；同时对人的思想、心理和行为进行恰当的诱导、控制和协调，充分发挥人的主观能动性，使人尽其才、事得其人、人事相宜，以实现创业目标。

处在创业初期的组织，通常管理者会将关注的重点放在产品研发、生产、市场开发等领域，而对于人力资源管理重要性的认识不足，关注度不够，在管理理念上更多的是局限于节约人力成本。部分管理者虽有现代人力资源管理的观念和意识，但是由于资金、人员、技术等方面的缺乏，在创业初期并没有制订明确的发展战略和与之配套的人力资源规划方案，对人力资源需求和供给、管理开发等普遍缺乏预见性和计划性，导致在创业发展过程中人力资源储备和开发不足而使发展后劲不足。

针对创业初期的实际情况，在人力资源规划方面应重点抓住以下几个方面：①明确组织的战略目标；②明确组织的业务范围、业务规模的定位；③在部门和岗位的设计上要以精干高效为标准，部门和岗位尽量减少，这是组织高效运行的基础；④要充分尊重部门的独立性，组织中的各部门要分工明晰，权责清楚。

(二)客户资源

客户资源对于创业项目的长远发展具有重大意义，客户资源的用途如下。①信息咨询：掌握更多资料，吸引更多客户；②寻求合作：寻求投资伙伴，以迅速推广科研成果或专利产品；③经贸业务：避开前台，直接与企业高层领导联络商谈业务；④采购产品：直接同供货厂商联系，避开中间环节，降低进货成本；⑤销售产品：寻求经销商，发展销售代理，促进产品销售；⑥降低成本：信息量大且准，不用再翻阅黄页书籍；⑦市场营销：选择目标客户，轻松电话营销或发送大量商业信函。

在日常营销工作中，收集客户资料、建立完善的客户资源管理档案，直接关系到其营销计划能否实现及完成效果。因此，在工作职责方面，所有与客户进行直接或间接接触的人员都有收集、汇报客户信息的职责，不得独自占有客户资源，市场管理岗位人员负责客户资源信息的汇总管理。对于客户的界定，则是指与企业有业务往来的供应商、经销商和直接用户，与公司营销有关的广告、银行、政府、保险、科研院所等协助机构可列为特殊类客户。

(三)资金资源

资金资源是创业的物质保障。在创业资金来源的渠道中，银行贷款被称为创业融资的"蓄水池"，由于银行财力雄厚，而且大多具有政府背景，因此在创业者中很有"群众基础"。从目前的情况看，银行贷款有以下4种：①抵押贷款，指借款人向银行提供一定的财产作为信贷抵押的贷款方式；②信用贷款，指银行仅凭对借款人资信的信任而发放的贷款，借款人无须向银行提供抵押物；③担保贷款，指以担保人的信用为担保而发放的贷款；④贴现贷款，指借款人在急需资金时，以未到期的票据向银行申请贴现而融通资金的贷款方式。随着我国政府对民间投资的鼓励与引导，以及国民经济市场化程度的提高，民间资本正获得越来越大的发展空间。目前，我国民间投资不再局限于传统的制造业和服务业领域，而是向基础设施、科教文卫、金融保险等领域"全面开放"，对正在为"找钱"发愁的创业者来说，这无疑是"利好消息"。而且民间资本的投资操作程序较为简单，融资速度快，门槛也较低。

1. 个人筹集创业启动资金

个人筹集创业启动资金最常见、最简单而且最有效的途径就是向亲友借钱。它属于负债筹资的一种方式，其优势在于一般不需要承担利息，没有财务成本，只在借钱和还钱时增加现金的流入和流出。因此，这种方式筹措资金速度快、风险小、成本低。缺陷是会给亲友带来资金风险，甚至是资金损失，如果创业失败就会影响双方感情。

2. 共同出资

寻找合伙人投资是指按照"共同投资，共同经营，共担风险，共享利润"的原则，直接吸收单位或个人投资、合伙创业的一种筹资途径和方法。合伙创业不但可以有效筹集到资金，还可以充分发挥人才的作用，并且有利于对各种资源的利用和整合，尽快形成生产能力，降低创业风险。但俗话说："生意好做，伙计难做"，合伙投资人人是老板，容易产生意见和分歧，降低办事效率，也有可能因为权利与义务的不对等而产生合伙人之间的矛盾，不利于合伙基础的稳定。

3. 政府提供的创业基金

政府提供的创业基金通常被所有创业者高度关注，其优势在于利用政府资金不用担心投资方的信用问题；而且，政府的投资一般都是免费的，进而降低或免除了筹资成本。但申请创业基金有严格的申报要求；同时，政府每年的投入有限，筹资者需面对其他筹资者的竞争。

4. 融资租赁

融资租赁是一种以融资为直接目的的信用方式，表面上看是借物，而实质上是借资，以租金的方式分期偿还。该融资方式具有以下优势：不占用创业者的银行信用额度；创业者支付第一笔租金后即可使用设备，而不必在购买设备上大量投资，这样资金就可调往最急需用钱的地方。

（四）技术资源

技术资源的主要来源是人才资源，重视技术资源整合的同时也就是注重人才资源的整合。技术资源的整合，不仅要整合、积聚组织内部的技术资源，还要整合外部的可利用的技术资源。整合技术资源只是起点，技术资源整合是为了技术的不断创新，自主研发并拥有自主知识产权，保持技术的领先，占领市场，壮大企业。一般而言，在创业初期，创业技术是最关键的资源。原因有以下几个。①创业技术是决定创业产品的市场竞争力和获利能力的根本因素。②创业技术核心与否决定了所需创业资本的大小。对于在技术上非根本创新的创业企业来说，创业资本只要保持较小的规模便可维持企业的正常运营。③从创业阶段来说，规模较小的企业，管理层对人才的需求度不像成长期那样高，创业者的企业家意识和素质是创业阶段最关键的创业资源。成功企业的核心是要有好的产品，而企业的产品必须做到专业化，这非常重要。要做到产品专一，在同一领域内做到最专，技术上要一直领先。美国的微软公司和苹果公司，最初创业资本都不过几千美元，创业人员也只有几人。它们之所以走向成功，就是因为它们拥有独特的创业技术。所以，创业企业成功的关键首先是寻找成功的创业技术。

（五）经营管理资源

作为创业者，无论人员数量多少、无论组织规模大小，都必须加强技术、财务、营销、员工等方面的管理。站在巨人的肩膀上，可以看得更远。创业者如果有机会到其他公司（不管是大型公司总管理处或是小型公司）服务，应悉心观摩管理者的经营长处，这对自己的创业将大有好处。在创业之初，如果能拥有一个志同道合的团队，或者拥有精明能干的员工，对于自己的事业来说，那将会是善莫大焉的事情，不但有助于业务的拓展，而且自己也可向他们学习，所以许多创业家把成功归因于"雇用比他们精明的员工"。和成功的人待在一起，他不但能为你出谋划策，帮你解决困惑，帮你渡过难关，还有可能在资金、人脉、业务上拉你一把，从而让你的事业更加顺利。通常，当你询问创业家如何学习经营管理时，他们也许会回答"从尝试错误中学习经验"。摸索经验或许并非最有效的方式，但自己所领悟的经营要诀，通常是最珍贵、最实在的。利用视听器材增加管理知识，如电视上有关企业管理的节目，应按时收看；多阅读书籍、杂志、报纸、商业通信以及交易刊物等，均是极珍贵的信息来源；另外，目前有些用录音带录制的经营管理课程，可利用空闲或开车时收听，必定有收益。现今，不管是省市地方电视台，还是中央电视台，都举办了很多类似的创业类的栏目，如央视的《赢在中国》《经济半小时》《对话》等，从这些节目中你可以获得很多的创业灵感。

供应商作为产业链上的重要一环，不仅熟悉本行业业务，而且有些时候会透露一些其他同行不会透露的珍贵信息，所以创业者应增加和供应商的交流，运用供应商的智慧。另外，创业者也应注意倾听顾客的抱怨及赞誉，加强与员工的交流。

（六）行业资源

对某个行业有充分的了解，同时掌握这个行业的各种关系网，比如业内竞争对手、供货商、经销商、客户、行业管理部门以及技研机构、行业协会、行业杂志、行业展会等，这些对于创业的成功与否很重要。所以，创业的一个成功类型，就是做自己熟悉的行业，熟悉本行业企业运营、熟悉竞争对手等。整合行业内的竞争对手资源。"他山之石，可以攻玉"，把竞争对手转变为合作伙伴。市场竞争没有永远的对手，也没有永远的伙伴，更没有永远的敌人。创业企业不可避免地存在诸多方面的不足。因此，同行之间或者产业上下游之间的创业企业通过策略联盟或股权置换等种种方式整合资源，使人力资源、研发能力、市场渠道、客户资源等方面实现优势互补，对内相互支持，对外协同竞争。由几家创业企业作为核心，同时带动一批创业企业，形成利益共同体。

行业资源与技术优势的组合。对企业而言，自身的建设是年年月月日日的必修课。自身的问题解决了，还要具备对优质资源的发现和把握，这需要强烈的市场意识和眼光。否则，结合有了，却可能离失败近了。创业团队在对行业内优质社会资源的整合中，一定要懂得基于企业利益基础之上的放弃，以企业利益为第一利益，合作是双赢的，但任何优质的资源进来，是需要自身付出代价的。很多小企业发展不大，追根究底，是一次又一次地放弃了合作的机会，个人或少数人的单打独斗，是无法在现代市场中取胜的。

(七) 人脉资源

创业不是引"无源之水",栽"无本之木"。《科学投资》认为,人脉交往能力应列在创业者素质的第一位。对中国的创业成功者来说,最重要的一点是人脉资源的创业,即创业者构建其人脉网络或社会网络的能力。一个创业者如果不能在最短时间之内建立自己最广泛的人脉网络,那他的创业定会非常艰难,即使初期能够依靠领先技术或者自身素质(如吃苦耐劳或精打细算)获得某种程度上的成功,我们也可以断言他的事业一定做不大。经历多,打交道的朋友也多,整合到大量的人脉资源就可以整合吸引到人才、资本、技术等,创业就会变得很容易、很快乐;而且很多朋友在各行各业中经验丰富,颇有建树。因此,创业一定不要浪费宝贵的人脉资源,多听听朋友的意见,争取他们的支持和帮助。

人脉资源的特性主要有以下几点。①长期投资性。平时要注意人脉资源的积累,不要事到临头才去找人帮忙,创业也一样,现在不是你的客户,明天就可能成为你的客户,因而你必须从现在开始建立联系,人脉资源的形成需要很多时间和精力,这也是一种投资。②可维护性和可拓展性。人脉资源可以通过合作、交流、关心、帮助、友情、亲情等进行维护,并会不断巩固,当然如果不去维护就会变得疏远,所以人脉资源需要经常性地维护,同时在维护中可以不断地发展新的人脉关系。③有限性和随机性。每个人一生中能认识多少人?包括老师、同学、亲戚、同事、朋友、客户等,一般不超过500人,能够真正帮助自己的一般不会超过50人,所以每个人的人脉资源都是有限的,你的发展同样也会受到你的人脉资源的限制。同时,你所认识的人可能没有能力帮助你,有能力帮助你的人你又可能不认识,所以在客观上就需要你不断认识更多的人,但是每个人的能力又是有限的,又不可能认识所有那些潜在的帮助者。④辐射性。你的朋友帮不了你,但是你朋友的朋友可以帮你。人脉资源的整合在某种程度上来说就是做人,做一个让他人快乐同时也让自己获益的人。需要注意的是,人脉资源的整合一定要整合健康的人脉资源,以自身的人格魅力来积聚,投机、侥幸得来的人脉资源不会长久,因此创业者自身的素质、人格、品质需要不断提升。

(八) 知识资源

广义的创业知识资源是指对创业实践过程具有意义的个体的知识系统及其结构,主要包括专业知识、经营管理知识、综合性知识等。专业知识是从事某一专业或职业所必须具备的知识,一般是与专业、职业能力结合在一起发挥作用的;经营管理知识是从事经营管理工作必须具备的知识;综合性知识是发挥社会关系运筹作用的多种专门知识,其中包括政策、法规、工商、税务、金融、保险、人际交往、公共关系等。只有系统地掌握了有关学科的基本理论和技能,才能为今后创业打下坚实的基础。狭义的创业知识资源是指有关创业过程、步骤、方式等本身所运用到的具体知识。比如大学生创业时机的选择、创业机遇的寻找、怎样编写创业计划书、如何开办小型企业、如何进行商标注册、如何向银行贷款等,创业知识能够体现创业者的文化素质,文化素质越高,创业成功的概率越高。

知识资源整合通过创业学习,将知识资源转换为企业的动态能力,最终成为推动创业企业发展的核心竞争力。创业经验学习是大部分创业团队创业学习的主要内容。创业团队缺乏运营经验,通过对市场、技术和内外部经营环境的不断认知,通过自身试错过程,或者对标杆企业的借鉴、模仿将已有的企业运营经验转化为创业企业的隐性知识资源。创业学习是创业团队通过自身的创业实践和对标杆企业知识资源整合、动态能力的思考和总结，提炼出有益于本企业运营的知识。而创业实践学习是将创业经验和认知应用于本企业的创业实践中。此外，知识资源整合中的失败也能敦促创业团队不断反思现有的知识与能力，通过积极探索与实践不断创造出新知识来应对变化的创业环境。

📖 【拓展阅读】

红色文化旅游资源开发模式

一、红色+生态整合模式

对当地的自然、人文资源进行整合，以红色资源为核心，进行集中包装和开发，最大限度地发挥红色旅游资源的优势拉动当地旅游业发展，带动产业进步。

案例分析：井冈山

简介：井冈山是国家 5A 级旅游景区，国家级重点风景名胜区，国家级自然保护区，中国文明风景旅游区，中国重点文物保护单位，全国红色旅游景区，中国百家爱国主义教育示范基地，中国十佳优秀社会教育基地，中国优秀旅游城市，世界生物圈保护区，世界遗产预备名录。

井冈山在发展旅游业的过程中，以井冈山高知名度的红色景观为号召，整合了当地的自然山水等绿色景观资源，吸引旅游者，有 11 大景区、76 处景点，460 多个景物景观，其中革命人文景观 30 多处，革命旧址遗迹 100 多处。

核心吸引力：被誉为"中国革命的摇篮"和"中华人民共和国的奠基石"的红色文化。国内独有的红色文化资源使景区在开发伊始就具备了其他景区不可比拟的优势，更是成为其旅游开发中最主要的吸引点。

产业发展：井冈山红色旅游的发展有效地带动了当地教育产业的发展，此外，还促进了交通、餐饮、住宿等第三产业发展，在带动地区经济发展的同时还有效促进了当地产业转型，优化产业结构。

盈利模式：井冈山景区盈利主要来源于门票收入，此外还有住宿、餐饮、实景演出门票等方面，较为多元化。

社会效益：井冈山作为"中国革命的摇篮"、爱国主义教育基地，具有很强的教育意义；此外，井冈山旅游业的发展还带动了当地经济发展，为当地居民提供工作岗位，增加居民收益，助推老区脱贫，使江西井冈山市实现脱贫。

综合评价：红色资源是景区的核心主题，同时依托周边较为优越的自然环境，也为红色旅游的发展提供便捷了之道，也是井冈山红色旅游取得优越品牌地位的主要推动力之一，在红色旅游发展的同时也带动了井冈山其他景区旅游业的发展，在联合发展方面做得较好。因此，红色旅游项目的开发，红色资源是其发展的核心依托，其次要对项目进行文化深化，赋予其灵魂；并随着景区的发展，不断完善基础设施、对产品进行创新开发、提升，如开展实景演出等项目，这是项目逐渐提升、延续持久吸引力的秘诀。

二、红色休闲度假模式

依托当地独特的红色旅游资源，开发红色文化，结合民俗文化，以度假区、民宿为主要表现形式，开发集休闲、度假、会议、学习等为一体的红色旅游发展模式，吸引游客，带动当地旅游业发展。

案例分析：瑞金共和国摇篮景区

简介：瑞金共和国摇篮景区，国家 5A 级旅游景区，全国重点文物保护单位，全国爱国主义教育示范基地，全国红色旅游经典景区，由叶坪、红井、二苏大、中华苏维埃纪念园(南园和北园)、中央苏区军事文化博览园等景区组成。景区风景秀丽，基础设施完善，是全国旅游观光、培育爱国情感和民族精神的重要基地，是赣闽边际红色旅游集散中心。瑞金共和国摇篮景区，既保留"形体"的简朴，又展现出内涵的"身价"，旧址群、纪念园、博物馆各具特色，一处一诗，一步一景，是融参观、瞻仰、会议、休闲、度假为一体的理想场所。

核心吸引力："红色故都"、共和国摇篮、红军长征出发地等瑞金地区独有的名号和当地众多的旧址、遗迹是其最核心的吸引力，即便后来进行其他产业开发，也是景区最主要的吸引点，只是在开发过程中注意不能守旧如旧，要多进行创新，以吸引更多游客。

产业发展：景区利用旅游业的带动作用，发展了会议、度假等产业，提升了景区的经济效益，此外，景区的红色文化也促进了当地教育产业的发展。

盈利模式：景区收入来源主要是门票、住宿等。

社会效益：景区的社会效益主要体现在其培育爱国情感和其作为民族精神重要基地的教育意义上，此外，也在一定程度上解决了一些就业问题，提升地区经济发展。

综合评价：瑞金当地有着众多解放战争时期旧址和遗迹，红色资源丰富、在历史上它有着较高的地位。红色旅游发展较好，但是在发展休闲度假方面产品不够多元化，在留住游客方面相对较差，且其市场营销做得不够，使得景区知名度较其他红色旅游目的地来说较小，旅游收入较少。

三、红色演出模式

利用当地的红色歌谣、红色戏曲等旅游资源，对当地的红色文化进行改编，创作成演出剧目，结合现代化的技术手段，发展红色演出项目，以演出发展红色旅游，打造红色旅游品牌。

案例分析：韶山实景演出《中国出了个毛泽东》

简介：《中国出了个毛泽东》以毛泽东同志的革命生涯为线索，综合运用全息投影、歌舞、威亚、水火特效等多种形式，将山水实景、多媒体技术以及高科技立体舞台装置高度结合，讲述了毛泽东同志从走出韶山踏上了民族救亡道路到带领中国人民建立新中国的奋斗历程，基本涵盖了中国新民主主义革命的整个历程，集中展现毛主席以天下为己任的广阔胸怀。

核心吸引力：红色文化的宣传和红色文化与现代化演艺形式的融合是演出的核心吸引力。这里作为毛泽东故居，本身就吸引了很多游客前来参观，实景演出将现代化的演出手段与红色文化结合，更是吸引游客的一大卖点。

产业发展：因为演出在夜间进行，所以在很大程度上带动了当地娱乐、住宿、餐饮等夜间产业经济的发展。

盈利模式：盈利主要来源于演出的门票收益和餐饮、住宿等方面收益。

社会效益：演出具有很深的爱国主义教育意义，通过演出让游客更深入地了解到那段历史，提升其爱国情怀，带来良好的社会效益。

综合评价：现今有很多红色旅游景区在做红色演出项目，山水实景、多媒体技术以及高科技立体舞台装置高度结合使得旅游演出活动已经成为景区吸引游客重要的一部分，且这类大型实景演出一般都在晚上举行，能够有效促进景区夜间旅游的发展。

四、节庆模式

红色旅游目的地通过举办节庆，利用其独特的红色文化，以旅游节庆为引爆点，提高区域知名度，带动地方旅游发展。

案例分析：中国(湖南)红色旅游文化节

简介：从2004年至今，中国(湖南)红色旅游文化节已经连续举办14届，成为全国红色旅游的重要品牌，也是湖南一张闪亮的文化名片。2018年，中国(湖南)红色旅游文化节主题为"伟人故里、激情山水、红色平江"。

中国(湖南)红色旅游文化节除开幕式外，还有众多配套活动，即"红动潇湘"万名党员扶贫自驾平江行活动；重走父辈路，精准扶贫行——百名将军后代平江扶贫行动；中国(湖南)红色旅游商品创意大赛；闪闪的红星——红色教育主题夏令营活动；"红色故里、富美平江"主题摄影采风活动。每年都会吸引大批游客前去参加，获得巨大的经济收益。

近些年，井冈山、瑞金、宁夏等地也都举行了形式多样的红色旅游文化节，并取得了较好的社会效益、经济效益和环境效益，实现了红色文化与旅游节庆的完美结合。

核心吸引力：湖南红色旅游知名度、红色旅游文化节品牌。湖南是很多伟人的故乡，本身的红色旅游知名度就很高，中国(湖南)红色旅游文化节由政府主导，已经成功举办14届，每年都吸引了大量的游客前去参加，已经成为当地的一个红色旅游品牌。

产业发展：红色文化旅游节的发展带动了当地会议会展、娱乐、购物、餐饮等产业发展，同时旅游节的举办也为当地农产品销售、加工业带来新的机遇，促进当地一二三产业的融合，延长产业链。

盈利模式：主要由餐饮、购物、娱乐、住宿等方面构成。

社会效益：旅游节的举办促进了湖南省旅游业发展的同时，也带动了旅游节举办地的经济发展；此外，旅游节的举办对湖南省红色文化的宣传、红色主题教育都有一定的促进作用。

综合评价：旅游节庆活动在吸引众多游客参加、获得巨大收益的同时还可以在很大程度上提升当地的名气，并为其长久发展之路做好铺垫。红色旅游景区在开发过程中也可以定期举办一些节庆活动，以吸引游客，聚集人气。

(资料来源：搜狐网 https://www.sohu.com/a/272418389_100177194？qq-pf-to=pcqq.c2c)

📖【拓展训练】

苏州走出"90后"创业牛人

在校创业时获利百万，目前公司估值上亿，其团队运作的微信界面访客量已突破5亿……这些标签都属于满欣网络科技有限公司CEO刘欣。更令人称奇的是，刘欣生于1991年，从苏州工业园区服务外包职业学院毕业还不满两年，互联网创业界称他为"低调的'90后'大神"。昨天，刘欣返回母校与学弟学妹们分享创业经验，妙语连珠，令人不得不感叹这位年轻小伙儿的创新思维能力。

出售自营网站掘得第一桶金 大学时靠创业所得买车买房

2010年，刘欣在老家南通读高三时就开始互联网创业。那时他正准备艺考，但在网络上没有找到一个界面好看的美术高考网站，于是他决定自己来做。完全依靠自学和创意，刘欣的网站成功运转，最后以5000元出售，他也掘得了第一桶金。

入读苏州工业园区服务外包职业学院后，他更是自己运营着大大小小数十个网站。老师们得知他的创业计划后，也都表示了支持。学校的创业园成了他的第一间办公室，刘欣开始发展同学加入他的团队。网页热潮渐衰时，他抓住了移动互联网的契机，与团队成员一起"玩转"微博、微信。大学期间，刘欣团队的主要盈利模式是售卖他们打造的网站、经营电商。大二时，他便买了汽车，临近毕业时，他和伙伴们靠创业所得都买上了房子。

团队被誉为"微信公众号之王" 目前粉丝总数达数百万

2014年，毕业后的刘欣没有停止创业的脚步，他和同学一起去了北京，他们的团队通过百度贴吧、QQ群等方式，用落地的技巧低成本引流，吸引粉丝，同时开发搜索工具，每天从大量公众号提取最受欢迎的文章，或模仿或转载，保证粉丝的留存率。

2015年，刘欣在中关村成立满欣网络科技有限公司，同年又在上海设立了分公司。提到满欣公司，人们可能并不熟悉，但提到"摇一摇新年签""关注看答案"等微信朋友圈应用，想必大家都不陌生。刘欣的团队被誉为"微信公众号之王"，创造了数个社交网络服务经典案例、微信最新界面的传播神话。

如今，刘欣意识到微信公众号的流量红利期已经结束，内容变得越来越重要。今年，他把精力主要放在原创新媒体报道上，面向细分、专业的客户群，提供优质信息服务。目前刘欣团队运营着40多个微信公众号，粉丝总数达数百万，一直处于盈利状态，其中发展得最好的一个公众号每天推送的头条阅读量在10万以上。

互联网是成就梦想的地方 大学生要自信更要有跨界精神

昨天，刘欣回到苏州工业园区服务外包职业学院，向母校汇报他的创业进展，并向学弟学妹传授创业经验。

刘欣感慨，互联网是一个能够成就梦想的地方，移动互联网创业大有可为，随着支付手段的成熟，互联网消费市场越来越稳定，而且现在有大量的资本愿意帮助年轻人创业。他说："互联网行业是属于年轻一代的，资本方需要年轻人的创意。"他鼓励创业的大学生们保持自信，更要有跨界精神，融合多领域技能优势，从力所能及的事情做起。

刘欣透露，他的团队最近已经开始转战微信群创业，即打造用户精细化区分的微信群，推送产品和服务。"靠广告盈利是传统媒体的思路，我们新媒体要通过产品和服务变现。"他直言不讳道。

（资料来源：《苏州日报》2016 年 4 月 21 日）

1. 听了刘欣同学的创业故事后，自己想一个互联网上的创业项目，并和同学讨论其可行性。

2. 假如你家的苹果滞销，请你做一个推广方案，并和同学讨论其可行性。

【思考讨论】

结合本章的学习和平时的积累，采取分小组（4~6 人）的方式，谈谈你认为适合大学生的"互联网+"创业项目，并听一听同学和老师的想法。

启示：

"互联网+"时代的到来催生了"互联网思维"的形成，它是指在（移动）互联网、大数据、云计算等科技不断发展的背景下，市场、用户、产品、企业价值链乃至整个商业生态进行重新审视的思考方式。这种思维会融入产品、生产、服务、销售、战略以及商业模式设计等各个环节。通俗来说，"互联网+"就是"互联网+各个传统行业"，但这并不是简单的两者相加，而是利用信息通信技术以及互联网平台，让互联网与传统行业进行深度融合，创造新的发展生态。以下是"互联网+"的六个主要特征。

"互联网+"有六大特征：

一是跨界融合。+就是跨界，就是变革，就是开放，就是重塑融合。敢于跨界了，创新的基础就更坚实；融合协同了，群体智能才会实现，从研发到产业化的路径才会更垂直。融合本身也指代身份的融合，客户消费转化为投资，伙伴参与创新等等，不一而足。

二是创新驱动。中国粗放的资源驱动型增长方式早就难以为继，必须转变到创新驱动发展这条正确的道路上来。这正是互联网的特质，用所谓的互联网思维来求变、自我革命，也更能发挥创新的力量。

三是重塑结构。信息革命、全球化、互联网业已打破了原有的社会结构、经济结构、地缘结构、文化结构。权力、议事规则、话语权不断在发生变化。互联网+社会治理、虚拟社会治理会有很大的不同。

四是尊重人性。人性的光辉是推动科技进步、经济增长、社会进步、文化繁荣的最根本的力量，互联网的力量之强大最根本地也来源于对人性的最大限度的尊重、对人体验的敬畏、对人的创造性发挥的重视。例如 UGC，例如卷入式营销，例如分享经济。

五是开放生态。关于互联网+，生态是非常重要的特征，而生态的本身就是开放的。我们推进互联网+，其中一个重要的方向就是要把过去制约创新的环节化解掉，把孤岛式创新连接起来，让研发由人性决定的市场驱动，让创业并努力者有机会实现价值。

六是连接一切。连接是有层次的，可连接性是有差异的，连接的价值是相差很大的，但是连接一切是互联网+的目标。

☞【参考文献】

[1]李肖鸣.大学生创业基础(第5版)[M].北京：清华大学出版社，2021.

[2]杨秋玲，王鹏.大学生创业教育(第2版)[M].北京：清华大学出版社，2021.

[3]林汶奎.从零开始学融资[M].北京：现代出版社，2016.

[4]吴伟.创业融资2.0实战工具[M].北京：机械工业出版社，2018.

第五章　创业计划书

☞【名言导语】

　　凡事预则立，不预则废。

——《礼记·中庸》

　　如果你打算让你的公司利润最大化，创业计划将告诉你答案并尽可能帮助你避免为创业失败支付高昂的学费。避免创建一家注定失败的企业的成本要远远低于从经验中学习的成本。而让你了解这一切的不过是全神贯注地花几个小时完成一份创业计划。

——约瑟夫·曼库索

　　如果你知道你要去哪里，任何路都会让你到达那里。

——李维斯·卡罗尔

　　一旦他们将创业计划写到纸上，那些希望改变世界的天真想法就会变得实在且冲突不断。文件本身的重要性远不如形成这个文件的过程。即使你并不试图去集资，你也应当准备一份创业计划书。

——盖伊·卡维萨基

　　一份好的创业计划书可以节省创业者相当多的时间和金钱，减轻他们在商业概念形成之前，而不是在企业创建之后的心中之痛。

——布鲁斯·巴林杰

　　每一时代和每一种条件都沉迷于某种心爱的谬误，每一个人都因某些他们明知不大可能实行的计划而自娱，正因其不大可能实行，他们可以决心实行而又不必冒检验计划的风险。

——塞·约翰逊

☞【案例导入】

"健力宝"

　　20世纪80年代末到90年代初，"健力宝"风靡中国城乡，谱写出中国饮料之王的传奇。而李经纬，则是这传奇的缔造者，开启了健力宝的崛起时代。

　　1983年，时任三水酒厂厂长的李经纬，无意中得知广东体育科学研究所研发出一种能消除运动疲劳的饮品，但由于滋味如同药水难以下咽，没有厂家愿意生产，便主动找上门去要求合作。当年8月，李经纬和研究员欧阳孝"风云际会"，在欧阳孝研发的配方基础上，历经 128 次反复试验，酒厂终于成功"做"出了饮料。

"健力宝"——中国首罐含碱性电解质的运动饮料由此诞生。

1984 年的三水酒厂，一年利润不过几万元，李经纬却把目光直接盯向了 8 月在美国洛杉矶举办的第 23 届奥运会。8 月 7 日的女排决赛上，被誉为"东方魔女"的中国女排姑娘直落三局，击败东道主美国队，实现了"三连冠"。这原本与健力宝毫不相关的幸事，却戏剧般地成就了"魔水"传奇的开始。健力宝一夜成名，企业发展也迎来爆发期。1997 年，健力宝集团的年销售额一举突破了 50 亿元，达到了历史的鼎盛高峰，然而危机也已经悄悄来临。

飞速发展的健力宝，将"民族情结"发挥到了极致，擎起了"抗击两乐"的大旗。虽然始终将百事可乐和可口可乐作为市场上的直接竞争对手，但健力宝却从来没有因此而制定过任何一个直接针对"两乐"的市场竞争战略。包括 1994 年健力宝大举"杀入"可口可乐老家美国时，也不过是雷声大，雨点小，看得见的只有健力宝花 500 万美元在帝国大厦买下的一层办公楼。1997 年，饮料行业风云突变，"两乐"分别从南北两侧通过攻占沿海地区和大都市向中国市场进行"包抄"。在"两乐"的凌厉攻势下，健力宝节节败退，大连的大片市场失守，整个集团遭遇重创。

从 1997 年开始，健力宝的销量开始以每年七八万吨的速度持续下降。到 1998 年，"两乐"占据了中国碳酸饮料市场的半壁江山。2001 年，"两乐"及其旗下其他品牌已经占据中国碳酸饮料 70% 的市场，而健力宝的市场占有率缩到了不到 3%。1986 年，健力宝的首次改制使健力宝成了一个独特的外资型国企。集厂长、书记、工会主席于一身的李经纬，已实现了自主经营的"厂长经理负责制"。三水市政府一位相关人士曾评价李经纬的管理团队：过早地施行"厂长经理负责制"，有了大权，但缺少制度的约束，必然导致混乱。

终于，在 2001 年，健力宝的"好日子"过到了头，销量直线下滑，员工工资发不出，银行上门催债，健力宝在内忧外患的双重夹击中"风雨飘摇"，命运堪忧。

思考：由于"健力宝"战略定位失误和企业管理制度混乱导致企业进入下坡路，从中你学到了什么？

第一节　创业计划与创业计划书

一、创业计划书的含义

创业计划书(英文通常称作 Business Plan，简称 BP)是创业者计划创立的业务书面摘要，是参加创新创业赛事的必要资料，是一个公司从成立到发展不可或缺的指南，是获得投资者青睐的一张名片。撰写创业计划书是公司、企业或项目单位为了达到其发展、融资等目的，根据一定的格式要求来编纂的面向评审专家、投资商、社会公众，对自身商业项目进行全方位地展示并希望获得认可的过程。其用途是让阅览到创业计划的对方便于对企业或项目做出评判，从而使项目获得更好的发展。

创业计划对企业的创业起步具有重要作用，通常是市场营销、财务、生产、人力资源等职能计划的综合。优秀的创业计划书实质上是企业起步的基石，创业计划是企业项目实现顺利启动与有序实施的重要因素。若创业计划书撰写得好，企业就可以在早期明确发展目标，梳理出企业的运营思路，使创业计划正式成形落于纸上，形成可参考的文字宝典，指出企业运作的正确方向。企业的所有者经常要扮演多重角色——从簿记员到首席执行官的各种职务，那么过多的角色会让人感到头绪纷杂、混乱无序、筋疲力尽，一份概述未来任务与计划的文件可以避免负担过重，帮助其制定现实目标、保持有序经营。创业者根据自身的需要，针对具体情况建构文书编制自始至终所经过的程序，会为其梳理各个阶段需要进行的商业活动，帮助创业者有计划地去实施各阶段工作任务。

二、创业计划书的作用

1. 有利于创业者自我评价，理清思路

每一位创业者或者准备创业者在创业之初都会对创建企业的发展方向以及经营思路有一个粗略的设想。创业计划可以使创业者严格地、客观地、全面地从整体角度观察自己的创业思路，明确经营理念，以避免因企业破产或失败而可能导致的巨大损失。另外，在研究和编写创业计划的过程中，会发现潜在的不足之处，创业者或者改变销售策略，或者更新经营思路，或者认识到某一方面的错误与不足，甚至改变总目标下的某一份目标，创业者根据实际情况采用不同的策略使创业活动可行度提高，促使企业良性发展。因此，创业计划的编写过程就是创业者进一步明确自己的创业思路和经营理念的过程，也就是创业者从直观感受向理性运作过渡的过程。

2. 有利于创业者有效管理企业，提高效率

企业的创立与成长需要由创业计划书引领，创业计划书的主要构思围绕企业，主要内容更是离不开企业，诸如资金规划、财务预算、产品开发、投资回收、风险评估等，每个环节都与企业发展息息相关。创业计划既提供了企业全部现状及其发展方向，又提供了良好的效益评价体系及管理监控标准，使创业者在管理企业的过程中对企业发展中的每一步都能作出客观的评价，并及时根据具体的经营情况调整经营目标，完善管理方法。

3. 有利于创业者吸引合作伙伴，获得商机

创业计划是筹措资金的重要工具。创业计划的质量，往往会直接影响创业发起人能否找到合作伙伴、获得资金及其他政策的支持。同时，一份优秀的创业计划书必须包含：企业的业绩，搭配阵容，团队能力，优势劣势，市场前景，资金状况等。这些都是投资者关心的重点，是他们衡量创业企业实力和潜力的依据，为投资者提供参考数据，获得投资者的关注与信任。

4. 有利于增进团队凝聚力，共同奋斗

创业计划书是创业团队把理想现实化的产物，是团队成员共同奋斗的方向。创业企业的预期目标、战略、进度安排、团队管理等方面都是创业者理想的具体化图景，是创业团队奋斗的动力。创业计划书可以说是合作者的"兴奋剂"，有利于增进团队成员的凝聚力，赢得成员的支持，能让创业者及其合作者紧密团结在一起，同甘共苦，打拼未来，坚定创业者在艰难的创业路上的信心与勇气。

三、创业计划书的内容

撰写创业计划的目的是向阅读者提供其所需要的信息，因此，创业计划书的内容取决于使用者对信息的需求。通常情况下项目计划书应包括创业的种类、资金规划及基金来源、资金总额的分配比例、阶段目标、财务预估、行销策略、可能风险评估、创业的动机、股份构成、组织结构与创业团队等内容。

鉴于创业计划书的使用者主要分为两种人群：①内部使用者，②外部使用者。一般来说，创业计划书的内部使用者包括创业者团队以及雇员。创业团队需要明确创业的目标及实现路径，雇员需要了解创业目标以及在实现目标过程中所需要做的工作和可能的收获。因此，创业计划书中要侧重阐明创业的目标及实现目标的详细计划和措施，包括企业拟从事的产品和服务，计划的顾客和市场、创意方案开发路径的可行性，与竞争者状况的对比分析，如何研发、生产和销售等。项目团队成员及其未来的雇员了解企业的前景规划，对创业企业的发展进行预测，从而作出恰当选择。

外部使用者包括投资者及其他利益相关者。投资者主要关注企业拟筹集的资金数额、筹集资金的目的和种类、准备采用的筹资方式、筹资的时间、筹资的回报等；潜在的商业合作伙伴、顾客等其他利益相关者会关注企业的盈利状况、资产负债状况、持续经营能力等，以此作为其商业信用政策的制定依据，以及选择产品或服务的理由。

☞【知识链接】

创业计划书六大关注重点和四大评定标准

六大关注重点 ①独特的优势或亮点；②市场机会与背景分析；③存在痛点及其对策；④投入、产出与盈利预测；⑤竞品分析与发展战略；⑥风险应对策略。

四大评定标准 ①可支持性(支撑可做的理由是什么) ②可操作性(如何实践并保证成功) ③可盈利性(能否带来预期的回报) ④可持续性(我们能生存多久)。

四、创业计划书的结构

(一)封面

封面的设计要有审美观和艺术性，一个好的封面会使人产生最初的好感。简单的版面设计和清楚明了的字体，是最好不过的了。比如，可放一张企业的项目图片或者 Logo 图片，让用户更容易记住。

封面一般包含下面这些内容：

(1)公司名称(表示是这个公司的创业计划书)

(2)产品与服务的标识

(3)公司地址(包括电子邮件地址)

(4)电话号码

(5)所有者或者公司高级职员的姓名、头衔

（6）计划书的日期

（7）创业计划书的编号

（8）机密性陈述（计划书的内容是专有的，未经允许不得复制）

（二）目录

目录格式如下：

（1）"目录"两字间空 1 个字符间隙，字体为黑体，三号，加粗，居中，单倍行距，段前 24 磅，段后 18 磅；目录中标题不能超过三级，一级标题字体为宋体，四号，加粗；二级标题字体为宋体，四号；标题字体为宋体，小四号。

（2）标题文字居左，页码居右，之间用连续点连接。标题需转行的，转行后的标题文字应缩进一字。

（3）图或表的目录。图和表应有序号，序号与名称之间空 1 个字符间隙，并与正文保持一致。"图/表目录"三个字，字体为黑体，三号，居中；标题字体为宋体，四号，如"图 1.1 本科生总体数据分析"。标题文字居左，页码居右，之间用连续点连接。

（4）一般包含行业背景、市场痛点、商业模式、财务规划、风险分析等。

☞**【案例导入】**

Flower Box——花卉一站式服务平台开拓者

"Flower Box——花卉一站式服务平台开拓者"是第七届互联网+大学生创新创业大赛作品，项目以互联网花卉社区网站为媒介，协同线下商家进行合作，分享花艺视频吸引流量，集成花卉爱好者所需的花艺材料、设计、技术方法等一站式服务。

国务院发布《关于积极推进"互联网+"行动的指导意见》，花都市委、市政府制订《花都南方花卉交易中心优惠政策》，为花卉业提供政策支持；且目前市场巨大，市场规模逐年增加，从 2013 年的 12.1 亿元扩大至 2020 年的 482.1 亿元。花卉市场成交额也逐年上升，从 2014 年的 419.22 亿元增加至 2018 年的 635.22 亿元。花卉业的发展让云南发挥地域优势，助推经济增长，有助于将云南省打造为第一方阵产业。为此，该项目抓住该机遇，开设网站花卉社区，为用户提供精准营销，按产品类型分类，更简洁直观满足客户需求。

该项目创业计划书制作的目录如下

一、项目概述

1.1 项目背景

1.2 项目意义

1.3 产品介绍

1.4 商业模式

二、产品与服务

2.1 产品介绍与技术分析

2.2 一站式服务

三、行业与市场分析

3.1 宏观环境分析

3.2 微观环境分析

3.3 SWOT 分析

3.4 目标客户分析

四、市场推广策略

五、财务分析

5.1 资本结构与前期投资

5.2 财务状况分析前提

5.3 当前盈利模式

5.4 销售预测

5.5 利润分配

5.6 实际利润表

5.7 实际资产负债表

六、风险分析

6.1 风险识别清单

6.2 风险分析

6.3 风险应对措施

思考：根据上述案例的行业背景和目录情况，请思考该创业计划书的目录内容是否齐全？是否需要增加内容？

(三)正文

(1)摘要

计划摘要列在创业计划书的最前面，它浓缩了创业计划书的精华。计划摘要涵盖了计划的要点，以求一目了然，以便读者能在最短的时间内评审计划并做出判断。计划摘要一般包括以下内容：公司介绍；主要产品和业务范围；市场概貌；营销策略；销售计划；生产管理计划；管理者及其组织；财务计划；资金需求状况等。

摘要尽量简明、生动。特别要详细说明自身企业的不同之处以及企业获取成功的市场因素。如果企业家了解他所做的事情，摘要仅需两页纸就足够了，关键在于要引起他人关注正文内容的兴趣。

☞【知识链接】

在介绍企业时，首先要说明创办新企业的思路，新思想的形成过程以及企业的目标和发展战略。

其次，要交代企业现状、过去的背景和企业的经营范围。在这一部分中，要对企业以往的情况做客观的评述，不回避失误。中肯的分析往往更能赢得信任，从而使人容易认同企业的创业计划书。

最后，还要介绍一下创业者自己的背景、经历、经验和特长等。企业家的素质对企业的成绩往往起关键性的作用。在这里，企业家应尽量突出自己的优点并表示自己强烈的进取精神，以给投资者留下一个好印象。

在计划摘要中，企业还必须要回答下列问题：

(1)企业所处的行业，企业经营的性质和范围；

(2)企业主要产品或服务；

(3)企业的市场在哪里，谁是企业的顾客，他们有哪些需求；

(4)企业的合伙人、投资人是谁；

(5)企业的竞争对手是谁，竞争对手对企业的发展有何影响。

☞【案例导入】

海尔砸冰箱

1985年，一位用户向海尔反映：工厂生产的电冰箱有质量问题。于是首席执行官张瑞敏突击检查了仓库，发现仓库中不合格的冰箱还有76台！当时研究处理办法时，干部提出意见：作为福利处理给本厂的员工。就在很多员工十分犹豫时，张瑞敏却做出了有悖"常理"的决定：开一个全体员工的现场会，把76台冰箱当众全部砸掉！而且，由生产这些冰箱的员工亲自来砸！听闻此言，许多老工人当场就流泪了。

要知道，那时候别说"毁"东西，企业就连开工资都十分困难！况且，在那个物资还紧缺的年代，别说正品，就是次品也要凭票购买的！如此"糟践"，大家"心疼"啊！当时，甚至连海尔的上级主管部门都难以接受。但张瑞敏明白：如果放行这些产品，就谈不上质量意识！我们不能用任何姑息的做法，来告诉大家可以生产这种带缺陷的冰箱，否则今天是76台，明天就可以是760台、7600台。所以必须实行强制措施，必须要有震撼作用！因而，张瑞敏选择了不变初衷！结果，就是一柄大锤，伴随着那阵阵巨响，真正砸醒了海尔人的质量意识！从此，在家电行业，海尔人砸毁76台不合格冰箱的故事就传开了！至于那把著名的大锤，海尔人已把它摆在了展览厅里，让每一个新员工参观时都牢牢记住它。

思考：通过海尔砸冰箱的故事，想一想此举对海尔的企业文化有了哪些推动力？

☞【知识链接】

日本的经济发展有三个要素，第一是精神，第二是法规，第三是资本。这三个要素的比重是，精神占50%，法规占40%，资本占10%。这说明，资本不是最关键的因素，文化要素才是最重要的。

万科的工作牌后有个小卡片，上面印着万科的核心价值观：第一，客户是我们永远的伙伴；第二，人才是万科的资本；第三，阳光照亮的体制；第四，持续地增长和领跑。

星巴克一开始就确立了自己的核心价值观：为客人煮好每一杯咖啡。你可能今天面对的是第100位客人，可对客人来说，喝到的却是第一杯咖啡。

（2）主体

主体是计划书的核心部分，为了让读者一目了然，一般采取章节式、标题式的方式逐一描述。主体的内容具体包括：企业介绍、产品（服务）介绍、市场分析、竞争分析、团队管理、营销策略描述、财务分划、风险分析和发展规划等，执笔者要能够条分缕析，可自行调整各章节的具体顺序。

中国有句古语说，"预则立"，预即预先，指事先做好计划或准备；"立"是成就。这句话说明了计划对于成功的重要性。

要撰写一份高质量的创业计划，需要创业团队仔细研讨创业构想，分析创业过程中可能遇到的问题和困难，进一步凝练创业计划的执行概要，把创业构想变成文字方案，了解创业计划书的撰写和展示技巧。

☞【知识链接】

企业故事：腾讯

在第三次科技革命的浪潮下，互联网无疑是最有潜力的新宠。但是很多人在面对新事物时，都退而旗下，马化腾在面对如此的形式下，选择了挑战新鲜领域，进入了计算机领域。

当时人们联络方式很受局限，别说手机，要是能有个BB机，那就是不得了的事了。马化腾看到如果ICQ能够在电脑上提供即时信息功能，那么大家的联系会更加简便。可他也意识到了ICQ有一个很大的缺点——ICQ版本没有中文的，用起来很不方便。于是，马化腾就想搞一个中文的ICQ，抓住这一契机，他马上叫上几个朋友成立了一个公司，仿照ICQ搞一个中国的ICQ。经过马化腾和4个合伙人的努力，半年后，QQ的注册用户也越来越多，但用户增长却很快，运营QQ所需的投入越来越大。

然而，危机也随之发生。2000年美国纳斯达克崩盘，全球互联网行业遭受了很大的冲击，此时的腾讯也岌岌可危，曾险些把开发出的ICO软件以60万元的价格卖给深圳电信数据局，但终因价格原因告吹，软件卖不掉，但用户增长却很快，运营QQ所需的投入越来越大，马化腾只好四处去筹钱，马化腾拿着改了6个版本，20多页的商业计划书开始寻找国外风险投资，最后碰到了IDG和盈科数码获得了第一笔投资。在投资下，腾讯在中国香港上市，马化腾的个人身价也迅速提升，身价达17亿港币，马化腾将他的创业之路领向了巨大的成功。

马化腾在一次采访中表示："实事求是地说，我们当时没有想过会把腾讯做到今天这样的规模。创业初期其实是非常艰难的。当时一边是用户数量暴涨，另一边是尚未找到商业模式，融资也很艰难，甚至没钱买服务器，一度公司账上只剩寥寥无几的现金。幸运的是我们通过打造自己的造血模式和盈利方法，克服了初创时期的各种困难，慢慢发展起来。"

倘若没有这份投资，当初的软件可能就会被低价卖出，没有了今天腾讯的诞生，一份好的创业计划书也许会在艰难之时，带来一束光芒。

第二节　创业计划书的撰写

一、创业计划书的撰写过程

创业计划书的制作流程大体可以分为五步，每一个流程都需要认真对待，具体包含：团队沟通，博览内化，制定框架，精练正文和打磨美化。

(一)团队沟通

沟通是创业计划书制作的第一道工序，也是极为重要的一个环节，在这个环节，撰写创业计划书的成员间要进行充分详细的沟通，要清晰地知道每个章节想要写什么？为什么要这样做？如何看待自己项目的优势和劣势？准备如何推广项目的？只有清楚地知道了这些，才有可能制作出优秀的创业计划书，若盲目地制作创业计划书，那么再辛苦的劳动也可能变成无用功，只是浪费时间而已。

(二)博览内化

在初步沟通明确创业计划书的基本方向后，还需要提供尽可能详尽的已有资料，这些基础资料只是创业计划书制作的"食材"，仅仅依靠这些"食材"是不够的，还要去查阅大量的相关行业背景资料、政策背景资料、市场运营数据等资料，这个过程会涉及专业领域研究报告文献、行业研究报告、相关新闻报道、行业发展趋势研究等资料。只有全面深入地了解行业的状况，才有可能给创业计划书的制作打下坚实的基础。原始材料的收集、整理和阅读，是为了项目制作之前的思考做准备的，要进行充分的消化吸收才能对项目进行定位。

(三)制定框架

有了定位之后，就要考虑如何在创业计划书中把这些重点有序、简练地展现出来，创业计划书一般不宜太长，阅览者基本上没有充分的时间和足够的耐心去看一个长篇大论的东西。那就要求建立一个清晰、简洁的叙述框架，重点突出，也就是所谓的纲举目张，用环环相扣的逻辑，把创业计划书的目录框架完成。

(四)精练正文

创业计划书涵盖的章节很多，不能每一章都想用很多的言语去描述，很多撰写创业计划书的人都会认为字越多越详细，阅览者就能看得越明白，满满的文字还没有图片的植入，不能否认这些创业计划书其实多数做得很认真，论述也很详细，但是面对密密麻麻的文字，你很难想象阅览者能够在短时间内看到你要表达的重点。所以对于每一部分的论述，无论是文字还是图表，都要突出重点，凝练语言，要让创业计划书的优点和亮点一目了然。

(五)打磨美化

这一步很容易理解，但是也不简单，创业计划书不是简单地套用模板，你制作的文案文字、色彩、元素，风格，要和你做的项目吻合。简单地说，要做一个看起来好看，但是又不是"金玉其外、败絮其中"的文案，这个美化的过程是个画龙点睛的过程。这是个细致的工作，一份商业文案做完，要做最后的收尾工作，包括图片、字体、字号、段落、颜色统一的分类、文字图片的对齐，表格间距布局整理等琐碎的事情。一定要谨记细节决定成败，这里的每一点认真，都会让别人看到你的辛苦和诚意，所以这也是个不容忽视的环节。

二、创业计划书的撰写方法

(一)创业计划书撰写法则——5W3H 法

撰写创业计划书可以遵循 5W3H 法，具体涵盖 What、Who、Where、Why、When、How、How much 和 Hope。

(1)What：创业计划要解决什么问题？需要明确创业计划的目标，对创业的关键问题进行界定。

(2)Who：创业计划的创意或编制是由谁负责的？项目和哪些企业合作？确定团队的分工合作，找到专业的指导老师。

(3)Where：创业计划书要解决问题的范围以及区域场所在哪里？创业计划执行时将涉及哪些地区市场、哪些单位或机构？找准目标区域进行定位，直击市场。分析选择这些区域、市场的原因。

(4)Why：提出本创业计划的主要理由是什么？为什么要制订这个创业计划？为什么要实施这样的创业计划行动？摆出事实依据。讲明项目相关的行业背景、市场发展趋势、市场空间。行业市场分析要具体且有针对性，与所要做的事要紧密相关，避免空乏论述；根据痛点进行分析。在分析时，如已有相关的产品或服务，请对已有的产品或服务做简要的对比分析，表明当前项目的差异化机会，利用优势寻求该项目的突破口；结合当前环境说明目前是做该项目正确的时机。

(5)When：创业计划的实施时间是如何安排的？已经完成了上面，现在在做什么，未来将怎么做。

(6)How：该创业计划方案如何实施？应该怎么做？方案的具体实施。讲清楚解决方案，或者什么样的产品，能够解决什么痛点。

(7)How much：创业计划的财务现状、财务预期？目前的财务状况翔实具体并给出相关预测。

(8)Hope：创业计划未来的愿景是什么，想要做到什么程度？未来的发展方向。

(二)创业计划书撰写的十三个模块

(1)封面

封面作为最先呈现在阅览者面前的部分，通常涵盖项目名称、负责人、指导教师、联系电话、编制时间和目录等。设计要尽量保证美观性和艺术性。封面要体现出项目的整体特色风格，让评委眼前一亮。封面的颜色搭配及其视觉效果，封面要展现出的信息。封面建议以简约大气的色彩和格式为主基调，可以进行图片覆盖在封面上，图片选取和本项目相关的内容，可以做到吸引读者的阅读兴趣的作用。

(2)项目基本情况

项目基本情况浓缩了的创业计划书的精华，要涵盖计划的要点，以求一目了然，让评委一看就能知道你这个项目是做什么的、为什么要做、做得怎么样。一般包括以下内容：创办企业商业模式介绍，创业者及其团队介绍，主要产品和业务范围，技术创新，市场分析，营销策略和计划，生产管理，效益和业绩。要尽量简明生动、重点突出。特别要说明本企业的与众不同之处以及预测企业能够获取成功的市场因素。项目的基本情况是创业计划书的最为重要的环节之一，如果有人想要通过创业计划书来了解你的项目的话，他首先看的或者最想看的就是项目的基本情况。要用较小的篇幅去展示项目最大的特点和优势。项目基本情况包含基本的商业模式和盈利思路，要贴合实际，避免"假，大，空"。

虽然项目简介像是创业者的创业计划书的迷你版，但它并非要包含创业计划书的方方面面，但一般要包含以下几个关键之处：①用2~3句话清晰地描述清楚项目产品或服务是什么。②用1~3句话来明确表达，为什么是你的项目团队可以解决用户的痛点问题，而且可以填补市场空白。③用2~3句话来描述巨大的市场规模和潜在的远景。最好有具体数据，而且数据是客观合理推导的，并且可找寻出处，绝对不能造假。④用1~2句话描述你的竞争优势。不同于其他竞品项目，而且未来一段时间内，其他人无法模仿。确保项目的护城河足够深、足够宽。用一句话来形容你的团队是"非我莫属"。⑤用1~2句话描述团队。不能因为和资方熟悉就一带而过，即使是熟悉资方，也要让他们看到你在团队的人员安排上未雨绸缪、任人唯贤、优势互补、进退合理。⑥用2~3句话来概述如何在最短的时间内让投资人赚到喜人的收益，包括具体数字和时间。这部分就牵涉财务测算，无论是对成本，还是对收益。

☞【案例导入】

卓翼飞勘——智能化地热勘测开拓者

项目简介：地热能是一种绿色低碳，可循环利用的可再生能源，具有储量大、分布广、清洁环保、稳定可靠等特点，是一种现实可行且具有竞争力的清洁能源。在我国，地热能市场潜力巨大，发展前景广阔。以往人工勘测易受地质灾害和环境条件影响，部分危险地段人力无法抵达、涉及勘测范围广耗时长且勘测成本高等问题。基于万唯安诺创业团队早期无人机的研发与实践，利用无人机轻便、迅捷、飞行远等特点，结合机载无线红外测温仪和图像采集仪前往人工勘测无法到达的研究区域，搭配自主研发的无人机超声岩石取样装置对温度异常点进行岩石样本采集和分析，为研究员对信息采集区域是否存在浅层地热能源提供地质依据，基础勘测范围广，从而提高勘测效率，规避勘测风险。

自疫情特殊时期以来项目团队转型应对，通过调研地热能勘测领域存在的痛点问题，为解决市场大范围人工勘测困境，致力成为无人机时代地热能勘测的开拓者。技术方面，团队提出将热成像智能化平台与地质勘测有机融合：(1)搭建数据处理智能平台，利用无人机+热成像仪扫描周期时间段区域地表的温度，进而使用智能平台的数据处理标记温度异常点及范围；(2)建立超声岩石激励远程岩石取样新方法搭配自主研发的机载超声岩石取样装置对温度异常点进行岩石样本采集和分析；(3)攻克大数据分析地热三维模拟技术：大数据平台通过温度和岩石样本及热动力学模拟形成地热能研究报告，初步推断区域是否存在实用型地热能，从而提高勘测效率，规避勘测风险。项目致力于为新能源开发及经济可持续发展提供政策性建议，协助有关部门研究和制定热能综合利用的规划和实施方案提出建设性意见。

本项目成员结构合理，主要成员来自地球物理、系统工程、地球探测与信息技术、软件工程、工商管理专业等多学科背景，具备交叉融合的特色，充分发挥学科专业优势。项目拥有着两类产品研发和三大技术支撑，利用线上新媒体和线下培训等方法进行营销推广，以此打下基础，同时针对政府外包项目、地热能开发一体化企业、油气公司等目标客户，提供地热能勘测无人机等设备售卖与租赁、热成像模拟技术研发、勘测资源共享以及产品服务变现等方式进行盈利。

项目与×××科技有限公司和××科技有限公司建立紧密联系与战略合作，创业实践项目《基于无人机热成像技术的地热能勘测与应用研究》已成功获批国家级创新创业训练计划。项目已基于地表恒温层建立了区域地温场数值模拟，并针对区域热异常成因机制和热演化史进行了研究，其中取得了九项地质研发型国家发明专利和一项计算机软件著作权，为本项目技术研发与应用推广提供了坚实的基础。

通过无人机设备租赁和售卖、无人机技术培训、资源共享和产品服务四个方面进行无人机应用教育，无人机技术培训间接推动大学生从事无人机应用行业领域就业。根据市场调查及细分地地热能勘探领域的财务计划显示，项目业务全面推动后，与×××科技有限公司和湖北应城汤池温泉达成合作，预计202×年营收40万元，202×年投入生产使用机载无线红外测温仪和无人机载岩石取样设备。项目团队前期营收将投入项目技术研发与人才引进，实现可复制裂变化扩展，打造具有国际影响力的无人机+绿色能源科技服务公司。

思考：看完了以上的项目基本情况，请你简单介绍下该项目主要是做什么的，为什么要做，做得怎么样？其优势、团队概况和未来基本规划是什么？

(3) 项目背景和商业模式

此模块要说清楚项目背景是什么，为什么选择做这个项目，你采用什么样的商业模式去做。项目背景主要包含国家政策及目前市场需求状况等，通过背景来帮助创业者把握准确信息，并对创业项目的可行性进行分析，从而了解行业资讯，作出科学的市场定位。然后进行科学决策，制订相应的营销计划。从确立正确的创业目标到寻找适合的商业模式是一个重要的环节，确立一个合理、可行的商业模式是项目成功必不可少的。

所以要考虑几个问题当前大环境下是否有利于项目的顺利开展？当前市场产品是否饱和？项目的盈利模式是否可行？股权及薪酬分配是否合理？项目的产品研究定位及销售人群定位？你的产品或者盈利模式是怎么样的？你的项目的核心价值是什么？

就比如现如今热门的喜茶品牌，它的核心价值就是"网红优势"。它利用"网红模式"，通过网络+口碑+人们购买心理等因素进入大家的视野，相信你也会经常看到你的朋友圈中有人会在购买网红奶茶之后再在朋友圈炫耀一番，那么这些可能会成为你想要排两个小时队去购买的动力，当大家对喜茶有了足够的认可和期待之后，它又加入了外卖的队伍，进一步打开了销售渠道，迅速占领大众视野。解决方案与产品这一部分，可以用图形矩阵的方式展示出你的产品或者业务模式，让投资人有直观的感受。

☞【知识链接】

胖 东 来

胖东来公司，创建于1995年3月，经过20余年的发展历程，胖东来已成为河南商界具有知名度、美誉度的商业零售企业，7000多名员工，拥有7家大型百货超市，1家大型电器专业卖场。胖东来旗下涵盖专业百货、电器、超市连锁企业。

胖东来是通过百货发展起来的，最早做家用电器的品牌比较多，这样就形成了销售店的模式。胖东来起源于许昌，许昌是一个古都，在许昌形成了它基本的一个发展模式，也为它以后的发展打下了基础。在发展过程中，它实施了一个战略扩张思路，从家电慢慢地开始切入百货，切入店面的经营，切入超市的连锁，从而使它成为一个集团性的公司，这是它的一个特征。

胖东来商业模式的特点：第一个特点是它的连锁模式。它是通过连锁形成在河南境内比较大的一家连锁家电销售公司；第二个特点是专业化经营，在不同的赛道里做专业化，形成了区域性的品牌，形成良好的区域性市场形象，同时它将商超形成一个区域性的综合性公司，满足消费者的需求；第三个特点是公司特别重视品牌宣传，一方面是做企业的品牌宣传，重视各种公益活动，在面对自然灾害的时候派支援队去救助灾区，同时向灾区捐款；第四个特点是重视企业产品的专业形象，打造自己的专业服务，从而赢得了客户的信赖，它最早提出了"用真品换真心"的专业化理念，奠定了它的发展基础。这是胖东来商业模式的几个基本特征。

☞【知识链接】

商业模式画布(见图5-1)：

重要合作——主要与谁合作，以什么样的方式合作

关键业务——创业项目的具体业务

核心资源——整个创业项目的商业模式中最重要的资源，如资金、技术、人才

价值主张——为客户提供什么样的价值主张、为客户能够带来什么

渠道通路——和客户是如何产生联系的

客户关系——和客户之间建立一种什么样的关系

客户细分——目标用户群、客户画像

成本结构——项目中所付出的开销

收入来源——主要获利的渠道、途径

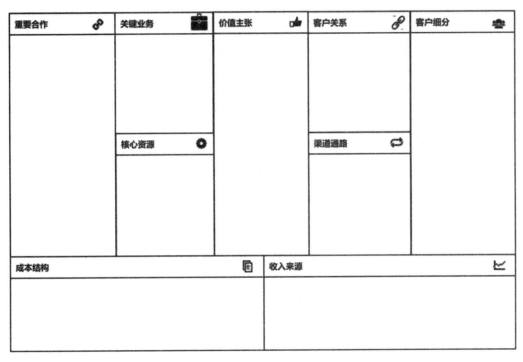

图 5-1　商业模式画布展示界面

📖 【拓展训练】

　　根据上述商业画布的模型及基本结构，请您制作自己项目的商业画布。

　　练习：

　　准备创业和在路上的创业者们，想知道你的创业修炼指数吗？下面是一份自我测试考卷。

　　1. 你在哪一种条件下，会决定创业：（　　　）

　　　　a. 等有了一定工作经验以后　　b. 等有了一定经济实力以后

　　　　c. 等找到天使或 VC 投资以后　　d. 现在就创业，尽管自己口袋里没有几个钱

　　　　e. 一边工作一边琢磨，等想法成熟了就创业

　　2. 你认为创业成功的关键是：（　　　）

　　　　a. 资金实力　　　　　　　　　b. Good idea

　　　　c. 优秀团队　　　　　　　　　d. 政府资源和社会关系

　　　　e. 专利技术

　　3. 以下哪项是创业公司生存的必要因素：（　　　）

　　　　a. 高度的灵活性　　　　　　　b. 严格的成本控制

　　　　c. 可复制性　　　　　　　　　d. 可扩展性

　　　　e. 健康的现金流

4. 开始创业后你立刻做的第一件事情是：（　　　）

    a. 找钱、找 VC　　　　　　　b. 撰写创业计划书

    c. 物色创业伙伴　　　　　　　d. 着手研发产品

    e. 选择办公地点

5. 创业公司应该：（　　　）

    a. 低调埋头苦干　　　　　　　b. 努力到处自我宣传

    c. 看情况顺其自然　　　　　　d. 借别人的势进行联合推广

6. 招聘员工时最重要的是：（　　　）

    a. 学历高低　　　　　　　　　b. 朋友推荐

    c. 成本高低　　　　　　　　　d. 工作经验

7. 产品进入市场的最佳策略是：（　　　）

    a. 价格低廉　　　　　　　　　b. 广告投入

    c. 口碑营销　　　　　　　　　d. 品质过硬

8. 和投资人交流最有效的方式是：（　　　）

    a. 出色的现场 PPT 演示　　　　b. 详细的创业计划书和财务预测

    c. 样品当场测试　　　　　　　d. 有朋友的介绍和引荐

    e. 通过财务顾问的代理

9. 选择投资人的关键因素是：（　　　）

    a. 对方是一个知名投资机构　　b. 投资方和团队不设对赌条款

    c. 谁估值高就拿谁的钱　　　　d. 谁出钱快就拿谁的钱

    e. 只要能融到钱，谁都一样

10. 你认为以下哪一项是 VC 投资决策中最重要的因素：（　　　）

    a. 商业模式　　　　　　　　　b. 定位

    c. 团队　　　　　　　　　　　d. 现金流

    e. 销售合约

11. 从哪句话里可以知道 VC 其实对你的公司并没有实际兴趣：（　　　）

    a. "我们有兴趣，但是最近太忙，做不了此项目"

    b. "你们的项目还偏早一些，我们还要观察一段时间"

    c. "你们如果找到领投的 VC，我们可以考虑跟投一些"

    d. "我们这个行业不熟悉，不敢投"

    e. 上面任何一句话

12. 创业团队拥有 51% 的股份就绝对控制了公司吗？（　　　）

    a. 正确　　　　　　　　　　　b. 错误

答案：1. d　2. c　3. e　4. d　5. b　6. d　7. d　8. c　9. e　10. c　11. e　12. b

每小题两分，请根据总分查看您目前是否准备好了创业

(1) 如果你的得分是 1~8 分：还不具备创业的基本知识，不要贸然创业；

(2) 如果你的得分是 9~16 分：游走在创业的梦想和现实之间，继续打磨打磨；

(3) 如果你的得分是 17~24 分：已经做好了创业的基本准备，大胆往前走！

(4)创业团队与组织结构

在创业计划书中，必须要对主要成员加以阐明，介绍他们基本情况(姓名、性别、年龄、籍贯、学历、学位、毕业院校、政治面貌、联系方式)，所具有的能力，他们在本企业中的职务和责任，他们过去的经历及背景。此外，还应对企业结构做一个简要介绍，包括：组织机构图，各部门的功能与责任，各部门的负责人及主要成员，公司的报酬体系，公司的股东名单(包括认股权、比例和特权)。新项目的团队一般是由创业者和几个关键的管理人员组成，计划书中最好能用一种容易形成具体形象的方式将其表现出来，这部分内容包括管理团队的人事安排、所有权及分配等。突出阐明企业有良好的管理结构和管理人员。要特别详细介绍企业主要领导人的有关背景和社会背景，以凸显企业拥有良好的管理队伍，显示这是一支有能力把企业领向成功之路的队伍。对企业主要决策人的介绍突出其与企业经营有关的所有背景，包括学历、工作经历、受到过的奖励，甚至重要的社会关系和社会活动能力，以及个人的兴趣爱好，与企业经营无关的内容可以略去。

☞【案例导入】

香格里拉酒店的团队凝聚力

香格里拉酒店被誉为华人的企业典范，据说香格里拉的一名客户服务员可以到任何一家酒店担任客户部经理，它的一名酒吧服务生可以担任任何一家酒店的大堂经理。

曾经有一家酒店以高薪聘请了几位香格里拉的高级管理人员，希望他们能运用香格里拉的经验提高酒店的管理和服务水平。但几年过去后，酒店的经营并没有多大起色。同样的人为什么不能发挥同样的作用呢？因为，香格里拉的经营管理长期锤炼已经磨合成了一个统一的整体，已经形成了强大的凝聚力。

这种经过长时期磨合而形成的凝聚力不是任何个人所能带走的。离开香格里拉的人能带走的只是一些制度、方法等程序化的东西，但他们却永远带不走香格里拉的文化氛围，而一旦离开了这种具有凝聚力的文化氛围，这些制度、方法等程式化的东西也就失去了整合的作用。

思考：香格里拉酒店的团队架构及凝聚力方面可以直接复制吗？若不能的话应怎样学习？

☞【知识链接】

项目团队的介绍方式

一、阐述成员经历

内容展示有取舍，突出重点。不展示与团队专业无关的成员内容，团队介绍的重点在于团队优势，体现公司组织框架，凸显公司团队的专业性。挑选对项目有利的重点经验进行阐释。着重阐述成员经历，具体可以说一说你的团队成员在相关行业的经历和已经有的一些经验发掘团队成员的优点，以此作为主要介绍内容。

二、阐述与项目相关的能力

除了相关经历，你还可以阐述团队的成员与该项目匹配的能力有哪些，投资人只会投资有前景的团队，你们的能力要和你们要做的事情相匹配，这样才能使项目成功率提高，投资人也会更信赖你们。

三、阐述团队的成就

可以说说你们在这个行业已经有的一些成就、成绩和你们的相关履历。此外，可以说说这个项目目前你们取得的成果，以此证明你们的实力。团队介绍对初创企业来说至关重要，因为团队是创业的核心，优秀的团队才能让投资人看到希望。

(5)产品(服务)介绍

产品(服务)介绍包括以下内容：产品的概念、性能及特性，主要产品介绍，产品的研究和开发过程，发展新产品的计划和成本分析，产品的品牌和专利，产品的新颖性、先进性和独特性，产品的竞争优势，产品的市场前景预测等。说明既要详细准确，也要通俗易懂。无论什么产品，都应有一个基本的产品介绍，不仅表明了产品是什么，也应该告诉别人产品的相关细节，这不仅是对消费者的负责，也是对产品本身的一种变相推广法，好的产品介绍不用说也会在一定程度上增加产品的销量。一般地，产品介绍都要附上产品原型、照片或其他介绍。对产品或者服务进行描述时，如果涉及核心技术，应保证技术已经通过了中试，最好通过了终试，而不仅仅是实验室中的产品；如果使用的是他人的技术，应提供技术授权书或者转让证书。

产品与服务重要的原因：①从创业方面：创业是不拘泥于当前资源约束，寻求机会，进行价值创造的行为过程。创业的基础是要将良好的意愿、聪明的想法以及高超的理念转化为实实在在的、能够给消费者带来价值的，并且至少有一部分消费者会为之买单的产品与服务。开发出一款人见人爱的产品是创业的重中之重。②从创业计划书方面：创业计划书是把创业构想用书面语言表达的一种文字形式，便于投资人及其他相关人员了解企业的关键问题。③从指导中的体会方面：从想法、思路、技术、产品中体会。

(6)研究与开发

展示已有的技术成果及技术水平；研发队伍技术水平、竞争力及对外合作情况；已经投入的研发经费及今后投入计划；对研发人员的激励机制。全方位多角度地展示目前的研发情况以及未来的开发规划。包括研究部分：你是做什么产品或服务的？研究什么内容？开发部分：是平台技术开发，还是智能技术开发，还是产品工艺开发，还是产品技术开发？

☞【知识链接】

一般而言，每一个创业公司都会依据团队对行业市场未来发展趋势，尤其是根据客户需求变化的判断来制订公司的产品开发计划，这是自然、合理的做法。创业公司的产品发展规划和策略，一般应该先从解决目标客户的 1~2 个痛点需求出发，逐步展开，逐步深入，可以在第一代产品的推广使用中，不断了解客户的反馈，对客户的意见及时响应，推进产品快速完善和升级迭代。

在实际情况中，受到互联网平台企业融资案例的影响，不少创业公司容易出现好高骛远，制订贪大求全的产品规划和市场策略，很多创业公司都希望做大平台，或者做一个适合所有人的通用技术产品，或者从一开始就规划一个大而全功能的产品，或者公司自成立以来一直在不断研发、完善产品，而市场却迟迟未动；究其原因，经常得到的答案是产品还不够完善，所以还没有开始销售。

其实，出现这种情况的创业公司大多是以技术背景、产品背景为主的核心团队构成，他们对产品技术的创新关注度远高于对客户需求的关注；这样的公司在吸引外部投资方面通常会受到投资人、投资机构关于市场、客户的提问挑战，毕竟所有的创新技术、产品，只有实现了销售才能实现价值，所以，在做产品发展规划和策略时，认真深入地做好客户需求的分析尤为重要，只有看清、抓准了客户的痛点需求，哪怕只是一点需求，但只要是痛点、刚需，就是最有效的产品切入点。

在描述产品发展规划和策略时，建议清晰分析行业市场、找准客户痛点需求，然后提出逐步解决客户需求的产品发展规划，这样就容易让投资人理解产品的商业逻辑、竞争优势和未来发展走向。

当然，公司的产品可能不止一个系列，有些可以在市场竞争中产生不同的作用，比如可以在核心产品(主打产品)之外，再配套1~2款用来推广品牌和引流的轻量级产品，甚至还有免费的服务等，但核心是满足客户需求，促进核心产品的销售。因此，创业公司的产品发展规划符合市场需求的发展趋势是基本逻辑，同时结合团队自身的行业背景、技术特点优势，这就解答了为什么是我们团队能做的问题。

(7)行业和市场分析

每个行业都是独特的，都应该有一份属于自己的创业项目计划书，尤其是将来有意向上市的公司企业等。创业项目计划书里，一般会有你所选择的项目的所在行业及其市场分析。在进行创业之前，我们都希望能找到一个好的行业，希望它的市场很大，产品销量很好。如果你在创业计划书里没有进行行业分析，你根本就不知道它的市场潜力如何？创业项目所处的市场的规模到底有多大？行业前景如何？这里要展示出行业现有规模，以及未来增长趋势。只有相当规模和增长的市场才会引起投资人的关注。这里需要用数据和预测来呈现的，可以利用一些市场分析工具，收集各种数据信息，将自己的市场分析因素罗列出来。创业的过程就是解决用户问题的过程。因此，在创业计划书最要展示的是，我的这个创业项目是在试图解决什么问题？我看到了一个什么样的好机会？这个机会当中，这个人群他们存在什么样的痛点？目前用户的需求是怎么被满足的。明确了需求，下一个问题是我们的项目如何来解决。这时候，你需要梳理清楚你的商业模式。一方面，你需要坐下来，总结你商业模式的各个环节，这时你需要完整思考，认真做加法；另一方面，在向投资人介绍你的商业模式时，你又得简明扼要，直戳投资人的痛点，这时你需要大胆做减法。

另外，竞争优势是非常重要的部分。衡量一个企业及其产品是否具有竞争优势，只能站在现有用户和潜在用户的角度，而不是站在企业自身的角度。基于这一基础，对于竞争对手的分析，需要对是否能满足用户需求的角度，进行分析。知道自己的独家优势有哪些，如果和竞争对手相比，自己有，别家也有，那自己强在哪里？在分析竞争对手时，可用表格，列出细分行业内最直接的竞争对手，以本项目的关键成功因素作为比较中线进行分析。比如可以从技术、团队、用户数据、资源、运营策略等方面进行比较。但是有的项目比较新颖，市场找不到直接的竞争对手，比如消防用的无人机，可以直接进入火海的无人机，根本没竞争对手在做。那就深入分析无人机的关键信息，芯片、感应器、信号、系统、稳定性等是哪个，要找到关键竞争元素，才好列为直接竞争对手。做优劣势分析时，可以从整个价值链的每个环节上，将项目与竞争对手做详细的对比。如产品创新性、工艺复杂程度、渠道、价格、客户价格承受能力等。

☞【知识链接】

创业计划书内容之企业环境分析

在进行环境分析时我们需要从各种不同角度来分析，运用到不同的分析方法，以下是几种常见的分析模型：

①宏观环境分析（PEST 模型）：PEST 分析是指宏观环境的分析，宏观环境又称一般环境，是指一切影响行业和企业的宏观因素。对宏观环境因素做分析，是对政治（Political）、经济（Economic）、社会（Social）和技术（Technological）这四大类影响企业的主要外部环境因素进行分析，被称为 PEST 分析法。

②政治环境：是指企业对其业务所涉及的国家或地区的政治体制、政治形势、方针政策以及法律法规等方面对于企业战略的影响进行分析。包括政局稳定状况、政府行为对企业的影响、执政党所持的态度和推行的基本政策、各政治利益集团对企业活动产生的影响、法律法规等。

☞【案例】

2019 年 5 月 15 日，特朗普签署行政令，宣布国家进入紧急状态，以警惕"外国敌对势力"对美国通信系统和国家安全造成威胁，并以此为由授权美国商务部，有权禁止"对国家安全制造不可接受的风险"的相关交易。

③经济环境：经济环境是指构成企业生存和发展的社会经济状况及国家的经济政策。包括社会经济结构、经济发展水平、经济体制、宏观经济政策、当前经济状况和其他一般经济条件等。

④社会环境：人口因素、社会流动性、消费心理、文化传统、价值观等。

⑤技术环境：技术环境指的是企业所处的社会环境中的科技要素及与该要素直接相关的各种社会现象的集合。包括科技体制、技术水平、技术力量、新技术的发展等。

⑥波特五力模型：波特五力模型是用于行业分析和商业战略研究的理论模型。该模型在产业组织经济学基础上推导出决定行业竞争强度和市场吸引力的五种力量。

供应商的议价能力——供应商议价能力强：供货商数量少、该产品或服务是独一无二的，且转换成本非常高、供应商所处的行业由少数几家公司主导并面向大多数客户销售、供应商的产品对于客户的生产业务很重要企业的采购量占供应商产量的比例很低、供应商能够直接销售产品并与企业抢占市场等。

购买者的议价能力——购买商议价能力强：购买商从卖方购买的产品占了卖方销售量的很大比例、购买商所购买的产品对其经营来说不是很重要，而且该产品缺少唯一性，导致购买商不需要锁定一家供应商、转换其他供应商购买的成本较低、购买商所购买的产品或服务占其成本的比例较高、购买商所购买的产品或服务容易被替代、购买商有能力自行制造或提供供应商的产品或服务等。

潜在竞争者进入的能力：规模经济、产品差异、资本需要、转换成本、销售渠道开拓、政府行为与政策、不受规模支配的成本劣势、自然资源、地理环境等。

替代品的替代能力：替代品相对价格表现、转换成本、客户对替代品的使用倾向等。

行业内竞争者现在的竞争能力：竞争者的数量、行业增长率、行业的固定成本等。

☞【案例导入】

某集团公司为有效利用资金，拟进行多元化产业投资，采用新设企业、并购等手段向多个行业进军。在选择投资方向时，特聘请 W 咨询公司进行行业调查。其中，在对农业及生化类的调查中，有这样一部分调查报告的摘要：

化肥行业的固定资产投资大，而且其设备专用性较强，一般设备无法转作他用。目前国内化肥行业增长缓慢，技术成熟，生产能力已略超过需求。有各类大小化肥企业 1000 多家，均未达到规模经济效应，且产品的同质性强，价格竞争比较激烈。可能成为化学化肥替代品的是生物固氮技术的产品，纵观当前生物固氮研究尚处于起步阶段。对行业下游而言，一般主要是直接面对终端使用者（农民），化肥属于生产必需品且无替代品。对于行业上游而言，原料供应者主要为石油、天然气和煤的生产商。天然气和石油都属于垄断程度极高的行业，而且化肥行业在其整个业务中的位置很小。

思考：根据上述调查报告的摘要，结合五力模型，对化肥行业竞争格局进行分析。

竞争优势分析，可以从 6 个方面考虑分析：

①创新的产品或服务优势：是产品微升级，或是全新的产品，还是复合功能的创新产品，占领市场空白。

②技术优势：独家生产技术、高性价比生产方法、持续创新能力、技术实力、质量控制体系、丰富的营销技能、专利知识产权。

③有形资产优势：办公场所、工厂、先进的生产流水线、最新的现代化车间和设备、

原材料库存、自有不动产或设施。

④无形资产优势：良好的品牌口碑和市场印象、无违规的商业信用、积极进取的团队文化、创新精神。

⑤组织体系优势：高质量的核心团队，完善的信息管理系统，黏性极强的追随客户，强大的融资能力，强大的客户服务能力。

⑥能力优势：产品开发成本低、研发周期短、进入市场快，强大的O2O市场营销能力，供应商强大协同能力和供货能力，与客户的互动能力，对市场环境变化的快速反应能力，营业额持续增长的能力。

市场是变化中的市场，创始企业在发展中，必须深刻认识自身的综合能力，采取适当的措施，才能持续保持优势。中国市场的竞争激烈，学习能力也特别强。无论是企业还是项目，一旦凭借竞争优势占领市场份额，势必会吸引到竞争对手的关注和竞争跟踪。在这种情况下，创始人就需要考虑，如何保持持久的竞争价值，保持优势。项目的持久竞争优势受到两方面因素的影响：竞争性价值和竞争优势的持续时间。

竞争性价值发掘可以从下面4个角度考虑：

①是否容易被复制？进入门槛高不高？（常说的竞争壁垒或护城河）如果模仿成本和难度越大，那么它的潜在竞争价值就越大。

②自身能够持续多久？持续的时间越长，其价值越大。

③是否能够在竞争中保持绝对价值？在竞争中，一项资源和技术都能为公司创造竞争优势。

④是否会被竞争对手的其他新品或优势所直接冲击？比如奶茶市场。

☞【案例导入】

一家光纤材料高科技公司A

（1）竞争优势与机会概述

目前随着光纤化进程的推进，从工信部到各个地方政府都非常支持光纤相关的高科技企业，特别是一些具备了先进专利技术的创业型企业，政策扶持的力度是相当大的。

我们拥有的创新技术，不仅可以开发生产具有上千米量级测量距离的长程光频域反射仪，填补国际和国内空白，还可以开发生产满足不同市场需要的中程和短程产品。加之高分辨率、大动态范围和高灵敏度等产品性能，成为一种理想的、适用市场范围更广泛的系统测量、调试和诊断工具。同时，汽车、飞机和舰艇内的光纤通信系统，光纤传感网络系统，光纤到户工程，以及硅光电子业（SiliconPhotonics）等这些新兴产业刚进入起步阶段。市场发展空间巨大，潜力无限。根据我们的了解和分析，在可预见的将来，国内暂时不会出现任何有竞争力的对手。

（2）评价

A公司通过描述在当前光纤化竞争迅速加快的背景下，本公司通过竞品分析，相比于其他公司的竞争优势和特点机会。

思考：A 公司的竞争性价值有哪些？在进行竞品分析时应与市场上同类型企业对比分析，还是越多越好？

(8)营销策略

它指在价格、促销、广告、建立销售网络等各方面拟采取的策略及其可操作性和有效性，对推广销售人员的管理和激励机制。每一家企业，或大或小，都需要营销策略（即使你不寻求来自第三方的资金）。客户的喜好会被公司的营销策略和实际效果所影响，他们不会由于潜移默化而被你的项目吸引。

☞【知识链接】

4Ps（产品、价格、渠道、促销）营销策略自 20 世纪 50 年代末 Jerome McCarthy 提出以来，对市场营销理论和实践产生了深刻的影响，被营销经理们奉为营销理论中的经典。而且，如何在 4Ps 理论指导下实现营销组合，实际上也是公司市场营销的基本运营方法。

4P 指代的是 Product（产品）、Price（价格）、Place（地点，即分销，或曰渠道）和 Promotion（促销）四个英文单词。这一理论认为，如果一个营销组合中包括合适的产品、合适的价格、合适的分销策略和合适的促销策略，那么这将是一个成功的营销组合，企业的营销目标也可以得以实现。

但是简洁也常常意味着有所遗漏。这就像一件考究的中式长袍，谁都能穿，但不是谁穿着都合身。如同一位欧洲学者/咨询顾问所言，"营销组合的 4Ps 模型被广泛接受的原因，恐怕并非由于其普适性，而在于它是一个优美的理论。"

📖【拓展训练】

1. 一般而言，营销筹划一般是一个以（　　　）为基准的筹划。

    A. 月度　　　　　B. 季度　　　　　C. 短期目标　　　　　D. 年度

2. 市场营销调研的第一步是（　　　）

    A. 确定一个抽样计划　　　　　B. 确定问题研究目标

    C. 进行调研设计　　　　　D. 收集信息

3. 企业在考虑营销组合策略时，首先需要确定生产经营什么产品来满足（　　　）的需要。

    A. 消费者　　　　B. 目标市场　　　　C. 顾客　　　　D. 社会

正确答案：1. D，2. B，3. B

(9)企业管理

企业管理是对企业生产经营活动进行计划、组织、指挥、协调和控制等一系列活动的总称，是社会化大生产的客观要求。企业管理包含机构设置、股份管理、员工持股、劳动合同、人事计划、知识产权管理等。

☞【案例导入】

松下电器的崛起

曾经在创业初期，松下幸之助为一项合成材料的技术而受尽磨难，后来还是得到一位昔日同事的帮忙才突破了技术难题，找到了配方。而后，松下幸之助在招收和培训员工时，却将这项技术公开给他们，让他们掌握这项技术的要领。当时就有人警告松下幸之助说："松下君，松下君，你把机密公开了，将来是会受害的，你要多多考虑才是！"

而松下幸之助不以为意，他说："如果所有的技术都被当作最高机密，只有经营者掌握，那么经营者自己就需要在制作流程中亲力亲为，这样是挺不合算的，而通过信任员工，把技术和用人、育人联系起来，可以大大提升效率。至于机密问题，我认为企业最终没有什么是机密，只要保持不断创新，就能保持领先。"

"玻璃式经营法"诞生于松下电器创业早期，是松下幸之助影响世界的另一个重要经营法则。松下幸之助把企业经营公开透明化的做法概括为"玻璃式经营法"，后来上升到"经营哲学"的高度。

起初，松下电器还是由几个人组成的小作坊，生产与销售混在一起，发明、研制与制造无法区分，甚至生产与生活也融合为一体。在这种情况下，白手起家的松下幸之助，没有老板与雇员之间的界限，所有人可以说都是合伙人。所以，松下幸之助要随时把经营情况通报给其他人。由此，形成了松下幸之助的"玻璃式经营法"的经营习惯。松下幸之助说："企业的经营者应该采取民主作风，不可以让部下有依赖上司的心理而盲目服从。每个人都应以自主的精神，在负责的前提下独立工作。所以，企业家更有义务让公司职员了解经营上的所有情况。"

思考：松下的"玻璃式经营"对于松下的发展产生了怎样的推动作用？

(10)财务规划

财务规划是以公司需要为出发点，实现现金流的顺畅、创造财富能力的提升，当前及未来3年或5年的销售收入、利润、资产回报率等。重点是现金流量表、资产负债表以及损益表的制备；融资计划(资金需求量、用途、使用计划，拟出让股份，投资者权利和退出方式)。列简表说明公司在过去的基本财务数据。(主营收入、主营成本、主营利润、管理费用、财务费用、净利润、补贴收入、总资产、总负债和净资产，主营产品的盈亏平衡点、毛利率和净利率。)说明财务预测数据编制的依据。在这个依据下，提供融资后未来3年项目盈亏平衡表、资产负债表、损益表、现金流量表，说明与公司业务有关的税种和税率，公司享受哪些优惠政策，由谁提供。

财务分析部分一定要与现代财务系统一致，与国际财务体系接轨。创业计划书中一定要包括令人可信的财务计划，同时附有相应的数据和文件。财务报表一定要采用国际通用的表格。现在中国的财务系统正在与国际接轨，这样有利于外国投资者了解企业的实际财务状况。如果企业由于某种原因还没有采用国际通用的体系，在做创业计划书时，一定要聘请受过培训、经验丰富、了解国际财务体系的会计师。

📖【拓展训练】

1. 现金流量预估表中的数据源自（　　），但要根据现金可能变化的时间进行适当的调整。

A. 损益预估表　　　　　　　　B. 资产负债表

C. 费用表　　　　　　　　　　D. 现金流量表

2. （　　），资金制约转变为人力资源更加是高级管理、营销、财务、金融以及科研人才的制约。

A. 种子期　　　B. 起步期　　　C. 成长期　　　　D. 成熟期

正确答案：1. A，2. D

一份创业计划书概括地提出了在筹资过程中风险企业家需做的事情，而财务规划则是对创业计划书的支持和说明。因此，一份好的财务规划对评估风险企业所需的资源数量，提高风险企业取得资源的可能性是十分关键的。如果财务规划准备得不好，会给合作者以及企业管理人员缺乏经验的印象，降低风险企业的评估价值，同时也会增加企业的经营风险，那么如何制订好财务规划呢？这首先要取决于风险企业的远景规划是为一个新市场创造一个新产品，还是进入一个财务信息较多的已有市场。

着眼于一项新技术或创新产品的创业企业不可能参考现有市场的数据、价格和营销方式。因此，它要自己预测所进入市场的成长速度和可能获得纯利，并把它的设想、管理队伍和财务模型推销给合作者。而准备进入一个已有市场的风险企业则可以很容易地说明整个市场的规模和改进方式。风险企业可以在获得目标市场的信息的基础上，对企业头一年的销售规模进行规划。

企业的财务规划应保证和创业计划书的假设相一致。事实上，财务规划和企业的生产计划、人力资源计划、营销计划等都是密不可分的。要完成财务规划，必须要明确下列问题：

(1)产品在每一个期间的发出量有多大？

(2)什么时候开始产品线扩张？

(3)每件产品的生产费用是多少？

(4)每件产品的定价是多少？

(5)使用什么分销渠道，所预期的成本和利润是多少？

(6)需要雇佣哪几种类型的人？

(7)雇佣何时开始，工资预算是多少？

表 5-1　资产负债表

会企 01 表

编制单位：××有限公司　　　　　　　　　　20××年×月×日　单位：元

资　产	期末余额	年初余额	负债和所有者权益 （或股东权益）	期末余额	年初余额
流动资产：			流动负债：		
货币资金			短期借款		
交易性金融资产			交易性金融负债		
应收票据			应付票据		
应收账款			应付账款		
预付款项			预收款项		
应收利息			应付职工薪酬		
应收股利			应交税费		
其他应收款			应付利息		
存货			应付股利		
一年内到期的非流动资产			其他应付款		
其他流动资产			一年内到期的非流动负债		
流动资产合计			其他流动负债		
非流动资产：			流动负债合计		
其他债权投资			非流动负债：		
持有至到期投资			长期借款		
长期应收款			应付债券		
长期股权投资			长期应付款		
投资性房地产			专项应付款		
固定资产			预计负债		
在建工程			递延所得税负债		
工程物资			其他非流动负债		
固定资产清理			非流动负债合计		
生产性生物资产			负债合计		
油气资产			所有者权益(或股东权益)：		
无形资产			实收资本(或股本)		
开发支出			资本公积		
商誉			减：库存股		

续表

资　产	期末余额	年初余额	负债和所有者权益 （或股东权益）	期末余额	年初余额
长期待摊费用			盈余公积		
递延所得税资产			未分配利润		
其他非流动资产			所有者权益(或股东权益)合计		
非流动资产合计					
资产总计			负债和所有者权益(或股东权益)总计		

（11）风险控制

风险控制是对当前和未来风险的评估与预测，同时附有相应的研究结果和文件。尽可能想到企业经营和产品销售过程中有可能出现的各种风险，如经营风险、财务风险、市场风险、国家政策风险以及不可预见的风险等。在分析风险时要阐明应对这些风险的解决办法，项目实施过程中可能出现的风险和拟采取的控制措施。创业计划书前面的章节写得再出色，没有风险分析的创业计划书也是不完美的。因为创业本身就带有一定的冒险性，创业过程中的风险通常会让人始料不及。风险分析不仅能减轻投资者的顾虑，让他们对企业有全方位的了解，更能体现管理团队对市场的洞察力和解决问题的能力。

【拓展训练】

创新人才开发资金采取（　　）的方式，对在武汉市高新技术领域及新兴产业、支柱产业内拥有自主知识产权并开展创新活动的高层次领军人才和团队进行资助。

A. 无偿资助，择优支持　　　　　B. 适度补偿，适度资助

C. 有偿补偿，择优支持　　　　　D. 无偿资助，适度支持

正确答案：A

（12）企业文化

企业文化是一个组织由其价值观、信念、仪式、符号、处事方式等组成的其特有的文化形象。它包括企业愿景、文化观念、价值观念、企业精神、道德规范、行为准则、历史传统、企业制度、文化环境、企业产品等企业文化建设的原则。

（1）历史性原则：尊重历史、尊重传统。

（2）社会性原则：一切经营围绕客户开展、完成企业的社会使命。

例：北京同仁堂的"济世养生"，"炮制虽繁必不敢省人工，品位虽贵必不敢减物力"及"德、诚、信"的企业精神文化。

（3）各异性原则：企业文化的设计不能与其他企业的文化形成千篇一律，企业文化建设要突出本企业的特色要能体现企业的行业、地域、历史、人员等特点。

例：华为的"狼"性与中兴的"牛"性。狼性是一种面对目标时的执着、专一与野心；

对"猎物"穷追不舍，不到手不罢休。华为处处体现出了努力"活下去"的危机感和时刻进攻、不惜一切代价的狼文化。秉承中庸之道的"牛"性文化温和而敏捷快速反应而不失稳健。其核心在于在可控的范围内的"冒险"，是一种防守型的技术发展战略。

(4)前瞻性原则：顺应时代要求，不断调整如何用先进的企业理念和企业文化约束团队、激励团队、凝聚人心。

☞【案例导入】

成本领先——"开除一条狗"

将成本降到极限的美国航空公司是全美最赚钱的航空公司之一。美航的成功，应归功于它的执行长柯南道尔所采取的一系列有效策略。其中最值得称道的是将成本降到极限的管理方案。美航在加勒比海岸边有一栋货仓，早先一直雇了一个人整夜看守，后来柯南道尔决定要压缩这项开支。会上有人说："这不可能，我们雇用的这个临时工，隔天守夜一次，应该不会有人知道他在不在。"过了一年，柯南道尔还想减少成本，便告诉下属："能否将此人换成一条狗来巡守仓库？"下属还真就这么做了，而且很有效。又过了一年，柯南道尔还想把成本继续往下压，下属说："我们现在已降到只雇用一只了。"柯南道尔说："你们干吗不把狗叫的声音录下来播放？"就这样，柯南道尔为了省钱，直接开除了一条"毫无过错"的看门狗。

从案例中我们可以看出美国企业在第一层次的成本领先上已经达到了极致，仓库看守从原来只雇用一个人看守，减少变成临时工隔天守夜，再到换成一条狗来看守，最后变成把狗都开除了只用狗的叫声。结果还很完美，没有发生被盗等损失。

思考：谈到"成本"二字真的只有降低价格吗？请谈谈你的看法。

☞【知识链接】

企业精神：企业精神是指一个企业中大多数乃至全体职工共同一致、彼此共鸣的内心态度、意志状态、思想境界和理想追求。

日本的经济发展有三个要素，第一是精神，第二是法规，第三是资本。这三个要素的比重是，精神占50%，法规占40%，资本占10%。这说明，资本不是最关键的因素，文化要素才是最重要的。

企业价值观：企业价值观是指企业在追求经营成果过程中所推崇的基本信念和信奉的目标。

万科的工作牌后有个小卡片，上面印着万科的核心价值观：第一，客户是我们永远的伙伴；第二，人才是万科的资本；第三，阳光照亮的体制；第四，持续地增长和领跑。

星巴克一开始就确立了自己的核心价值观：为客人煮好每一杯咖啡。你可能今天面对的是第100位客人，可对客人来说，喝到的却是第一杯咖啡。

（13）证明材料及其他附件

附件是对主体部分的补充。由于篇幅的限制，有些内容不宜于在主体部分过多描述。把这些内容，或需要提供参考资料的内容，放在附录部分，供投资者阅读时参考。例如项目技术情况的证明文件、负责人与合伙人身份证明材料、业务开展情况证明材料、项目和项目团队成员所获荣誉及需要交的项目其他材料。

上述所列的 13 个模块的内容为创业计划书必备的一般要素，在具体的撰写过程中，创业者应根据自己项目的特色、内容、侧重点以及实际需求灵活安排章节和目录标题。创业计划书，有相对固定不动的格式，包含体现投资企业所有很感兴趣的内容，从企业介绍、产品服务、竞争优势、市场营销、团队介绍、财务测算、商业模式进而到融资计划。而且只有做到内容翔实、数据清楚、体系详尽、装订用心的创业计划书，才可以让投资商和阅览者产生兴趣，让其了解项目的商业运作计划。因此这也就是为何创业计划书质量，对项目融资和阅览者认可起着关键作用的缘故。迄今为止，很多项目的认可率很低，这并不是项目自身的难题，也不是项目回报率的难题，直接原因是项目方创业计划书制作得不到位，及其方案策划工作能力让投资商觉得别有用心。所以说创业计划书的撰写，是一个繁杂、系统的工程项目，不仅要对全部行业、所有市场进行市调，并且要有很高的文字表达能力。针对一个正处在发展中的企业，专业的创业计划书既是寻找投资的必要条件，也是企业对本身的情况、发展方向的梳理，更是制定实施计划必不可少的一步。

三、创业计划书的撰写原则和技巧

（一）六性原则

（1）可行性。创业项目内容要包含市场需求和发展前景，相关条件要能保证项目的顺利实施，创业计划切实可行。

（2）真实性。项目计划书中的内容务必真实，不能有虚假成分。

（3）简洁性。项目计划书中应避免一些与主题无关的内容，要开门见山地直接切入主题。语言应简洁、精练。

（4）完整性。项目计划书已成为一种国际惯例，结构是固定的。因此，结构应完整、清楚，内容应全面。

（5）一致性。项目计划书的前后基本假设或预测要相互呼应、一致，也就是说前后逻辑要合理。例如，财务预测必须根据市场分析与技术分析所得结果进行各种报表的规划。

（6）保密性。项目计划书中涉及的核心机密可适当进行规避。

（二）创业计划书中的撰写标准

1. 方便阅读，简洁清晰

在微信里，为什么大家不喜欢听语音？本质原因是信息丰度太低。投资人的工作环境非常碎片，接收创业计划书的载体几乎是在移动端。一个阅读体验非常差的创业计划书，会让投资人对投递项目的创业者的印象大打折扣。而那些提供精准信息的创业计划书，投资人也哪怕不投资，也乐于回复。

2. 逻辑层次分明

看逻辑层次分明的创业计划书过程如剥笋。投资人在你的 BP 引导下，由表及里地咀嚼你的项目逻辑，了解你的创业初衷，思考你的商业模式，最终获得一个立体的判断。这就要求在创业计划书中应该有逻辑、分层次地阐明整个项目，体现关键信息。而不应该把所有的信息都堆砌在一起，让阅读者于茫茫信息中挑重点。

3. 重点突出

你一定听说过，重点+重点+重点＝没有重点。一份好的创业计划书，同样需要有一定的重点。举个例子，如果是以产品为驱动的产品，那么描述产品逻辑和应用场景就一定是一个重点，而不是你产品的获奖情况等。如果是团队强大就应该告诉投资人为什么你的团队强大到可以胜任这样的工作，而非把团队成员的成长经历详细描述一遍。

4. 不犯低级错误

当然，也不要去犯一些非常低级的错误，比如缘创派创始人王翌说的，"不留联系方式、文件太大，留一个特别高的估值等着砍价"等，都是一些非常愚蠢的行为。

5. 善用产品思维

站在打造产品的角度去思考创业计划书，你就会豁然开朗很多。要不要注重用户体验？要不要注意交互体验？细节的处理体现了你对项目的思考和你的用心程度。很多投资人所说的"如果一个创始人不会写创业计划书，那么他的思考能力一定不合格"就是这个道理。

（三）创业计划书的注意事项

1. 切勿用力过猛

颜色使用过多会让它看起来花里胡哨的，降低了它的档次。也会让人对这个计划书撰写的团队有一种误解，是否团队也是这样一种状态？写创业计划书时要清晰简洁，要把一个项目要点尽量地讲清楚。但是不要使用过多的文字叙述，这样会显得长篇累牍，尽可能地多用让人一目了然的图表来表达。这样不仅看起来一目了然，而且也是真实的数据让人很信赖。撰写的时候，不要全部套用模板，这样显得很机械。对于关键部分一定要写得清清楚楚，明明白白，重点去突出它。一份好的创业计划书不是看你有多长篇大论，而是看你的关键点是否吸引人。

2. 切忌空谈大话

创业计划书的开头尽可能地简洁明了。点出你最中心的部分以吸引人的注意力。不要在开头就是长篇大论，写创业计划书不是展现你文采的时候。写创业计划书只畅谈未来有多美好、投资这个企业或项目有多成功、到时候收益有多大，这些都是没有用的。能够有资本进行投资的人都是在商场上经过千锤百炼的人，他们都有对市场的独特见解。你的行业，你的计划是否能成功，他们在心里都是有数的。如果你只是对计划书内的项目进行泛泛而谈，不切实际的幻想，没有真实的数据作为支撑，恐怕这些是毫无意义的。

3. 注意把握尺度

虽然创业计划书是为了给公司融资而撰写的，但是不要只谈缺钱。虽然主要目的是让其投资，但是有了投资就一定能成功吗？难道说他给你投了五百万这个项目就万无一失，没有风险了吗？这是不可能的。所以在撰写创业计划书时，谈论缺钱要在一定的尺度内。而写计划书时不能够用过多的无休止的专业术语，这样会让人产生厌烦的心理。对于数据这一块一定要重视。但也不能够简单地只是进行搬运，而是有自己的分析和见解。

四、创业计划书的评价

(一)框架格式

创业计划书中各个章节排列都按照严格的顺序。一开始给人的印象就可以反映出作者是一位经过严格训练、头脑清楚、办事严谨、条理清晰、具有管理能力的企业家,或者是具有企业家素质的人。首先最重要的是要有基本完整的框架,尽可能用精简的话语去展现项目全方位的特点。其次在框架中填充想要展示和具有说服力的项目内容,创业计划书中使用统一完整的格式是让评委信服的基础。整个创业计划书的书写和编排言简意赅,但又内容丰富。整体结构要像凤头猪肚豹子尾,同时整篇报告要直观性强,有强烈的视觉效果,即使文化程度不高的人也能够容易看懂。还要使整篇报告让人易于抓住关键。报告中要尽量使用直观性强的图表。

(二)内容逻辑

内容条理,逻辑清晰。逻辑的安排很重要。因为只能通过文字、语言让对方百分一百地了解要说明表达的内容,所以有时候还必须视情况穿插说明演示文稿中没有的对白,使逻辑更加清晰明了。了解其中的因果关系,是解决问题的关键因素。

(三)排版美观

字体、排版等统一要求,让评委一目了然;做好封面及完整的目录,让评委方便查找;语言流利顺畅,图片比例合适。以上都是让评委有耐心打高分的潜在加分项。

第三节 创业计划书的展示

当我们以投资者的视角去看待一份创业计划书时,不仅需要视觉上的愉悦,比如:整洁的排版;更重要的是创业计划书结构完整,逻辑清楚,深入浅出,以顾客为导向的内容。

(1)结构完整。常见到出现缺乏财务预估、市场状况及竞争对手数据的创业计划书,甚至还让投资方去把这些疏漏补齐,这就减缓了投资方对案子的评估速度,也会让投资方质疑创业者对市场的熟悉度。

(2)逻辑清楚。对于一份东拼西凑,逻辑混乱的计划书,投资者的感受往往是看完后脑中一片空白或满脸茫然,导致投资者怀疑你的行事风格与程序规范,并对该份计划书开始产生第一个坏印象。因此一份思路清晰的计划书往往会给投资者留下好印象。

(3)深入浅出。计划书的书写不应该是艰涩难懂的,而要用浅显易懂的文字表现出来。因为当投资者是一群不具专业知识的,就更需要如此。而在今日专业分工如此精细的年代,在一些专业的投资机构,隔行如隔山的屏障还是存在的,所以要别人买下你点子的最好办法还是讲给他清楚,说给他明白了。

(4)顾客导向。打个比喻来说,以顾客为导向就好似针对口味调酱加料。这就要求行文的语调、章节的编排、数据的呈现、重点的强调等都要针对创业募资的主要客群做适当调整。若是给自己参考的话,资料愈详细愈好。当然若是给投资方或银行过目的话,财务收支、市场发展及竞争优势等方向是绝对要仔细斟酌的了。

☞【知识链接】

创业方案书是否可行的七点参考

（1）你能否写下你的创业设想和创业方案？你应该能用很少的文字将你的想法描述出来。根据多年经验，不能将这个想法变成自己的语言的原因大概也是一个警告你还没有仔细地思考吧！

（2）你真正了解你所从事的行业吗？许多行业都要求选用从事过这个行业的人，并对其行业内的方方面面有所了解。那么，你就得花费很多时间和精力去调查诸如价格、销售、管理费用、行业标准、竞争优势等。

（3）你看到过别人使用过这种方法吗？一般来说，一些创业成功的大型公司经营方法比那些特殊的想法更具有现实性。有经历的企业家中流行这样一句名言："还没有被实施的好主意往往可能实施不了。"

（4）你的想法经得起时间考验吗？当未来的企业家的某项方案真正得以实施时，他会感到由衷的兴奋。但过了一个星期、一个月甚至半年之后，将是什么情况？它还那么令人兴奋吗？或已经有了完全不同的另外一个想法来代替它。

（5）你的想法是为自己还是为别人？你是否制定了长期创业方案和长期发展方案呢，你是否全身心地投入这个方案的实施？

（6）你有没有一个好的网络资源？开始办企业的过程，实际上就是一个组织诸如供应商、承包商、咨询专家、雇员的过程。为了找到适宜的人选，你应该有一个效劳于你的个人关系网。那么，你有可能陷入不可靠的人或滥竽充数的人。

（7）明白什么是潜在的回报？每个人投资创业，其最主要的目的就是赚最多的钱。可是，在尽快致富的设想中隐含的绝不仅仅是钱。你还要考虑成就感、爱、价值感等潜在回报。如果没有意识到这一点，那就必须重新考虑你的方案。

创业的成败在于你的选择，如果选择创业这条路，你会憧憬成功的景象，而不会想到万一失败的问题。因为一开始就想到失败，未免也太不吉利了。然而，往害处打算尽管令人不愉快，却是创业起步就应该考虑清楚的。

一、展示原则与技巧

（一）开宗明义，扣人心弦

要直截了当地切入主题，用真实、简洁的语言描述你的想法，不要浪费时间去讲与主题无关的内容，用富有感染力的声音展现你的语言煽动力，从而展现你的领导才能。

（二）精益求精，自信诚恳

尽可能地搜集更多资料，对于市场前景、竞争优势、回报分析等要从多角度进行更加全面的分析和总结，同时对于可能出现的困难或问题要有足够的认识，并要准备好相应的应对措施，做到精益求精。而且为了展现自己的诚意，需要准备多位顾客的事前采购协议，加深投资者对项目的认识。

(三) 脉络分明，条理清晰

尽可能按照如何实现营业循环和盈利来设计创业计划书，这样能够让你的条理性更清楚。投资者往往会在创业计划书看一半的时候，向你提问前面或后面的问题，甚至是你没有想到的新问题。这时就需要成熟的思考脉络，要不然可能会出现无言以对的情况。

创业计划书是一份全方位的商业计划，其主要用途是递交给投资商，以便于他们能对企业或项目作出评判，从而使企业获得融资。它是用以描述与拟创办企业相关的内外部环境条件和要素特点，为业务的发展提供指示图和衡量业务进展情况的标准。通常创业计划是结合了市场营销、财务、生产、人力资源等职能计划的综合。这就要求计划书的结构严谨，条理分明，层层深入，能够让投资者感受到清晰的逻辑脉络。

创业计划是创业者叩响投资者大门的"敲门砖"，是创业者计划创立的业务的书面摘要，一份优秀的创业计划书往往会使创业者达到事半功倍的效果。

二、常见问题及对策

(1)执行概要为计划书的精华部分，但这部分却会出现一些非核心的内容，典型例子就是把后面章节全部浓缩一遍再执行概要逐一展示。这里需要明确执行概要的意义是总结项目的重点和亮点，让评委在看冗长计划书时候能够快速抓住核心，获得高分，如果仅有形式，只是把全部章节再次简洁介绍一遍，无重点、不突出，该部分内容的作用就失效。执行概要主要介绍：为什么做(市场痛点)、怎么做(产品技术或解决方案及其优势优点)、做到哪里(项目进度、项目成果)、核心团队(主要介绍团队成员的专业、经验、实力与这个项目高度相关和吻合)，再来如果愿意的话，可以加上引来教育、社会价值(包括带动就业、问题解决的社会效益)。就这些，至于其他的可以不用在执行概要展示，核心位置就要放核心内容。

(2)大篇幅照抄网络的人事管理制度，完全脱离团队实际情况，一大堆内容都是没用的。人事管理虽然对一家企业、对一个创业团队来讲是必要存在，但是发现有的项目整个团队五个人，结果董事长、监事长、总经理、总裁、CEO等高层领导就有不止五个，试问这种布局合理吗？都是将帅，谁来当兵？不仅如此，关于薪酬绩效、职责职能等管理制度也是浅尝辄止，完全没有结合团队现有实际，讲述的内容都是网上有的，或者其他团队也可以这样写的。

(3)计划书内容包括 PEST、SWOT、STP、波特五力分析以及画布画像等理论知识框架，但是大多数计划书中用上这些框架会出现表达重复，表达混乱，没有清晰的逻辑主线，让人感觉看似介绍具体详细，实则项目混乱。但也不是说这些并无用处，这些内容本身意义在于让我们更好去梳理一个项目、去理解和判断一个项目。所以我们在介绍项目可以像讲一则故事那样子，言简意赅，突出重点，主线清晰。

(4)风险分析形同虚设，例如资金风险及策略，有时候遇到这样写：聘请专业财务人员、严格规范财务审核流程及制度、控制财务支出等。当资金出现问题时，聘请专业财务人员，只是雪上加霜，应该做的是去找钱或者减少不必要的成本投入，以此来减少风险力度，所以我们应当专注于实际而有效、符合项目当下情况、详细清晰的措施办法。再比如写到受到汇率波动影响，货币贬值等问题造成的其他风险，而作为一个面向国内的项目写这些并没有实际意义。

(5)财务数据出现整数、等差这些情况的，让人一目了然就知道是假的。或者写到项目从一开始就盈利，这样的情况也是比较不切实际，当然如果是服务业的，情况另当别论。当然我们也不能以偏概全，但对于一般项目在初始期由于各项基础投入都要做，业务模式也不是很熟练，投入的多，产出的少，一般刚开始亏损为主也属正常。等到第二年或者第三年，随着基础投入全部完成，后续基础投入逐渐减少，但是业务经验却随着时间推移，逐步成熟，这就变成投入减少，产出变多，此时开始略微亏损或盈利，或收支平衡。往后就会实现盈利。但是也不排除中途有较大计划整改的，或者出现大亏损等情况。

☞【知识链接】

PPT 展示汇报流程及注意事项

1. 展示准备

为了取得一个比较好的展示效果，在正式的展示活动前，我们要做一些展示的准备而这个展示的准备又包括两个方面，一个方面是演讲前的准备，一个方面是演讲过程中的准备。

演讲前的准备可能需要我们做好 PPT，需要我们准备好谁来进行演讲，也就是说我们要做好人员的分工；演讲过程中的准备则是说，我们在整个的演讲过程中，要熟悉我们所要展示的内容，而且在演讲的时候要团队之间分工协作，在演讲的过程中还要准备回答各种问题，当我们的展示准备做好之后，就可以来做我们的进一步展示了。

2. 展示内容

①6-6-6 法则

一般情况下，每一张展示的 PPT 最好不要超过 6 行，每一行不超过 6 个字。而连续的 6 张文字的 PPT 之后最好有一张图表的方式来进行说明。当然 6-6-6 点法则你可能听着过于苛刻，但是只要你按照 6-6-6 的法则来进行演讲的准备，这样的话准备的 PPT 的效果就会比较好。

②12-15 张原则

整个的展示过程中，我们的 PPT 数量最好为 12~15 页。因为一般情况下，如果我们参加创业比赛的情况下，我们进行 PPT 展示的时间是 7~8 分钟，如果跟创业者沟通，比如说电梯演讲，可能顶多不超过 3 分钟，而目前绝大多数风险投资家，在创业者或者创业团队找到他们的时候，他们往往也并不要求我们提供一个比较全面的 Word 版的创业计划书，往往也要求我们来提供一个 PPT 的格式。这样的 PPT 的话，一般他们所花的时间也就 3~5 分钟，如果在 3~5 分钟或者不超过 7~8 分钟的时间里，如果 PPT 的数量太多，可能就使得我们没有办法充分地展示其中的内容，所以 12~15 张是一个比较合适的区间。

3. 展示技巧

①讲清楚你要做什么事情：

一两句话讲清楚你准备做什么事情，不要整页都是大段大段的文字，最好能配上简单的上下游图或者功能示意图或者简要流程框图，让人对项目一目了然。

②讲清楚如何做、已经做了什么：

你的商业模式是什么？你可以为用户带来什么价值？你的解决方案和产品的竞争力如何？别人没发现？发现了不能做？做但失败了？为什么这件事情你能做，而别人做不了？为什么你能比别人干得好？目前达成了什么样的效果？

③讲清楚你的核心团队：

讲清楚团队成员的专业、组成、分工和股份比例

团队优势(如果是科技成果转化项目，说明老师在团队中的角色)

④讲清楚财务及当前需求：

公司财务预测和融资计划(初创企业只要写清楚未来六个月要做什么事情，需要多少钱，达成什么目标，释放多少股份、之前的财务和融资状况)，需要什么资源支持？

4. 注意事项

①报告人 90% 的时间是面对大家的，而不能是一直读 PPT；

②报告的语速不要太快，自己要把控好；

③讲出来的不要与 PPT 完全一样，要用自己的话把 PPT 讲得通俗易懂；

④练习时使用激光笔；

⑤报告中一定要将前后衔接好；

⑥要把下面的观众当作评审而不是同学；

⑦要合理分配 PPT 时间，分清主次，争取在最短的时间内将重点讲出来；

⑧在讲报告时幽默的话可以说，但是不是搞笑的话；

⑨报告中尽量不要出现口语；

⑩在进行答辩时，如果组员要帮回答问题，用肯定语气，不能还没有准备好就回答。

☞【知识链接】

一、创业计划书和商业计划书的区别

(1)用途不同。创业计划书是创业者或者创业团队为了厘清创业思路而梳理的框架性文件，主要用于内部讨论及初期行动大致计划和步骤指引。阅读对象以创业团队相关人员为主，少数会给投资者参阅。

商业计划书是对企业或项目的运营现状及商业计划进行系统性的描述和分析，主要用于对外融资或合作。阅读对象是潜在股权融资投资者或债权融资出资人。

(2)内容不同。创业计划书重点是描述创业做什么？准备怎么做？以及相关的工作和资源安排说明权。

商业计划书重点是商业运营计划，包括企业或项目目的。商业计划一旦确定，应该如何实施，侧重实际落地。

二、商业计划书和商业策划书的区别

(1)侧重点不同。商业策划书偏重方案策划和设计，商业计划书偏重流程和操作方面。

(2)用途不同。策划通常是项目的前期规划，计划书则是接近实施阶段的工作安排。

第六章　新企业开办

☞【目标导引】

    1. 了解创办企业的含义和一般程序。

    2. 掌握新形势下创办企业的注意事项。

    3. 熟悉企业制度建设和文化建设的基础知识。

☞【内容导读】

    本章主要针对当前新企业开办所存在的一些相关问题进行概念解读及分析，从多个角度分析企业开办需要注意的相关事项，为新企业的开办指明方向。

☞【案例导入】

    小李是个"80后"，仅用了短短的 4 年时间，就从一个默默无闻的大学生，一跃而成为一个人人羡慕的百万富翁。

    小李的母亲是一个剪纸高手，受母亲的影响，小李从小就酷爱剪纸艺术，并梦想有朝一日，将母亲的剪纸艺术变成商品，推向全世界。

    为了这个目标，小李一直在默默地努力着。2009 年，小李大学毕业了，可她并没有像其他人一样去找工作，而是向母亲借来 3 万块钱，成立了一家文化艺术品公司。公司成立之初，小李开发的第一款产品就是剪纸贺卡。为了推广产品，小李天天带着产品跑单位、进会场。可是，一段时间下来，贺卡没卖出多少，白眼和奚落倒"收获"了很多。更让她焦虑的是，她之前向母亲借来的那点钱也快花光了。幸好朋友小郭及时借给了她 4 万块钱，才算解了她的燃眉之急。

    为尽快打开生意的局面，小李推广贺卡更加勤奋了。终于，她的努力有了回报。第一笔订单是 300 多张贺卡，要求一星期内交货。可是，当时小李的公司因之前没有生意，一直都没有请工人。情急之下，小李就拉来妈妈、妹妹和小姨一起上阵。可一家人用小剪刀没日没夜地忙活了 4 天，也只是完成了贺卡的剪纸部分。剩下的印刷部分，本想请印刷厂做，但由于印数太少，印刷厂都不愿意接活。无奈之下，小李只好窝在办公室里，用打印机来打印。数九寒天，她一边打印，另一边将贺卡晾在地上。可偏偏在这个节骨眼上，打印机又出了故障。等最后完成贺卡时，她已是 24 小时都没合过眼了。

    这笔订单做完后，虽然后面也陆续接到了一些订单，但由于传统的剪纸作品大多用白纸装裱，不仅显得档次低，且时间一久，还会褪色，市场空间不大。故在第一年，他们制作的剪纸贺卡仅卖出了 3000 多张，收入还不到 1 万元。照这样下去，不但公司的租金付不起，就连生活费都成问题。小李再次陷入了困境。

"这个传统的剪纸市场，任凭自己再怎么努力，目前也就只能做到这么大了。要想突破，就必须进行创新！"想到这里，从不轻言放弃的小李，决定到外面的市场转一转，寻找剪纸市场的突破口。结果，在一次去杭州考察的途中，质地轻软、色彩绮丽的杭州丝绸一下子就吸引了小李的目光。"丝绸档次高，耐保存，我何不尝试做丝绸剪纸画呢？"

打定主意后，小李咬咬牙，一口气就批发了 4000 多元的丝绸，在家里进行试验。由于没有经验，她失败了。4000 多元钱就这样打了水漂，自己也一下子消瘦了许多。看到她累成这样，家人很是心疼，就劝她说："咱们还是放弃吧！毕竟这个事情从老祖宗到现在，都没有人去做过。"面对家人的规劝，小李不但没有放弃，还说服家人，同意了自己再次追加几万元投资的建议。经过无数次的试验，小李终于成功地将剪纸艺术与丝绸和谐地融合在了一起。

由于融合后的丝绸剪纸画不仅档次高、耐保存，而且还具有国画的韵味和浓郁的回乡民俗味。因此，小李的这种新产品一经推出，便大受欢迎。到 2011 年，公司的总销售额已达到 370 万元，2012 年则突破了 500 万元。

如今，小李的公司拥有联盟艺术家 3 名，专业技术人员 50 多名，签约妇女手工制作者 200 多人。其创立的"伏兆娥剪纸"和"回乡剪纸"两个剪纸品牌，更是名扬海内外。

小剪刀，大财富。只要心中有梦，坚持梦想，勇于尝试，大胆创新，不怕失败，你就是下一个成功者！

第一节　新企业的创办

一、企业内容及选择

根据我国相关法律的规定，创业者可以选择有限责任公司、股份有限公司、合伙和个人独资等企业形式。按照财产的组织形式和所承担的法律责任不同，企业的法律形式有三种选择：独资企业、合伙企业和公司制企业。前两种属于自然人企业，出资者承担无限责任；后者属于法人企业，出资者承担有限责任。

(一)独资企业

独资企业又称为个人业主制企业，是指由个人出资兴办，完全归个人所有，单独承担无限责任的企业。该种法律形式主要适用于零售业、服务业、手工业、家庭农场等小型企业。

独资企业的主要优点十分明显，比如，设立手续简单，利润独享，经营灵活，决策迅速，保密性好。独资企业的主要缺点是：承担无限责任，经营风险较大；由于受个人出资的限制，企业规模往往较小；组织机构不健全；企业经营水平受到企业主素质的制约，企业的连续性往往较差。

(二)合伙企业

合伙企业是指由两个或者两个以上当事人，按照协议共同出资、合伙经营、利润共享、共同承担无限责任的企业。合伙企业在一定程度上弥补了独资企业业主在资本、知识、能力等方面的缺陷，合伙企业的产生具有必然性。

合伙企业的优点主要表现在：扩大了资金来源，扩大了公司规模，提高了竞争能力，拓展了经营领域。缺点主要是：决策协商一致比较困难，承担较大的债务风险，仍然承担无限责任，企业规模和业务范围仍然受到限制等。

(三)公司制企业

公司制企业又称为公司，是依照严格的法定程序成立、由数人出资兴办、以盈利为目的的企业法人。公司制企业不同于前两种形式的企业，公司制企业与独资企业、合伙企业的主要区别是：公司制企业是法人企业，对债务承担有限责任；公司是企业法人，公司作为企业法人，有独立的民事行为能力，对债务承担有限责任；公司是依法设立的。公司的设立在发起人资格、最低资本额、公司章程和公司的组织机构等方面均有一定的要求。

1. 公司制企业的优点

首先，降低了经营风险，承担有限责任。股东以其出资为限对公司承担责任，公司以其全部资产为限对公司债务承担责任。股东的风险可控。

其次，集资范围较广，有利于募集资本，扩大生产经营规模。

再次，有利于法人资本的稳定(出资人一经出资便不能抽回，只能转让股份和出售股票，从而使公司有数量比较稳定的法人财产)和优化资本组合。

最后，所有权与经营权分离，专家管理，提高效率，企业生命力更持久。

2. 公司制企业的缺点

组建困难，组建成本较高，政府有较多的限制(注册资本、产业政策)；有些还要审批；税负相对较重，往往需要缴纳双重所得税；组织相对复杂，协调成本高，定期公布财务信息，保密性较差。

3. 公司的分类

公司的种类十分繁杂，依据不同的标准，可以有不同的分类，按照股东所承担的责任不同，可分为无限公司、有限责任公司、股份有限公司和两合公司。我国《公司法》所指的公司仅指有限责任公司和股份有限公司。

有限责任公司(含一人有限公司)，是指由法律规定的一定数量的股东所组成，股东以其出资额为限对公司承担责任；公司是以其全部资产为限对公司债务承担责任的企业法人。

股份有限公司，是指将全部资本划分为若干等份，可以向社会公开发行股票，股东以其认购的股份为限对公司承担责任；公司是以其全部资产为限对公司债务承担责任的企业法人。股份公司是典型的合资公司，各国公司法都承认其法人地位。

虽然有限责任公司与股份有限公司均是企业法人，但是对股份有限公司的要求比较严格，对最低注册资本也有较严格的限制，组织机构要求也比较严。因此投资者选择投资方式时要慎重选择。

总之，股份有限公司由于注册资本要求较高，组织机构要求比较复杂，不为一般的创业者所采用。合伙和个人独资因创业者须承担无限责任，选择这两种企业形式的也相对较少。有限责任公司是绝大多数创业者所乐于采用的组织形式。但具体选择企业形式时要综合考虑相关情况，作出明智的选择。

二、新企业创办的基本条件和一般程序

(一) 新企业创办的基本条件

新企业创办的基本条件有如下几点：

(1)企业提供的产品和服务有一定的市场条件，这是创办企业的前提。

(2)需要一定的资金购买材料、设备等要素。是否拥有足够的资金，是开办企业的关键因素。

(3)需要具备的物质条件即企业生产的对象和工具，这是企业顺利开办的物质保障。

(4)需要各类生产工人、辅助人员、工程技术人员和管理人员。

(5)争取社会、政府部门支持的其他各种条件，如"三废"排放要符合标准等。

(二) 新企业创办的一般程序

创办企业的一般程序是指企业申请登记开办的法定程序，即企业法人登记注册。

1. 企业法人的条件

企业法人是按照法定程序成立的，具有固定的组织机构，拥有独立的财产，并能以自己的名义享受权利和承担义务的社会经济组织。作为法人组织必须具备以下条件：

(1)按照法定程序成立，即经过上级业务主管部门审核批准；在工商行政管理部门申请注册登记，领取营业执照；在税务部门办理申报纳税手续。

(2)具有固定的组织机构和活动场所。

(3)拥有独立支配的财产或经费。支配的财产可能表现为所有权，也可能表现为经营权。

(4)以自己的名义享受权利，承担义务。

(5)为维护自身合法权益，有权向人民法院起诉、应诉。

2. 企业法人的特征

(1)组织特征。具备固定的组织形式，有领导机构、职能机构和人员编制、内部的规章制度。根据成立的宗旨完成一定的任务和实现一定的目的。

(2)财产特征。法人以注册资金额对外承担有限责任。同时，要把法人拥有的财产与法人成员的个人财产区别开来。

(3)人身特征。法人与公民姓名一样，享有名称权，严禁任何单位或个人冒充或盗用。否则，即构成侵权行为。另外，法人还享有荣誉权、商标权和专利权等，均受国家法律保护。

3. 工商登记

工商登记是国家对生产经营者所行使的管理职能之一，也是生产经营者确认自身合法

地位的法律程序。创业者若想开办公司或企业从事生产经营活动，取得合法的经营资格。首先，必须履行一定的注册登记手续。申请者应向所在地工商行政管理机关申请营业登记。申请者在提出工商登记时必须符合国家规定的条件，并按有关要求和内容进行工商登记。

4. 税务登记

(1)税务登记的范围。根据《税收征管法》的规定，生产经营者办理税务登记的范围是：凡从事生产经营，实现独立经济核算，并经工商行政管理部门批准，领取营业执照的一切生产经营者，包括从事工业生产、交通运输、建筑安装、商业经营、服务业、娱乐业以及其他所有经营收入、收益的一切生产经营者。守法经营、依法纳税是每个公民应尽的义务。为保证生产经营活动顺利开展，从事生产经营的纳税人自领营业执照之日起 30 日内，应持有关证件向税务机关申报办理税务登记，由税务机关审核后发给税务登记证件。税务登记内容发生变化的，自工商行政管理机关办理变更登记之日起 30 日内，或在向工商行政管理机关申请办理注销登记之前，应持有关证件向税务机关申报办理变更或者注销税务登记。

(2)税务登记的内容。主要包括：工商户的名称、地址、经济性质、主管部门、生产经营范围、经营方式、资金状况、工商行政管理部门的工商登记证照号码、开户银行及账号等。

(3)纳税申报。纳税申报是纳税人为了正确地履行纳税义务，扣缴义务人为了正确履行代扣代缴义务，将发生的纳税事项或者代扣代缴、代收代缴事项向税务机关提出书面申报的一项法定手续。经营者在领到营业执照开始生产经营活动之后，在一定期限内就应该向税务机关申报。

5. 办理社会保险

保险就是对意外风险的保障，是一种用经济手段补偿经济损失的方法和制度，保险又是一种社会自救行为，是达到特定的经济补救的具体措施之一。建立社会保险制度，通过保险对遭灾的单位和公民个人进行经济补偿，使生产、生活不因此受到影响，对于维护社会经济和人民生活的安全，保护社会的财产安全均具有重要意义。我国的保险种类可分为社会保险和商业保险。

社会保险是指国家通过立法强制实行的，由劳动者、企业(业主)或社区以及国家三方共同筹资，建立保险基金，对劳动者因年老、工伤、疾病、生育、残废、失业、死亡等原因丧失劳动能力或暂时失去工作时，给予劳动者本人或其直系亲属物质帮助的一种社会保障制度。社会保险可分为养老保险、失业保险、医疗保险、生育保险、工伤保险等。这里主要介绍养老保险、失业保险和医疗保险。

社会养老保险，是国家根据一定的法律和法规，为保证劳动者在达到国家规定的解除劳动义务的劳动年龄界限或因年老丧失劳动能力，退出劳动岗位后的基本生活需要而建立的一种社会保险制度。

失业保险，是指国家通过立法，对于劳动者因受本人所不能控制的社会或经济原因影响失业时的基本生活需要，给予经济帮助的一种社会保险。失业保险的目的是保障失业者维持基本生活，促使其重新就业。

社会医疗保险，是国家根据一定的法律法规，为向保险范围内的劳动者提供患病时基本医疗需求保障而建立的社会保障制度。其目的在于保障劳动者因疾病而暂时或永久丧失劳动能力的基本生活需要，给予经济帮助，从而使劳动者患病后能尽快得到医治，恢复劳动能力。

参加社会保险的用人单位（企业、公司等）应按规定代码详细填写《社会保障登记表》一式两份，并提供《企业法人代码证书》副本和《中华人民共和国单位代码证书》，《基本存款账户开户许可证》等资料的复印件到有关部门办理社会保险。职工办理投保或退保手续时，用人单位须填报《社会保险登记表》，提供组织、人事、劳动部门出具的《职工流动或调动工作介绍信》；合同制工人减少时，须提供由劳动部门开具的《解约通知书》。

第二节　企业名称设计及选址

（一）企业名称的设计

在激烈的市场竞争中，一个好的品牌不但是与经营者、所有者有关的，也是与广大的消费者紧密相连的。因此，不管怎么说，品牌的名字都不能简单地被看作一种象征，而是一种鲜活的、富有特色的事物。从专业的角度来看，商标的命名与营销学、广告学、管理学、心理学、语言学、社会学等现代科学有着密切的关系。一般而言，好的名字应该简单、容易辨认、容易记住、容易流传、具有联想能力、具有时代气息、注重个人化。因此，一个好的商标名应当是科学性、艺术性和实用性统一的。

1. 个性

不能和其他公司的名字一样，而且要尽可能地避免类似的名字，此外，由于现代资讯科技的应用，网络销售已经成为一些企业的主要行销渠道，所以，暂时还没有想到网络销售的公司，还是先在因特网注册一个公司的名字比较好，不然一旦被别人捷足先登，不仅会影响到公司未来的发展，而且很有可能会花大价钱购买到自己的权益，美国麦当劳公司曾经被人抢注过一个域名，之后又被迫花了八百万美金把它买回来，国内知名公司在国外被抢注的商标多达数万家。

2. 名实相符

在企业名称的选择上，不论采取何种方式，都要做到"真实"的表述。20 世纪 80 年代，当乡镇企业兴盛的时候，很多公司会怕名字太小，在竞争中吃亏，就盲目地跟别人攀比，弄得乱七八糟，你说中国的工厂，我就把它改成世界公司，或者环球公司，根本不在乎自己的能力，弄得大家都笑掉大牙。企业的名字不仅要符合企业的规模和范围，还要与企业的宗旨、精神、道德、风气等保持一致，不要吹嘘自己公司的名字。根据《公司法》，公司名称应当包括行政区名称、公司名称、行业名称、公司名称等，而我国公司名称大多不规范、不完整，有些公司名称缺乏。比如北京旅游汽车股份有限公司，北京城市商业中心有限公司，都没有自己的公司，也就是没有公司的名字。在我国，很多公司都是在计划经济时期被称为"编号"的，如某省（市）的某建筑公司，这些名字都是以编号来命名的，就像是"老大""老二""老三"之类的。要想改变这种情况，必须要有一些信誉上的损失，但是长期的痛苦总比短期的痛苦要好得多。

3. 设计企业名称应充分体现民族特点

清华同方是清华大学成立的一家高科技股份制公司，其名字"同方"取自《诗经》，寓意"同方"，蕴藏着深厚的民族历史和文化内涵。北大方正，也有自己独特的品牌设计。"方正"的整个商标分为三个部分，分别是中文，英文，以及图片。"方正"两个字，含义很深："方正"是一方之正、一方之君、方方正正、规规矩矩，既是北大方正集团公司依法经营、诚实经营的经营之道，也反映出了公司员工的严谨、务实、科学的态度；同时，"方正"是八方之正，具有吸收四方之利的意思，显示出公司博采众长，广招天下精英的博大心胸，此外，还隐含着基础扎实，扎实基础，稳步发展的意思。英文"方正"是"Funder"，意思是"创始人"，这意味着北京大学方正开创了中文电子书的先驱，字面意思是"方的"。方正与汉字的有机结合。资生堂之所以叫"资生堂"，是因为中国的《易经》里有一句名言："天地不存，万物皆生，唯我独尊。"

在中国市场上，外资公司在确定中文翻译的过程中，都要充分考虑到中国人的文化特征。使用某些具有正面意义的词语来称呼外资或合资公司，其作用通常要比通用，奔驰，宝洁，宝马更好。近年来，许多国家的美容产品都被翻译成中文，如马来西亚永芳、泰国的雅倩、美国的雅芳、舒肤佳、玉兰油，不但给我们带来了视觉上的颜色，也给我们一种气味的感觉，让人觉得这是一种淡淡的香味。同样，我们公司进入国外市场时，要把公司的名字翻译成外国语言，要充分考虑到本国的民族特性，并对其文化传统和习俗进行尊重。同时，在国际上进行竞争时，也要考虑到名称的国际化。所以，一般要用英文来命名，例如日本索尼、松下、中国海尔等。在品牌的设计上，要充分考虑到当地的习俗、法律、法规等因素，从而达到突破地域局限的目的。

在中国，"BENZ"被翻译为"奔死"，谁还会去买？类似地，如果把"SPRITE"翻译为"妖精"，中国人会乐意买吗？但是，如果将"SPRITE""BENZ"翻译为"雪碧""奔驰"这两个词，又能更精确地反映出该品牌所标榜的产品特性，奔驰是一款上乘的好车，而雪碧则是"凉爽"的"清凉"。可口可乐公司的翻译也是一种很好的案例。在进入中国之前，可口可乐总部曾派人去考察中国的民风，最后由中国汉语言学家把它译为"可口可乐"。

美国有一家名叫"OIC"的眼镜店，其商标是一副架着眼镜，旁边一句注解："Oh, I see!"简洁而具有业界的特点。但是，一位学生在给一家饭店做 CI 企业形象设计的时候，却模仿了 IC 的名字，把名字改成了"OH, YES!"有人立刻质疑，这不是"噢，噎死"吗？因此，请记住，在设计过程中，千万别搞这种玩笑和幽默。

(二) 企业选址的重要性

1. 企业选址需求

企业选址又称为设备选址，是指通过科学的方式确定设备的地理位置，并将其与整个生产运营体系相融合，从而达到有效和经济的目标。

造成企业选址需要的因素主要有：投资新办、增设分厂、增产、战略性搬迁、政策牵引等。随着中国经济的不断转型和发展，企业对企业厂房选址的要求也在不断改变，企业越来越趋向于选择具有良好的工业环境和配套条件，并能提供人才、资金、科技、政策等方面的成熟产业园区。

2. 企业选址的重要性

企业的经营策略与目标必须从社会、地理、人口、交通、城市规划等方面来决定。根据目标客户组成和需求特征，根据客户群的组成和需求特征，制定出相应的发展战略和目标。

选择一个公司的位置是一个公司的重要决定，就像建造一座房屋需要土地。选址也是一项新的投资，选择不当也会对公司的形象产生直接的影响，而企业的选址更是关系到公司发展的成败。

3. 影响企业选址的因素

(1) 产业基础

产业基础决定了公司的发展，而产业竞争、上下游供需、市场空间、市场机遇等因素是决定投资公司发展的最重要因素。可以从以下几个方面来考察企业的行业根基是否雄厚或薄弱：①企业的数目和规模，评价竞争关系；②本行业在本地区工业总产值中的比重，掌握市场空间；③产业链的聚集，供应商的数量和供给能力，下游的消费市场的公司和消费能力。

(2) 产业要素

产业要素是影响企业经营成本的主要因素，包括土地、水、电、气和人工：①获取土地的难度、获取成本、可获得的土地面积；②水、电、气的单位价格，特别是高能源行业，对要素的价格非常敏感；③提供的人员的数量和人员的水平。对于劳力密集的工业来说，人才的供应能力是企业选择的关键；在技术密集行业中，高层次人才的供应与吸引是决定企业选择的关键。

(3) 履约能力

政府的政策执行能力也是一个重要的问题。尤其是作为重点引进的地方项目，对政府的政策执行能力进行考核显得尤为重要。各地招商竞争白热化，招商政策透明化，项目落地后，当地政策不能承兑以前合同的案例不断涌现，导致企业利益难以实现。在选择合适的地点时，政府履行能力的考量因素包括：地方财政实力、政府服务水平和决策层更迭。

(4) 经济水平

经济力量是一个区域未来发展的保障。在经济欠发达地区，产业发展的可持续性不能得到保障，很难为产业发展提供较好的支撑和基础设施。因此，企业的经济实力被视为反映企业外部综合发展环境的一个重要指标。城市经济基础主要由 GDP、人均国内生产总值、人均可支配收入、地方财政收入等来度量。

(5) 土地条件

土地状况是企业开展生产活动的前提，特别是对土地状况有特别要求的行业，应对土地状况的一致性进行全面的研究。应重点关注土地属性、可获得性、建设条件和成本四个方面：①土地属性是重点，面积、形状、平整度是重点；②可供使用的土地，规划、拆迁、未来可扩展的空间等都是要考量的因素；③施工环境主要考虑地形、水文地质、高压线路走向、市政道路、河流走向等方面的具体情况；④土地费用的计算，以各种地价为基础。

（6）自然条件

对大部分项目来说，自然条件是一致的，但是这并不是一个被忽视的原因。自然条件是工程建设的基础。自然条件需要着重考虑两个因素，一是环境质量，二是自然灾害。

第三节 企业注册及相关事务

开办公司需要到办公场地所在地的市场监督管理局、税务局、人力资源和社会保障局等部门办理报备审批手续。

一、工商注册

到办公场地所在地的市场监督管理局提交相关文件材料，市场监督管理局将给企业颁发营业执照。

1. 租赁办公场所

注册公司之前，首先企业需要自由或者租赁办公场地。自由办公场地按照市场监督管理局要求提交办公场所有权登记证明材料，租赁办公场地的要求提供租赁合同等场地使用证明材料，持有以上材料去市场监督管理局办理后续手续。

2. 申请公司名称

到办公地点所在的区市场监督管理局申请公司名称，也可以在网上办理。当地所在政府服务网（如湖北省的：http://zwfw.hubei.gov.cn/湖北政务服务网）

公司取名字，必须按照相关规则确定。具体公司名称由四个部分组成：行政区划+字号+行业+组织形式，例如：武汉市某某某管理咨询有限责任公司。经市场监督管理局核准后，获得名称核准通知书，办理后续手续。

3. 撰写公司章程

公司章程，是指公司依法制定的、规定公司名称、住所、经营范围、经营管理制度等重大事项的基本文件，也是公司必备的规定公司组织及活动基本规则的书面文件。公司章程是股东共同一致的意思表示，载明了公司组织和活动的基本准则，是公司的宪章。公司章程具有法定性、真实性、自治性和公开性的基本特征。公司章程与《公司法》一样，共同肩负调整公司活动的责任。作为公司组织与行为的基本准则，公司章程对公司的成立及运营具有十分重要的意义，它既是公司成立的基础，也是公司赖以生存的灵魂。

企业注册前，必须完成公司的章程撰写，并到市场监督管理局备案，公司章程是股东们对各个股东权利、义务和责任的约定文书，同时约定了公司经营的目标和范围、行为准则等，公司应当认真撰写并反复研讨后再提交到市场监督管理局备案。

准备好公司名称核准通知书、办公场地材料和公司章程后，就可以到市场监督管理局递交公司设立登记申请，经审批后由市场监督管理局颁发营业执照。

二、刻制公司印章

公司经市场监督管理局颁发营业执照后，持相关要求的证件资料，到经公安系统备案的刻章店完成刻章。公司刻章包括一套五个章，分别为公司印章、法人章、财务章、合同章和发票章。

三、到银行开设对公账户

公司持营业执照、公司章程(与公司章程一致市场监督管理局备案)、公司印章等材料到选定的银行办理开设对公账户,经银行审批后,给企业颁发基本账户的开户许可证,对公账户核准号是银行的基本账户的开户许可证的号码。

四、到税务部门报到并核定税种票种

公司财务人员持公司营业执照等材料到办公地址所在区的税务局办理税务登记,经登记后办理税种认定和票种认定,领取发票,并按照税务局要求做税务申报。

五、办理社会保险

公司持营业执照等材料到办公地址所在区的劳动和社会保障局办理社保登记,经批准后获得公司的社保账户,便可以给职工办理社保业务。

至此,所有政府部门相关手续办理完成,公司可以开展经营业务。

第四节　新创企业的基本注意事项

(一)以市场为导向,对企业产品进行分析论证

社会主义市场经济是以市场为导向的,建立企业必须适应市场需求,否则在竞争白热化的市场中就难有立足之地。因此,在建立企业之前,要对企业的主要产品进行市场调查分析:看企业产品是否适应市场需求,是否有竞争力,是否可持续发展,看清企业产品的市场优势和劣势,对建立企业可行性程度进行分析论证。可行性强就要迅速行动,策划、建立企业;反之,要迅速调整思路,改换企业产品。企业的产品是企业的生命,一定要慎重论证。

(二)以人为本,广纳人才

社会生产的诸要素中,生产力是最关键因素,而人是生产力中最活跃的因素。也就是说,人在社会生产、生活中起决定性作用。因此,建立企业,关键在于广纳人才。企业人才不仅要有勤劳肯干、兢兢业业、任劳任怨的企业生产人员,还要有懂技术、善经营、高素质的企业管理人员,这类人才是企业成功与否的关键。在市场经济的形势下,企业的竞争就是人才的竞争。广纳企业人才,要从大专院校选聘,从社会市场招聘,从企业内部提拔,从国内外引进。要根据人才的能力和专长推断分析其适合何种职位,做到因岗配人、人尽其才。同时,要用经济手段、行政手段、感情手段、环境手段留住高级人才,充分发挥他们的聪明才智和主观能动性,使他们能积极为企业服务,为企业创造最大的经济效益。

(三)多筹集资金,策划企业规模

资金是企业赖以生存的"血液","血液"不足则"供氧"困难,企业难以维持。筹集资金是建立企业必不可少的环节。要因情据势,量力而行,根据资金的多少和市场需求,决

定企业规模的大小。

(四)强化企业管理,提高企业竞争力

管理出效益。如果说企业的产品是企业的"命",那么企业的管理就是企业的"运",决定企业的营运和出路。在市场制约因素日益增强的形势下,企业要大力加强新产品开发和市场营销,生产市场适销的产品。要努力提高产品质量,降低各种消耗,提高企业竞争力。要增强风险意识,强化风险管理,特别要注重和加强投资决策管理、资本和资金运营管理,规避经营风险。要坚持艰苦奋斗,厉行节约,反对铺张浪费。要加强与工商、税务、公安、环保、环卫等部门的联系,争取政策扶持。总之,强化企业管理,重点是要狠抓企业人才管理、资金管理、产品管理。

(五)励精图治开拓创新,确保企业持久发展

"火车跑得快,全靠车头带。"企业建立后,企业领导是企业发展的关键。在新形势下,企业领导人要时刻保持头脑冷静清醒,正确认识客观实际的发展形势,不断增强市场意识和竞争意识,企业才能保持生存和持续发展。

📖【扩展阅读】

动漫成大学生创业新潮流

近年,动画《喜羊羊》《熊出没》,漫画《长歌行》等中国原创作品越来越深入人心,创造了源源不断的经济效能。同时,在新媒体、移动互联网大力发展的浪潮下,也为动漫产业开拓了新的发展空间。行业的高速发展带来了更大的人才需求量,根据智联招聘公布的大数据分析所得,2014年全国动漫类提供的职位数量已猛增至将近10万个。

在这样的大环境与产业发展趋势下,动漫相关专业的毕业生本该拥有更多的就业机会,但事实却并非如此。从麦可思研究院调查编著的《2014年中国大学生就业报告》与社科院发布的《2013年大学生就业蓝皮书》统计数据显示,动漫相关专业是目前高校中就业最难的专业之一。

"虽然面对着毕业有可能就变成失业的窘境,但动漫类专业仍然是我们学院最炙手可热的专业之一。而且,不但是动漫专业的同学们大多以动漫创作作为毕业设计,亦有不少非动漫专业的同学会以动漫题材作为毕业创作的方向。"广东省动漫艺术家协会副主席、广州大学美术与设计学院院长汪晓曙表示。据了解,这几年随着中国经济发展步入新常态,变化的不只是政策导向、产业布局和官员心态,还有大学生的择业观的转变——从艰难就业到自主创业。其中,在动漫领域的大学生成功创业例子就比比皆是:中国传媒大学动画系2004级毕业生王卯卯创作的卡通形象兔斯基在网络爆发式地流行起来,随后被豪门时代华纳相中彻底买断;毕业于北京电影学院漫画系2008级的漫画作者刘成文,在读时已开始连载漫画,毕业后便成立漫画工作室自主创业,现已创作《李小猫传奇》《武神赋》等多部作品;广州美术学院数码系动画专业毕业的何伟锋凭借毕业创作《小胖妞》动画,在优酷网获得超过1000万次的收看率而声名大噪,毕业后组建了一个7个人的小团队,把《小胖妞》发展成系列动漫,发展

至今团队人数已有 50 多人；1992 年出生的"伟大的安妮"（微博名）就读广东外语外贸大学时就已创作了《安妮和王小明》等系列漫画，毕业后创业成立工作室和公司，推出"快看漫画 App"。

据悉，广东省动漫艺术家协会、广州市动漫艺术家协会在广州美术学院大学城校区联合召开了动漫艺术创作的学术研讨会议，其中，满城聚焦的广美毕业展成为会上热议的话题，特别是新媒介艺术设计专业的冯嘉城同学设计的人造"月球"，引起众多资深创作者与动漫专家学者的高度关注。会后，两家协会的动漫艺术家组团前往展览现场交流研讨，针对毕业创作进行分析点评，并给予学生技术指导与创作思路，更鼓励和支持同学们的创新创业。"动漫艺术是一门与市场有紧密关系的艺术门类，本届毕业创作中不乏大量优质的动漫作品，能与市场直接对接，已有部分作品和学生被企业相中。而且，动漫专业的不少同学选择毕业后以动漫方向作为创业首选。"广东省动漫艺术家协会副主席、广州美术学院视觉艺术设计学院院长王绍强说。

广东省动漫艺术家协会、广州市动漫艺术家协会的成立，是为了提高中国原创动漫作品的艺术水平，带动动漫艺术与其他艺术的繁荣与融合。广东省动漫艺术家协会主席、广州市动漫艺术家协会主席金城表示："为了更好地保持广东动漫艺术事业的发展势头，大力扶持与培育新生代的动漫创作快速成长，协会有计划要成立大学生动漫艺术创作基金，为大学生的创新创业提供更多的资源与资金。"

（资料来源：《中国日报》中文网）

☞【案例精选】

"90 后"创业代表王锐旭走进中南海与总理面对面

2015 年 1 月 27 日上午，国务院总理李克强在中南海主持召开座谈会，听取教育、科技、文化、卫生、体育界人士和基层群众代表对《政府工作报告（征求意见稿）》的意见和建议。在这些被邀请的代表中，有一位"90 后"小伙特别显眼，他就是广州九尾信息科技公司 CEO、广州青年创业榜样、创业导师、成长引路人等，集各种荣誉于一身的创业者王锐旭。

王锐旭是谁？作为一个"90 后"，王锐旭没有半点儿"90 后"的特色标签与特征，端正得体的穿着，从容淡定的举止，低调内敛的言语，无时无刻的微笑，没有丝毫做作，没有自大狂妄，唯独双眼不时透出的那股坚毅，流露着"90 后""欲与天公试比高"的信念与冲劲。

初中的时候因家里破产，王锐旭表现得特别脆弱，绝望又迷茫，内心无所适从，也无法接受现实的落差从而走向极端，逃避校园，迷恋网络，沉醉在游戏世界里，学习散漫，完全没有了一个新时代进取少年该有的觉悟。幸好，父母的宽容和耐心教导，引导他走出青春的迷茫，重归校园。这以后，王锐旭的人生轮盘再次转动起来。

初入大学的那年，和所有的大一新生一样，王锐旭的心中也充满着对大学生涯的期待和憧憬。来自潮汕的他，开始尝试着做一些兼职和校园代理，希望在赚钱的同时锻炼并提升一下自身的能力。然而现实毫不留情地泼了一盆冷水，几乎浇灭了他所有的热情——兼职信息五花八门，真假难辨，时不时地被黑中介骗走一笔中介费；校园代理参差不齐，除了成为廉价劳动力，几乎无利可图，就连一顿可以饱肚的晚餐都成为难题，最后还是好心的同乡店家愿意赊账才解决的。

大学生想要做点事情，为何如此之难？大二伊始，出于对现实的不满和不妥协，王锐旭携手女友一起组建了魔灯团队，开始走上创业的道路，却一发不可收拾。

一开始，魔灯团队的办公场所仅仅是广州中医药大学学校饭堂里的一张桌子。王锐旭就是在这样的条件下，和女友一起，说服一个又一个成员加入。他们为了寻找一份合理的校园代理，到处碰壁，吃了很多苦，尽管这样，他们还是坚持了下来，终于，团队的业务渐渐转入直路，团队人数由最初的他和女朋友两个人达到了 40 人，最好的时候月收入达到了 15 万元。这对于一个在校大学生来说，已经非常成功了。但王锐旭深深明白：100%的努力，换来的不是 1%的成功，而只是 50%的可能，他要去接近这 1%的成功。

进入大三，王锐旭不满于那 40 人、月收入 15 万元的"美满"现状，而是在思考这 40 人乃至将来 400 人的何去何从。在团队将来发展的长远考虑下王锐旭成立了九尾科技有限公司，并启动了大学生兼职平台——兼职猫的开发。那时的资金并不足以支撑技术研发，于是除了技术团队外，所有人又投入了新一轮的校园代理和兼职工作中，只是为了一个简单得不能再简单的目的：养活技术团队。

2013 年，王锐旭参加由团市委等主办的首届广州青年创业大赛，过五关斩六将，一举夺得广州青年创业大赛企业成长组冠军。直到兼职猫拿到第一笔天使投资的那一刻，王锐旭已经记不起自己和小伙伴们究竟做了多少努力。本该激动万分的他，没有流下一滴幸福的眼泪，而是匆匆地松了一口气，又一次陷入对未来的思考中：200%的努力，依旧没有换来 1%的成功，而是换来了又一次整装前行的理由，换来了更为沉重的责任和压力。之后的一年里，兼职猫顺利地拿下了第二轮天使融资和千万元级的 A 轮融资，王锐旭没有感觉轻松，而是深深地感到肩上背负的责任和压力越来越大。

过去的两年中，他接受了超过 40 家媒体的采访，被团市委授予广州青年创业榜样、广州青年创业导师等荣誉称号，他具有高度的社会责任感，主动参与了一系列的创业导师进校园巡讲的活动，并受邀参加了"18 岁青春季"广州市成人宣誓仪式，接受"成长引路人"证书，勇于担当责任。一直以来，他从未漏出一句豪言壮语，只是感谢每一位为兼职猫出力的成员，感谢着每一位帮助过他的人，更感谢每一位信任兼职猫的用户。

如今，王锐旭依旧坚持着当初的信念："我还年轻，输得起任何失败，但输不起的是任何一名用户的利益。"

（资料来源：大学生创业网）

第五节　企业制度建设和文化建设

一、新创企业制度建设

企业制度就像一个人的骨架，像一栋楼房的钢筋梁架。如果一个企业没有制度，就像一堆没有骨头的烂肉；如果制度不健全，就像从小就得了小儿麻痹症的病人。企业制度是产品从调研、研发、顺利生产到投放市场的重要保证。要想组建一个企业，并长远发展下去，必须首先建立符合实际的、可行的企业制度。

(一) 企业制度的分类

一个企业的制度分为以下几类：

1. 公共制度

即每个员工，包括老板都要遵守的制度。比如，上下班制度、企业用人制度、薪酬考核制度、学习晋升制度等。

2. 部门制度

即针对各个部门制定的制度，该部门人员必须遵守。比如，产品研发部门管理制度、生产服务部门管理制度、市场营销部门管理制度、财务管理部门管理制度、人力资源部门管理制度、综合行政部门管理制度等。

3. 个人制度

即针对不同的工作岗位，针对每个岗位群体制定的制度，比如，工艺人员职责、操作人员职责、调度人员职责、物资配套人员职责等。

4. 技术类制度

某部门所制定的为了保证生产产品质量、生产效率等所规定的具有一定技术要求的制度。比如，电子生产车间防静电制度、防多余物制度、工艺纪律、行业标准等。

5. 流程制度

为了满足产品顺利、高效、高质地研发、生产等目的规定的流程。例如，不合格产品审理流程、产品归零流程、物资周转流程等。

(二) 制度建设需注意的事项

企业的制度建设并非随意编制，就像资本主义国家有资本主义国家的制度、社会主义国家有社会主义国家的制度一样，不同的社会性质决定了国家制度的不同。同样，一个企业制度的建设也要考虑到企业性质、生产方式、人员背景、技术能力、民主性等众多的因素，总结起来企业制度建设应注意以下几点：

1. 民主性

制度本身就是人制定的，就是为了制约人的行为，大家认为好的行为当然值得赞赏，坏的行为才由制度去制约，所以制度本身就应该满足大家的意愿，合理地限制大家的行为。在制度制订时，应该考虑、征求大家的意见，要民主。制度的制订者很多是高层的管理人员，对下面的实际情况并不完全了解，在制订制度的时候很难没有偏差。

2. 现实性

制度不能好高骛远，同样也不能毫无效用，必须依据现实情况制订。

3. 明确性

制度的条款要明确，不能含糊其词，更不能产生歧义，一定要严谨，并规定明确。

4. 时变性

制度的制订要与时俱进，随着企业的发展进行更新、完善。

(三) 企业制度建设的方法

1. 民主的方法

主要是针对个人制度、技术类制度建设，制度的制订可以由底层人员进行制订，以后的守法者就是现在的执法者，自己提出的条款自己得遵守。

2. 强制的方法

主要针对公共制度、部门制度、技术类制度建设，对于公共制度、部门制度，就要求制定者明确企业(部门)实际考虑众多因素对企业整体的制度进行制订。对于技术类制度，则要求制订者明确行业技术情况，明确产品质量要求等，具有一定的专业技能技术、知识，制定出符合实际的标准制度来。

(四) 制度执行当中应注意的问题

企业制度建立起来之后就要求每一位员工严格遵守，"不可越雷池一步"，否则就会按照制度规定的处罚规定进行相应的惩罚。企业制度在执行当中应注意以下几点:

1. 高层管理人员必须带头执行企业制度

高层管理人员"也在法中，并不在法外"，正所谓"天子犯法与庶民同罪"。这里指出的就是，所谓的"头头"，必须遵守制定的制度，不可有特权，当他们违反了制度的规定以后，要比普通员工承受更大的惩罚，因为他们不仅是守法者，他们更是执法者和执法者。

2. 执法必严

既然企业制度已经制定了，又是合理的，就必须严格执行。否则，制法等于没法，企业制度依然起不到作用。

3. 制度的执行要考虑到实际情况

制度的执行是"时变"的，应根据实际的情况、违反制度的人员状况等来考虑制度执行的弹性空间，既要考虑实际情况，不能把违法者"一棒子打死"，又要执行制度。

☞【案例精选】

23岁的小杨在大学毕业前就开始创业了！刚走出大学校门的她，都当了半年多的糕点店老板了。

小杨从小就很喜欢烘焙，进入大学后，"想要开一家糕点店"的念头在她心里越来越强烈。后来，当打听到上海有烘焙展会时，她坐不住了，带着自己攒的零花钱来到了展会现场。在现场，看着来自世界各地各式各样的烘焙糕点，她特别兴奋。考察中，中国台湾有一家公司展出的当地特色糕点让她过口不忘。

回到济南后，只要上课不忙，小杨就喜欢跑到市区四处转悠，看看都有什么样的糕点店。经过调研，她发现自己吃到的美味凤梨酥等台湾糕点在济南并没有太多销售商家，这个发现让她"蠢蠢欲动"。几经周折，小杨联系到了让自己印象深刻的这家台湾公司，表达了自己的意向，希望能在济南也开一家台湾糕点店铺。

"人家一听说我还是在校生，开始并不太乐意。还好，最后他们还是被我的诚心打动了。"小杨说。一旦确定了目标，小杨立刻开始行动。她找到父母，将自己的市场调研结果详细地讲解给父母听。终于，小杨的父母同意先借给她创业资金。

借到了创业资金，小杨又开始到处租房。有了房子，她就开始跟着台湾糕点公司派来的烘焙师傅学习。那段时间，小杨多数时间泡在店里。有时为了研究怎样能将糕点做得更好，她经常要熬夜到凌晨。

几个月后，小杨的小店正式开张了，还没毕业的她成了小老板。小店的隔壁是一家已小有名气的糕点店，有时一些顾客来买糕点时，看到小杨的小店会好奇地到店里去转转。但他们问小杨最多的就是"你们店里的东西好不好吃？"

开始创业后，小杨才感觉有好多东西要学。做出了好吃的糕点，顾客却很少，或者顾客很多时糕点又供应不上，这些都让小杨"头大"。另外，如何和顾客打交道、怎样管理比自己年龄还大的员工等，这些是初次创业的小杨不停学习的内容。

小杨认为大学生创业不要好高骛远，要从基础做起。对于选择的项目要做充分的市场调研，不断地去了解这个行业，才能做出自己的特色。

二、新创企业的企业文化建设

(一) 企业文化的定义

企业文化一般指企业中长期形成的共同理想、基本价值观、作风、生活习惯和行为规范的总称，是企业在经营管理过程中创造的具有本企业特色的精神财富的总和。它对企业成员有感召力和凝聚力，能把众多人的兴趣、目的、需要和由此产生的行为统一起来，是企业长期文化建设的反映，包含价值观、最高目标、行为准则、管理制度、道德风尚等内容。它以全体员工为工作对象，通过宣传、教育、培训和文化娱乐、交心联谊等方式，以最大限度地统一员工意志，规范员工行为，凝聚员工力量，为企业总目标服务。

(二) 企业文化建设的内容

企业文化是以人为本的管理哲学。现代企业越来越重视人在企业发展中的重要作用，所以，打造独具特色的企业文化，牢牢把握住企业文化建设的着力点，对增强企业的向心力和凝聚力具有十分重要的意义。

1. 重视企业战略文化

企业要实现可持续发展，必须有一个长远的发展目标和发展规划。企业今后朝什么方向发展、如何发展等问题都应让全体员工尽快了解。发展战略只有得到全体员工的认同，才能发挥出应有的导向作用，才能成为全体员工的行动纲领。在企业文化建设中，要充分利用网络等载体，采取灵活多样的形式，搞好企业发展战略的宣传和落实。通过积极开展企业战略文化建设，进一步理清工作思路，明确企业的发展方向，激发员工的工作热情。

2. 建设企业人本文化

人才是企业发展的宝贵资源。在新形势下，企业需要一大批不同层次、不同专业的人才。企业必须把人才队伍建设作为企业文化建设的一部分，通过在企业内部营造尊重人、塑造人的文化氛围，增强员工的归属感，激发员工的积极性和创造性。随着科技的不断发展，更新员工知识结构的课题也摆在了企业的面前。企业应努力营造良好的学习氛围，搭建人才成长的平台，使全体员工增强主人翁意识，与企业同呼吸、共成长。要通过对员工进行目标教育，使他们把个人目标同企业发展目标紧密结合在一起，自觉参与到企业的各项工作中。

3. 规范企业制度文化

企业文化与企业制度之间是相互支撑、相互辅助的关系，制度文化是企业文化的重要组成部分。在制度文化建设中，要突出创新、严于落实，建立科学的企业决策机制和人力资源开发机制，制定完善的企业运行规则和经营管理制度，构建精干高效的组织架构，使各项工作紧密衔接，保证企业目标顺利实现。员工参与民主管理的程度越高，越有利于调动他们的积极性。企业建立开放的沟通制度，可以及时了解员工的思想动态。同时，要强化监督，规范管理行为，营造和谐的文化氛围，促进企业管理水平的提高。

4. 打造企业团队文化

企业发展目标的实现，离不开员工之间的相互协作。只有通过培养团队精神，企业才能不断创造新业绩，在激烈的市场竞争中立于不败之地。企业文化建设的重要任务，就是在企业内部营造有利于企业发展的良好氛围，使领导与领导、领导与员工、员工与员工之间精诚合作，促进企业目标顺利实现。同时，要恰当处理企业外部各方面的关系，尽可能地减少摩擦和矛盾，争取方方面面的理解和支持。

5. 增强企业创新意识

创新可以为企业文化注入活力，提升企业文化建设水平。要通过创新企业文化，促进企业不断发展。企业文化创新的关键是对企业旧的经营哲学、管理理念等进行创新，让企业文化建设迈上一个新台阶。要创造可以包容不同思维的环境。如果创新只许成功、不许失败，那么企业也很难保持旺盛的创造力和生命力。作为市场竞争主体，企业应具备与现代市场经济相适应的能力，企业文化建设也应反映市场经济的要求。市场竞争形成了新的竞争理念和模式，在企业文化建设过程中，必须充分理解这种理念和模式，以确保企业持续健康发展。

☞【扩展阅读】

以改革激发人才创新创业活力

"致天下之治者在人才。"正如习近平总书记所强调的，我们比历史上任何时期都更接近实现中华民族伟大复兴的宏伟目标，也比历史上任何时期都更加渴求人才。

怎样破除制约人才发展的思想障碍和制度藩篱，最大限度激发人才创新创造活力？全面建成小康社会进入决胜阶段，中央印发《关于深化人才发展体制机制改革的意见》(以下简称《意见》)，对人才发展体制机制改什么、怎么改，作出明确的顶层设计和制度安排。作为我国第一个关于人才发展体制机制改革的综合性文件，《意见》的颁布和实施，对于形成具有国际竞争力的人才制度优势，推动创新、协调、绿色、开放、共享发展，具有重大而深远的意义。

进入21世纪新阶段，我国人才事业发展取得巨大成就，人才对经济社会发展的贡献率迅速提升。但人才队伍还不能完全适应经济社会发展要求，人才发展体制机制存在一些深层次障碍。比如，人才管理体制不顺、权责不清，市场机制作用发挥不充分、用人主体自主权落实不到位，人才评价、使用、激励机制不科学、不完善，人才对外开放度不高、缺乏竞争优势，人才流动不畅、得不到有效配置，等等。深化改革要坚持问题导向，敢于啃"硬骨头"，勇于向"老大难"问题开刀，打破束缚人才事业发展的条条框框。

消除有形无形的栅栏，打破院内院外的围墙，深化人才发展体制机制改革的核心是放权放活。让人才放开手脚创新创造，必须理顺政府、市场、社会和用人主体关系，加快转变政府人才管理职能，推动人才管理简政、放权、松绑，落实和扩大用人单位自主权，健全市场化、社会化的人才管理服务体系。只有充分发挥市场在人才资源配置中的决定性作用，同时更好发挥政府作用，人才管理体制才可能理顺，人才的积极性才会得到有效发挥。

直击制约人才发展的"难点"，打通束缚创新的"堵点"，深化人才发展体制机制改革的关键是制度创新。《意见》根据我国人才发展形势和任务，提出了一系列有针对性、含金量高的重点改革举措。比如，改进人才培养支持机制，完善产学研用结合的协同育人模式；创新人才评价机制，建立科学化、社会化、市场化的人才评价制度；健全人才顺畅流动机制，打破人才流动的"玻璃门""天花板"……这些改革举措，着力破除体制性壁垒和政策性障碍，顺应全面深化改革要求，有利于进一步释放人才活力，激发创新动力。

党管人才是我国人才制度的独特优势。作为今后一个时期全国人才工作的指导性文件，《意见》提出的改革任务涉及面宽、政策性强，有的还触及深层次矛盾和利益格局。必须坚持党管人才原则，加强党对人才工作的统一领导，完善党管人才工作新格局，建立各级党政领导班子和领导干部人才工作目标责任制，坚持对人才的团结教育引导服务，形成人人皆可成才、人人尽展其才的制度环境。

"多士成大业，群贤济宏绩"。人才发展体制机制改革的方向已经明确。只要我们扎实推动各项改革任务落实，为各类人才发挥作用、施展才华提供更加广阔的天地，我们就一定能聚天下英才而用之，为全面建成小康社会提供有力支撑。

（资料来源：《人民日报》）

📖【拓展训练】

以下是完成公司注册需要到相关部门办理的事项流程，共分八步，请同学们按照下列流程完成。

第一步：租赁办公场所

租赁的办公场地地址为：＿＿＿＿＿＿＿＿＿＿＿＿＿＿＿＿＿＿＿

附：租赁合同

第二步：申请公司名称

到办公地点所在的区市场监督管理局申请公司名称，也可以在网上办理。当地所在政府服务网(如湖北省的：http://zwfw.hubei.gov.cn/湖北政务服务网)

取名字，有规则：行政区划+字号+行业+组织形式

例如：武汉市某某某管理咨询有限责任公司

企业名称预先核准申请书

申请企业名称				
备选企业名称 (请选用不同的字号)	1.			
	2.			
	3.			
经营范围	(只需填写与企业名称行业表述一致的主要业务项目)			
注册资本(金)	(万元)			
企业类型				
住所地				
投资人				
姓名或名称	证照号码		投资额(万元)	投资比例

指定代表或者共同委托代理人的证明

指定代表或者委托代理人(本人签字)：

指定代表或委托代理人更正有关材料的权限：

1. 同意□不同意□修改有关表格的填写错误；

2. 同意□不同意□修改除上项外的任何材料；

3. 其他有权更正的事项：

指定或者委托的有效期限：自　　年　　月　　日至　　年　　月　　日

指定代表或委托代理人联系电话	固定电话：
	移动电话：

（指定代表或委托代理人
身份证明复印件粘贴处）

投资人盖章或签字：

年　　月　　日

注：1. 投资人是拟设立企业的全体出资人。投资人是法人和经济组织的由其盖章投资人是自然人的由其签字。

2. 指定代表或者委托代理人更正有关材料的权限，选择"同意"或"不同意"，并在□中打√；第3项按授权内容自行填写。

企业名称预先核准审核表

受理日期		受理通知书文号	
申请名称			
核准名称			
受理意见			
	受理人员签字:	年 月 日	
核准意见			
	核准人员签字:	年 月 日	

创业市工商行政管理局制

第三步：撰写公司章程

以下为有限责任公司的公司章程范本，根据组建团队的情况，完成空白地方的填写。

有限公司章程

第一章 总则

第一条 为规范公司的组织和行为，维护公司、股东和债权人的合法权益，根据《中华人民共和国公司法》(以下简称《公司法》)和有关法律、法规规定，结合公司的实际情况，特制定本章程。

第二条 公司名称：有限公司。

第三条 公司住所：市。

第四条 公司在登记注册，公司经营期限为年。

第五条 公司为有限责任公司。实行独立核算、自主经营、自负盈亏。股东以其认缴的出资额为限对公司承担责任，公司以其全部资产对公司的债务承担责任。

第六条 公司坚决遵守国家法律、法规及本章程规定，维护国家利益和社会公共利

益，接受政府有关部门监督。

第七条 本公司章程对公司、股东、执行董事、监事、高级管理人员均具有约束力。

第八条 本章程由全体股东共同订立，在公司注册后生效。

第二章 公司的经营范围

第九条 本公司经营范围为：以公司登记机关核定的经营范围为准。

第三章 公司注册资本

第十条 本公司注册资本为万元。本公司注册资本实行一次性出资。

第四章 股东的名称(姓名)、出资方式及出资额和出资时间

第十一条 公司由个股东组成：

股东一：

家庭住址：

身份证号码：

以＿＿＿＿＿＿方式出资＿＿＿＿＿＿万元，占注册资本的＿＿＿＿＿%，在＿＿＿年＿＿＿月＿＿＿日前一次足额缴纳。

股东二：

家庭住址：

身份证号码：

以＿＿＿＿＿＿方式出资＿＿＿＿＿＿万元，占注册资本的＿＿＿＿＿%，在＿＿＿年＿＿＿月＿＿＿日前一次足额缴纳。

股东三：

家庭住址：

身份证号码：

以方式出资万元，占注册资本的%，在年月日前一次足额缴纳。

股东四：

家庭住址：

身份证号码：

以方式出资万元，占注册资本的%，在年月日前一次足额缴纳。

股东五：

家庭住址：

身份证号码：

以方式出资万元，占注册资本的%，在年月日前一次足额缴纳。

股东六：

家庭住址：

身份证号码：

以方式出资万元，占注册资本的%，在年月日前一次足额缴纳。

第五章　公司的机构及其产生办法、职权、议事规则

第十二条　公司股东会由全体股东组成，股东会是公司的权力机构，依法行使《公司法》第三十八条规定的第 1 项至第 10 项职权，还有职权为：

11. 对公司为公司股东或者实际控制人提供担保作出决议；

12. 对公司向其他企业投资或者为除本条第 11 项以外的人提供担保作出决议；

13. 对公司聘用、解聘承办公司审计业务的会计师事务所作出决议；

对前款所列事项股东以书面形式一致表示同意的，可以不召开股东会会议，直接作出决定，并由全体股东在决定文件上签名、盖章。

第十三条　股东会的议事方式：

股东会以召开股东会会议的方式议事，法人股东由法定代表人参加，自然人股东由本人参加，因事不能参加可以书面委托他人参加。

股东会会议分为定期会议和临时会议两种：

1. 定期会议

定期会议一年召开次，时间为每年召开。

2. 临时会议

代表以上表决权的股东，执行董事，监事提议召开临时会议的，应当召开临时会议。

第十四条　股东会的表决程序

1. 会议通知

召开股东会会议，应当于会议召开十五日以前通知全体股东。

2. 会议主持

股东会会议由执行董事召集和主持，执行董事不能履行或者不履行召集股东会会议职责的，由监事召集和主持，监事不召集和主持的，代表以上表决权的股东可以召集和主持。股东会的首次会议由出资最多的股东召集和主持，依照《公司法》规定行使职权。

3. 会议表决

股东会会议由股东按出资比例行使表决权，股东会每项决议需代表多少表决权的股东通过规定如下：

(1)股东会对公司增加或减少注册资本、分立、合并、解散或变更公司形式作出决议，必须经代表三分之二以上表决权的股东通过。

(2)公司可以修改章程，修改公司章程的决议必须经代表三分之二以上表决权的股东通过。

(3)股东会对公司为公司股东或者实际控制人提供担保作出决议，必须经出席会议的除上述股东或受实际控制人支配的股东以外的其他股东所持表决权的过半数通过。

(4)股东会的其他决议必须经代表二分之一以上表决权的股东通过。

4. 会议记录

召开股东会会议，应详细做好会议记录，出席会议的股东必须在会议记录上签名。

第十五条　公司不设董事会，设执行董事一人，由股东会选举产生。

第十六条　执行董事对股东会负责，依法行使《公司法》第四十七条规定的第 1 项至第 10 项职权。

第十七条　执行董事每届任期年，执行董事任期届满，连选（派）可以连任。执行董事任期届满未及时更换或者执行董事在任期内辞职的，在更换后的新执行董事就任前，原执行董事仍应当依照法律、行政法规和公司章程的规定，履行执行董事职务。

第十八条　公司设经理，由执行董事聘任或者解聘。经理对执行董事负责，依法行使《公司法》第五十条规定的职权。

第十九条　公司不设监事会，设监事人，由非职工代表担任，经股东会选举产生。

第二十条　监事任期每届三年，监事任期届满，连选可以连任。监事任期届满未及时改选，或者监事在任期内辞职的，在改选出的监事就任前，原监事仍应当依照法律、行政法规和公司章程的规定，履行监事职务。

执行董事、高级管理人员不得兼任监事。

第二十一条　监事对股东会负责，依法行使《公司法》第五十四条规定的第 1 项至第 6 项职权。

监事可以列席股东会会议，监事发现公司经营情况异常，可以进行调查；必要时，可以聘请会计师事务所等协助其工作，费用由公司承担。

第六章　公司的股权转让

第二十二条　公司的股东之间可以相互转让其全部或者部分股权。

第二十三条　股东向股东以外的人转让股权，应当经其他股东过半数同意。股东应就其股权转让事项书面通知其他股东征求同意，其他股东自接到书面通知之日起满三十日未答复的，视为同意转让。其他股东半数以上不同意转让的，不同意的股东应当购买该转让的股权；不购买的，视为同意转让。

经股东同意转让的股权，在同等条件下，其他股东有优先购买权。两个以上股东主张行使优先购买权的，协商确定各自的购买比例；协商不成的，按照转让时各自的出资比例行使优先购买权。

第二十四条　本公司股东转让股权，不需要召开股东会。股东转让股权按本章程第二十二条、第二十三条的规定执行。

第二十五条　公司股权转让的其他事项按《公司法》第七十三条至第七十六条规定执行。

第七章　公司的法定代表人

第二十六条　公司的法定代表人由担任。

第八章　附则

第二十七条　本章程原件一式份，其中每个股东各持一份，送公司登记机关一份，验资机构一份，公司留存份。

有限公司全体股东

自然人股东签字：

日期：　　年　月　日

注资：认缴制

第四步：公司设立登记

收到所有要求的证件资料后并递交申请表格后，工商局核发企业法人营业执照。

公司设立登记申请书

申请公司设立时应提交的材料：

1）公司章程

2）验资证明

3）确认书

4）公司住所使用证明

5）指定代表或者共同委托代理人的证明

6）公司法定代表人登记表

7）企业名称预先核准通知书

名称			
住所		邮政编码	
法定代表人姓名		职务	
注册资本	（万元）	公司类型	有限责任公司
实收资本	（万元）	出资方式	
经营范围			
营业期限	自　年　月　日至　年　月　日		
备案事项			

　　本公司依照《中华人民共和国公司法》《中华人民共和国公司登记管理条例》设立，提交材料真实有效。谨此对真实性承担责任。

法定代表人签字：　　　　　　　　　　指定代表或委托代理人签字：

　　　　　年　月　日　　　　　　　　　　　　　　　　年　月　日

公司股东(发起人)名录

股东(发起人)名称或姓名	证件名称及号码	认缴出资额(万元)	出资方式	持股比例(％)	首期实缴出资情况			余额交付期限	备注
					实缴出资额(万元)	出资时间	出资方式		

注：1. 根据公司章程的规定填写。

2. "备注"栏填写下述字母：A. 企业法人；B. 社会团体法人；C. 事业法人；D. 国务院、省人民政府、经授权的机构或部门；E. 自然人；F. 其他。

3. 出资方式填写：货币、非货币。

4. 本表不够填时，可复印续填，粘贴于后。

公司董事、监事、经理情况

姓名职务	姓名职务
身份证件号码：	身份证件号码：
（身份证件复印件粘贴处）	（身份证件复印件粘贴处）
姓名职务	姓名职务
身份证件号码：	身份证件号码：
（身份证件复印件粘贴处）	（身份证件复印件粘贴处）
姓名职务	姓名职务
身份证件号码：	身份证件号码：
（身份证件复印件粘贴处）	（身份证件复印件粘贴处）

注：本表不够填时，可复印续填，粘贴于后。

公司法定代表人登记表

姓名		是否公务员	
职务		联系电话	
任免机构			

（身份证件复印件粘贴处）

法定代表人签字：

年　　月　　日

第五步：刻制公司印章

收到所有要求的证件资料后，刻章店将为公司刻制公司印章、法人章、财务章。

第六步：开设银行账户

收到所有要求的证件资料后并递交申请表格后，创业银行为公司开设银行账户。

开立单位银行结算账户申请书

办理单位银行结算账户时需要提交的材料：

□法定代表人身份证原件及复印件　　　□营业执照正本原件及复印件

□国、地税税务登记证　　　　　　　　□公司公章，财务章，法人章

存款人		电话	
地址		邮编	
存款人类别		组织机构代码	
法定代表	□	姓名	
单位负责人	□	证件种类	证件号码	
行业分类	A(□)B(□)C(□)D(□)E(□)F(□)G(□) H(□)I(□)J(□)K(□)L(□)M(□)N(□) O(□)P(□)Q(□)R(□)S(□)T(□)		
注册资金		地区代码	
经营范围			
证明文件种类		证明文件编号	
税务登记证编号			
账户性质	基本(□)一般(□)专用(□)临时(□)		
资金性质		有效日期至	年　　月　　日
以下为存款人上级法人或主管单位信息：			
上级法人或主管单位名称			
基本存款账户开户许可证核准号		组织机构代码	

续表

法定代表	☐	姓名		
单位负责	☐	证件种类		证件号码

以下栏目由开户银行审核后填写：

开户银行名称		开户银行代码	
账户名称		账号	
基本存款账户开户许可证核准号		开户日期	

本存款申请开立单位银行结算账户，并承诺所提供的开户资料真实、有效。 存款人(公章) 年　月　日	开户银行审核意见： 经办人(签章) 银行(签章) 年　月　日	人民银行审核意见： (非核准类账户除外) 经办人(签章) 人民银行(签章) 年　月　日

第七步：办理税务登记

进入主场景，走到国家税务总局，点击"进入"，或点击导航仪表盘上的"国税"快速进入国家税务总局，办理国税登记证。类似方法，再完成地税登记证办理。

收到所有要求的证件资料后并递交申请表格后，税务局核发企业税务登记证。

税务登记表

纳税人名称						
法定代表人		身份证件名称			证件号码	
注册地址					邮政编码	
生产经营地址					邮政编码	
生产经营范围	主营					
	兼营					
所属主管单位						
发照工商机关	工商机关名称					
	营业执照名称			营业执照字号		
	发照日期	年 月 日		开业日期	年 月 日	
	有效期限	年 月 日至 年 月 日				

开户银行名称	银行账号	币种	是否缴税账号

生产经营期限	年 月 日至 年 月 日		从业人数	
经营方式		登记注册类型	行业	
财务负责人		联系电话		
办税人员		联系电话		
隶属关系		注册资本	元	注册资本币种	

投资方名称	投资金额	投资币种	与美元汇率比价	占投资比额	分配比例

会计报表种类				
低值易耗品摊销方式				
折旧方式				
所属非独立核算的分支机构	纳税人识别号	纳税人名称	生产经营地址	负责人

分支机构是否单独申报		申请核发税务登记证副本数量	

E-mail 地址		纳税人状态	

以下由受理登记税务机关填写

税务登记证发证日期：　　年　　月　　日

法定代表人(负责人)签章：

纳税人(签章)

税务登记机关(登记专用章)

经办人(签字)：

填表日期：　　年　　月　　日

第八步：办理社会保险

进入主场景，走到人力资源和社会保障局，点击"进入"，或点击导航仪表盘上的"劳保"快速进入人力资源和社会保障局，办理企业社会保险开户。

收到所有要求的证件资料后并递交申请表格后，人力资源和社会保障局核发企业社会保险登记证。

用人单位社会保险登记表

用人单位办理社会保险登记证时应提交的材料包括：
☐工商营业执照　　☐国税和地税税务登记证
☐组织机构代码证　　☐企业职工花名册

缴费单位名称			电话	
单位住所(地址)			邮编	
社会保险企业编号		税务登记证号		
工商登记执照信息	执照种类			
	执照号码			
	发照日期		有效期限	
批准成立信息	批准单位			
	批准日期			
	批准文号			
法定代表人或负责人	姓名			
	身份证号			
	电话			
缴费单位经办人	姓名			
	所在部门			
	电话			
单位类型		隶属关系		
主管部门或总机构				
开户银行		户名		
银行基本账号				
参加险种及日期	参保日期	参加险种	社会保险经办机构名称	
	养老保险	___年__月		
	医疗保险	___年__月		
	失业保险	___年__月		
	工伤保险	___年__月		
	生育保险	___年__月		
所属分支机构信息	负责人	名称	地址	

续表

有关数据	20____年末职工人数____人
	20____年末离退休人数____人
	20____年全部职工工资总额____万元
	20____年职工平均工资____元/年
社会保险经办机构审核意见	

企业社会保险开户登记表

办理企业社会保险开户登记表时应提交的材料包括：

□工商营业执照　　　□国税和地税税务登记证
□组织机构代码证　　□企业职工花名册
□用人单位社会保险登记表

单位编号			
单位名称(章)			
单位类别(性质)			
主管部门或机构			
开户银行			
账号			
单位地址			
邮政编码			
法定代表人(负责人)			
身份证号			
劳资联系人		电话	
财务联系人		电话	
组织机构代码			
营业执照号码			
税号(地)			
备注			
社会保险经办机构审核意见			

📖【思考讨论】

一、简答题

1. 通过学习有关内容，说说新企业创办的一般程序。

2. 新企业创办的基本条件是什么？

3. 新创企业有哪些基本注意事项？

4. 结合所学内容，谈谈你对企业制度建设的理解。

5. 什么是企业文化建设？企业文化建设的内容是什么？

二、案例分析题

有一天，素有"森林之王"之称的狮子，来到了天神面前："我很感谢你赐给我如此雄壮威武的体格、如此强大无比的力气，让我有足够的能力统治这整片森林。"

天神听了，微笑地问："但是这不是你今天来找我的目的吧！看起来你似乎为了某事而困扰呢！"

狮子低吼了一声，说："天神真是了解我啊！我今天来的确是有事相求。因为尽管我的能力再强，但是每天鸡鸣的时候，我总是会被鸡鸣声给吓醒。神啊！祈求您，再赐给我一个力量，让我不再被鸡鸣声给吓醒吧！"

天神笑道："你去找大象吧，它会给你一个满意的答复的。"

狮子兴冲冲地跑到湖边找大象，还没见到大象，就听到大象踩脚所发出的"砰砰"响声。

狮子加速地跑向大象，却看到大象正气呼呼地直踩脚。

狮子问大象："你干吗发这么大的脾气？"

大象拼命摇晃着大耳朵，吼着："有只讨厌的小蚊子，总想钻进我的耳朵里，害我都快痒死了。"

狮子离开了大象，心里暗自想着："原来体形这么巨大的大象，还会怕那么瘦小的蚊子，那我还有什么好抱怨呢？毕竟鸡鸣也不过一天一次，而蚊子却是无时无刻不骚扰着大象。这样想来，我可比他幸运多了。"

狮子一边走，另一边回头看着仍在踩脚的大象，心想："天神要我来看看大象的情况，应该就是想告诉我，谁都会遇上麻烦事，而她并无法帮助所有人。既然如此，那我只好靠自己了！反正以后只要鸡鸣时，我就当作鸡是在提醒我该起床了，如此一想，鸡鸣声对我还算是有益处呢！"

问题：在创业过程中，这则故事会给你什么样的启示？

第七章 新创企业管理

☞【目标导引】

    1. 了解新创企业战略特征

    2. 掌握新创企业战略的基本类型

    3. 了解新创企业人力资源管理存在的问题

    4. 掌握新创企业人力资源管理的要点

    5. 了解新创企业财务管理的基本内容

    6. 了解资产负债表、利润表、现金流量表的基本要素

☞【案例导入】

    1989 年 8 月，在深圳大学软件科学管理系硕士毕业的史玉柱和三个伙伴，用借来的 4000 元钱承包了天津大学深圳科技工贸发展公司电脑部，开始了创业。团队凭借其开发的一款代号为 M-6401 的桌面排版印刷系统，迅速获得超百万元的营业收入，从而奠定了巨人集团创业的基石。

    1991 年 4 月，珠海巨人新技术有限公司注册成立，公司总共 15 人，注册资金 200 万元，史玉柱任总经理。8 月史玉柱投资 80 万元，组织 10 多个专家开发出 M-6401 汉卡。11 月公司员工增加到 30 人，M-6401 汉卡销售量跃居全国同类产品之首，获纯利润达 1000 万元。

    1992 年 7 月，巨人公司实行战略转移，将管理机构和开发基地由深圳迁往珠海。9 月，巨人公司升为珠海巨人高科技集团有限公司，注册资金 1.19 亿元。史玉柱任总裁，公司员工发展到 100 人。12 月底，巨人集团主推的 M-6401 汉卡年销售量 2.8 万套，销售产值共 1.6 亿元，实现纯利 3500 万元。

    1993 年 12 月，巨人集团在全国各地成立了公司 38 家全资子公司。集团在一天之内推出中文手写电脑、中文笔记本电脑、巨人传真卡、巨人中文电子收款机、巨人钻石财务软件、巨人防病毒卡、巨人加密卡等产品。同年，巨人实现销售额 300 亿元，利税 4600 万元，成为中国极具实力的计算机企业。

    由于国际电脑公司的进入，电脑业于 1993 年步入低谷，巨人集团也受到重创。1993 年、1994 年，全国兴起房地产和生物保健品热，为寻找新的产业支柱，巨人集团开始迈向多元化经营之路——计算机、生物工程和房地产。

    在 1993 年开始的生物工程刚刚打开局面但尚未巩固的情况下，巨人集团毅然向

房地产这一完全陌生的领域发起了进军。想在房地产业中大展宏图的巨人集团一改初衷，拟建的巨人科技大厦设计一变再变，楼层节节拔高，从最初的 18 层一直涨到 70 层，投资也从 2 亿元涨到 12 亿元，1994 年 2 月破土动工，气魄越来越大。对于当时仅有 1 亿资产规模的巨人集团来说，单凭巨人集团的实力，根本无法承受这项浩大的工程。对此，史玉柱的想法是：1/3 靠卖楼花，1/3 靠贷款，1/3 靠自有资金。但令人惊奇的是，大厦从 1994 年 2 月破土动工到 1996 年 7 月巨人集团未申请过一分钱的银行贷款，全凭自有资金和卖楼花的钱支撑。

多元化的快速发展使得巨人集团自身的弊端一下子暴露无遗。1995 年 9 月，巨人的发展形势急转直下，步入低潮。1995 年底，巨人集团面临着前所未有的严峻形势，财务状况进一步恶化。而此时更让史玉柱焦急的是预计投资 12 亿元的巨人大厦。他决定将生物工程的流动资金抽出来投入大厦的建设，而不是停工。进入 7 月份，全国保健品市场普遍下滑，巨人保健品的销量也急剧下滑，维持生物工程正常运作的基本费用和广告费用不足，生物产业的发展受到了极大的影响。按原合同，大厦施工三年盖到 20 层，1996 年底兑现，但由于施工不顺利而没有完工。

大厦动工时为了筹措资金，巨人集团在香港卖楼花拿到了 6000 万港币，国内卖了 4000 万元，其中在国内签订的楼花买卖协议规定，三年大楼一期工程（盖 20 层）完工后履约，如未能如期完工，应退还定金并给予经济补偿。而当 1996 年底大楼一期工程未能完成时，建大厦时卖给国内的 4000 万楼花就成了导致巨人集团财务危机的导火索。巨人集团终因财务状况不良而陷入了破产的危机之中。

（资料来源：https://www.163.com/dy/article/H5DLGT9T05534R3T.html.）

除了追求短期的快速成长，如何使企业能够保持健康、可持续的成长趋势更值得新创企业加以重视，为了实现长远发展的目标，新创企业必须具备科学的企业管理理念，管理是利用有限的企业资源实现利益最大化的必备工具。本节将探讨新创企业管理工作中常见的问题及对策，主要包含新创企业战略管理、人力资源管理、风险管理以及财务管理。

第一节 新创企业战略管理

一、新创企业战略管理概述

(一) 新创企业战略管理的内涵

"战略"一词原为军事用语，出自"将军"(stategos)，最初指"将军的艺术"。《辞海》对战略的定义是："军事名词，对战争全局的筹划和指挥。"随着人类社会的实践发展，战略一词逐渐被应用到商业竞争领域，便形成了今天人们所了解的战略管理。尽管人类战略活动已有着悠久的历史，但战略管理仍然是一个相对年轻的学科。1972 年，安索夫发表了《战略管理概念》一文，正式提出了战略管理的概念。安索夫将战略管理定义为"企业高层管理者为保证企业的持续生存和发展，通过对企业外部环境与内部条件的分析，对企业全部经营活动所进行的根本性和长远性的规划与指导"。

一般认为，企业战略是指根据企业外部环境及企业内部资源和能力状况，为建立持续竞争优势、求得企业持续发展，对企业发展目标、达到目标的途径和手段的总体谋划。

创业战略是指创业企业在激烈竞争的环境中为谋求生存与发展，根据市场变化因素、自身客观条件及潜能，在总结经验、调查现状与预测未来的基础上，寻找与制定的对将来一定时期内全局性经营活动的理念、目标、资源及力量的总体部署与规划，并以此来调配自身实力，调度、运用与整合各种资源是创业企业快速成长的过程。

简言之，战略就是选择做什么的艺术，"做什么"与"不做什么"是战略讨论的主题。因为对企业来说资源永远都是有限的，企业必须集中有限的资源开展企业的活动，尤其是对于新创企业来说更是如此，因此新创企业更应该集中自己的资源，避免在创业战略上犯错误。

（二）新创企业战略管理的特征

新创企业在战略的制定、传递等方面与成熟企业有着较大区别。许多大型成熟企业有自己的战略规划部门，进行战略的制定和传达，而新创企业的战略在制定过程和传达形式上均显得相对简化。因此，新创企业的战略在许多方面都表现出自己独有的特征。

（1）战略选择更依赖创业团队个人特质

成熟的大型企业往往有专业的战略规划部门，有一套相对完善的战略制定机制，甚至在企业高管对企业经营所涉及的专业领域不够擅长的情况下，也能带领企业制定适合的发展战略，但是这种情况在新创企业里却极为少见。新创企业的战略选择更依赖创业者的能力、资源，甚至是性格特征。因此，创业团队除了应该保持价值观的统一，还应该考虑到团队成员的知识、经验、能力与资源是否能相互补充。

（2）战略调整更为灵活

由于外部环境的不确定性，任何企业都可能面临战略转型的问题，而成熟的大企业由于相对庞大的管理架构、相对成型的战略执行模式，想要调整战略往往面临更大的阻力。而新创企业由于一般规模偏小，高层管理者也更贴近客户，更容易确切地感受到市场的变化，因此更容易显现出"船小好掉头"的优势，实行更为灵活的战略调整措施。

（3）内部战略沟通顺畅，外部沟通阻力较大

新创企业由于管理层级相对较少，组织结构较为简单，因此公司战略更容易通过各种正式或非正式的渠道被员工所知晓，进而融入工作行为。

而当新创企业管理人员与外部投资者进行战略沟通时，往往因为企业发展规模较小、盈利状况尚不稳定，导致外部投资者极易对新创企业战略产生怀疑。

（三）新创企业战略管理的意义

（1）保证企业发展方向的可持续性

相对成熟的大企业由于企业资源相对丰富，即便出现方向性错误，也更可能抵御相关风险，抗风险能力较强，但新创企业在资金、人力、客户资源等方面都相对匮乏，任何一次方向性的错误都极有可能导致企业生命的结束，必须谨慎选择发展方向。合适的创业战略才能保证企业发展方向具有可持续性。

（2）吸引优质的外部资源

进入新创企业工作的员工，往往更希望在实现企业目标的过程中实现自己的人生价

值，因此一个清晰、可实现的发展战略更容易吸引到志同道合的员工。同样，优质的客户、合作伙伴以及投资者在清晰感知到新创企业的战略目标后，也更有可能被企业所吸引。

（3）帮助创业者形成完善的经营思路

与大型企业的高管相比，创业者更容易将注意力放在客户、外部环境等战略相关要素方面，但是由于创业者常常缺乏必要的商业经验和技能，使他们不能系统地思考企业的经营思路。因此，创业者在不断与投资者、合作伙伴、客户等利益相关群体探讨公司未来发展战略的过程中能形成相对完善的经营思路。

二、新创企业战略管理的影响因素

（一）环境

通常来说，企业的融资、生产、销售等经营活动都需要在一定的环境中进行，它们所需要的资源和信息依赖于环境来获得。对于新创企业而言，由于缺少企业经营相关的资源、经营经验，与供应商以及顾客的联系也较少，更需要从环境中寻找机遇，摆脱威胁。新创企业在制定战略的过程中需要充分考虑环境中的机会与威胁因素。

（二）创业者特征

创业者以及创业者所代表的创业团队是创业活动的组织者和执行者，创业者的意志力或者意图，是推进创业活动的催化剂。对于新创企业来说，创业者的自身素质和商业经验，能够在极大程度上影响企业的决策，进而对企业战略的制定产生较大的影响。

（三）投资者背景

投资者对于新创企业战略制定的作用主要体现在投资者与创业者共同决策的过程。投资者的参与为新创企业带来了新的资源、能力，甚至将导致组织发展方向的调整。创业者常常需要向部分投资者咨询并且与其分享决策权，这都将影响新创企业的战略制定过程。

三、新创企业战略的基本类型

（一）模仿战略

当新创企业在资源禀赋上不占优势时，常常通过模仿市场领先企业，达到借力省力的目的。依据模仿的方式和模仿过程中改进程度的不同，可以将模仿战略分为两种类型：

（1）反应性模仿战略

一些传统中小企业，它们没有太多资源可以用于研发，所以选择模仿市场上已经存在的成熟企业的技术、产品甚至生产管理方法，这样可以帮助这些企业避免完全创新带来的巨大战略风险。模仿战略适用于处于成熟期或衰退期的产品，因为这个阶段的产品技术相对成熟，更容易模仿。

（2）创造性模仿战略

它指的是发掘新兴市场中产品或服务存在的缺陷，以改进完善后的产品或服务从而获得成功的战略模式。当一种新的产品最初推入市场时，往往还存在一些缺陷或需要改善的地方，可能是产品特性方面，也可能是产品的市场定位方面。正是由于新产品的种种缺陷，才使得新创企业"有机可乘"。

这种战略要求新创企业拥有一定的技术水平，可以进行创造性改进后产品的生产，而且还要有善于发现的市场眼光，去发现消费者对现有产品的不满，从而可以对产品进行改进和完善。

(二)差异化战略

(1)改进价值差异化

它指的是新创企业针对那些供求平衡或者供大于求的产品或服务，创造产品性能的某一方面差异化，或者经营过程中某一环节的差异化，从而建立差异化的竞争优势，获得超额利润。

📖【拓展阅读】

菲利普·科特勒的差异化途径

菲利普·科特勒提出了四种实施差异化的工具：(1)产品差异化；(2)人员差异化；(3)渠道差异化；(4)形象差异化。如表7-1所示。

表 7-1 差异化的变量

产品	特色、性能、一致性、耐用性、可靠性、可维修性、风格、设计
人员	能力、资格、诚实、可靠、负责、沟通
渠道	覆盖面、专业化、绩效
形象	标志、文字与视听、媒体、气氛、事件

(资料来源：菲利普·科特勒. 营销管理[M]. 梅清豪译. 上海：人民出版社，2006.)

(2)商业模式差异化

差异化的另一个重要途径是商业模式上的差异化或创新。在一定的时期，每一个市场通常都要遵循一定的行业规则，创业团队要注意企业是否按照商业规则进行运作。但是，如果企业引入一种全新的商业模式，来改变人们惯有的思维方式，改变行业的演变轨迹，同样可以迅速实现企业增长。

(三)聚焦战略

聚焦战略是迈克尔·波特在《竞争战略》中提出的三大基本战略之一，它指的是从竞争态势和全局出发进行专一化，把有限的人力、财力、物力、领导的关注力、企业的潜在力等聚焦在某一方面，力求从某一局部实现突破，形成企业竞争优势。聚焦战略可以分为两种模式：

(1)市场聚焦战略

新创企业需要有敏锐的市场洞察力，去发掘尚未被市场上大企业占领的市场群体，把企业的全部资源用于解决精心挑选的一个客户群的问题。新创企业资源有限，如果能够抢先意识到市场上存在的空缺，并选择合适的方式进入市场填补空白，那么就能将有限的资源投入回报最快的领域内，避免与资源雄厚的大型企业正面竞争，为新创企业创造相对宽松的生存发展环境。

（2）技术聚焦战略

对于新创企业而言，聚焦战略还可以采取技术聚焦。采取技术聚焦战略的新创企业，通常需要对某项技术或产品拥有绝对的竞争优势。这项技术或产品可能是为一个行业提供配套服务，或者为最终产品提供零配件。

选择技术聚焦战略的新创企业想要取得并保持其领先的市场地位，时机掌握是关键，首先一定要在新行业、新客户、新市场或者新趋势刚开始形成之际，立即采取行动。其次，需要拥有独特且不易模仿的技术。最后，企业必须不断改进技术，以保持技术上的领先优势。

☞【案例】

牛奶包装行业巨头——利乐集团

如果要提到乳品行业的话，相信很多消费者只会想到蒙牛和伊利，的确这两大品牌，在我国广受市场的青睐。当我国乳制品行业的这两大巨头在市场竞争中吸引了几乎整个市场注意力的时候，却有一个企业悄悄地藏在这两个品牌背后，成功拿走了市场当中将近75%的利润，他就是利乐集团——牛奶包装行业巨头，知名度虽不高，年营收却比较可观。

利乐集团是一家来自瑞士的机械包装企业，现如今，是全球十大包装机械公司之一，他主要的包装业务是服务于牛奶、饮料等液态食品，而蒙牛和伊利这种乳制品就非常需要利乐集团进行包装。

这家集团是在20世纪90年代的时候正式进入中国，最开始他们也并没有进入到乳业市场当中，可是后期随着蒙牛和伊利的发展变得越来越强盛，他也看到了在这背后的商机，于是便开始进入了乳品市场当中获取收益。目前，利乐在中国控制了95%的无菌纸包装市场，伊利、光明、三元等国内乳业巨头都在使用利乐的技术。

（资料来源：https://baijiahao.baidu.com/s？id=1727549690774582360）

（四）低成本战略

对于新创企业而言，低成本战略的最终目标是为了抢占市场份额。因此，新创企业可以努力建设能够达到规模经济的生产能力，并在已有经验的基础上尽力降低成本，从而实现产品的成本优势。但是，在多数情况下，低成本战略不能构成新创企业战略的全部，或者说不能单独成为创业战略，因为初创阶段的企业规模很难达到规模效应的要求，只能通过成本管理和费用控制手段，最大限度地减少研发、品牌塑造、营销等方面的费用来降低经营过程中各个中间环节的成本。因此，这种战略往往是伴随着其他战略的实施过程同时执行的。

第二节　新创企业人力资源管理

一、新创企业人力资源管理概述

(一)新创企业人力资源管理内涵

人力资源是指一定范围内人口总体所具有的劳动能力的总和，即在一定范围内具有为社会创造物质和精神财富、从事体力劳动和智力劳动的人们的总称。从宏观角度来看，人力资源是指一个国家或地区所有人口所具有的劳动能力的总和；从微观角度来看，人力资源是指企业等组织雇佣的全部员工所具有的劳动能力的总和。在当今的市场竞争中，人力资源的开发和管理越来越具有决定性的意义。高素质人力资源的知识、能力和创造力，是一个企业获得竞争优势的根本源泉。

对于企业而言，人力资源管理是指企业对本组织的人力资源，从人力资源战略与规划、工作分析与设计、员工招聘与选拔、工作绩效考核、员工薪酬管理、劳动纠纷与集体体制，以及员工使用、调配到离开本组织的各个环节和各项任务的系统、总和的全过程管理。人力资源管理的目的是组织管理已经进入本组织工作的人力资源，有效发挥人力资源的价值作用和劳动能力，调动员工的劳动积极性和创造性，为达成组织目标作出贡献。

任何企业所拥有的资源都可以分成实物资源、财务资源和人力资源这三类，其中人是一切资源的核心，对于新创企业而言，人力资源的重要性更显突出。由于新创企业的实务资源和财务资源相对紧缺，如何把握和开发人力资源这种关键的企业资源，设计并实施符合创业企业特点的人力资源管理，成为创业企业生存、发展的重要保障。

(二)新创企业人力资源管理特点

创业阶段，企业的规模一般较小，规章制度和组织结构等也常处于不够完善的阶段。新创企业在人力资源管理方面具备以下特征：

(1)人力资源投入能力较低

创业企业人力资源投入能力低首先表现在员工薪酬普遍偏低，员工福利往往也只是基础的社保，福利待遇在就业市场不具有较强的市场竞争力；其次表现在人力资源管理工作上人力、财力的投入不足。

其原因主要有两方面：一是企业资金的限制。新创企业的起步资金一般主要来自创业者自有资金和民间借贷资金，来自银行等低成本融资渠道的资金较为有限，这使得创业期企业资金往往不够充裕，从而影响其在人力资源方面的投入。二是由于中小企业发展历史和创业者主观认识的原因，为了节约企业资源，创业者常常自己充当企业多方面的具体经营者，这使企业在资源的分配中弱化了对人力资源的投入，甚至产生诸如责权利不清、劳资关系不明、任人唯亲等问题。

(2)优质人才吸引力较弱

创业企业在产品、市场、管理等方面都得从零开始，这意味着企业需要在知识、经验、能力以及心理素质等方面引进综合素质出色的人才。而创业企业由于企业影响力有限，甚至由于组织结构的不够完善，导致在招聘时缺少准确的职位描述等原因，都使得其在求职市场与成熟的大企业相比缺乏吸引力。为此有些新创企业可能会通过夸大业绩与职业前景，给予求职者过高的承诺来吸引人才，甚至不惜牺牲企业的信用，这种短视行为给优秀人才流失埋下了隐患。

（3）人力资源管理主观性较强

对于创业型企业而言，创业者的个人能力素养与理念直接影响企业的经营策略与发展方向，以及企业人力资源的管理模式。创业者常常同时承担创业、管理与技术职能等角色，因此既需要具备市场识别能力，又需要拥有人才识别、人员协调、岗位配置等多种能力，倘若创业者自身缺乏这些能力，则创业型企业的人力资源管理的整体效率将会较低。

创业者在新创企业中往往具备无可置疑的决策权，在这种管理模式之下，很容易出现任人唯亲的情况，将一些亲戚、朋友、熟人等引进企业内部，长此以往会出现人力资源管理效率较低的情况。

另外，还有一些创业者在人员招聘时主观意识比较强，会偏向选择"合眼缘"的员工，从而弱化对员工基本能力素养的要求，影响企业的人力资源价值，进而影响企业的发展。

（4）少数人才依赖度高

创业型企业因自身资源的限制，组织结构相对不够精细，创业团队成员往往承担着较多的岗位职责，同时也拥有较多的岗位职权。这种情况具有一定的两面性，一方面能够给予人才较强的认同与肯定，促使人才充分发挥自身能力，充分激发人才的工作积极性；另一方面是将"赌注"都"压"在少数人员身上，既压缩了其他员工的成长与发展空间，又增加了企业的经营风险，不利于企业形成科学的人力资源管理模式。

（5）用人机制较为灵活

新创企业的业务具有短、平、快的特点，对人员招聘的要求相对灵活。一方面，新创企业往往不会一味要求员工的学历等硬性指标，更加重视是否具有相关工作经验，是否能够迅速胜任岗位职责。另一方面，由于企业创立初期，岗位分工不够明确，更需要一专多能的复合型人才，具有更强灵活性、适应性的员工更容易被新创企业所重用。

☞【案例】

G 公司成立于 2016 年 6 月，是一家以衣物洗染、皮革护理、精工织补、量体改衣等为主营业务的生活服务类企业，目前在成都、重庆两地拥有直营连锁门店 13 家，员工 133 人。创始人团队在公司成立之初就定下了全直营连锁的发展方向。但随着公司的快速发展，人员储备不足，新进员工离职率高，员工技能培训效果不佳，绩效考核方式单一，薪酬激励政策不完善等人力资源管理问题日益突出，对公司持续健康发展造成了不利影响。

公司处于初创期，由于业务发展迅速，不论是一线员工、专业技能人员，还是高水平管理人才都极为缺乏，因此招聘工作就显得尤为重要。但是经调查发现，公司招聘渠道狭窄，招聘效率低下。根据公司近两年的招聘数据统计，公司新晋员工中63% 为以 58 同城为主的网络渠道招聘、29.3% 为熟人介绍、7.6% 为其他渠道招聘。网络渠道和熟人介绍为公司主要的招聘渠道，招聘渠道狭窄，并且 58 同城上面的应聘者与公司需求匹配度不强，应聘人员虽较多，但符合公司要求并最终入职的较少，招聘效率低下，造成招聘资源浪费。

造成该问题的原因主要有以下三个方面：一是公司目前人事预算有限，难以承受给付成本相对较高的智联招聘、BOSS直聘等中高端网络招聘平台以及成本更高的猎头招聘；二是由于公司人员补充需求时常较为紧迫，因此选择受众面更广的58同城以及熟人介绍更为方便快捷；三是受限于公司规模与知名度，其他诸如与高校合作等渠道难以打开。

（资料来源：陈光浩. 新创连锁企业的人力资源管理研究［D］. 西南财经大学，2020.）

（三）新创企业人力资源管理的意义

新创企业往往将主要精力集中在开拓市场、完善产品上，以致容易忽视人力资源管理工作的重要性。然而，新创企业由于基础薄弱、资源紧缺，更为科学的人力资源管理工作，可以为企业的持续、健康发展提供有力保障，降低新创企业经营过程中的各项风险。

（1）统一员工个人目标与企业目标

新创企业的创业者往往着眼于企业短期的业务目标，而忽略了对企业战略的规划并确立共同的企业愿景，员工在缺乏共同目标的前提下，只会聚焦于眼前工作，无法将自己的职业生涯发展规划与企业的长期发展联系起来，导致员工个人目标与企业目标的分离。人力资源管理工作可以通过激励机制的制定，将员工的个人职业发展路径与企业的长期发展需求进行聚合，使得员工和企业目标更为统一。

（2）规范组织架构和岗位分工

新创企业的创业者在创业初期往往直接承担主要的人事工作，导致企业组织结构建设不完整，岗位分工不清晰。而科学的人力资源管理工作，可以为新创企业设计合理的组织结构，进行清晰的岗位职责描述，使得员工更为熟悉企业的整体运作架构，提高组织运转效率。

（3）降低员工流失率

新创企业由于薪酬待遇相对较差、员工归属感不强以及企业发展前景不明朗等问题，导致员工流动十分频繁。人力资源管理工作可以通过确立合理的职业发展路径、完善的激励机制，为员工创造更为清晰可触达的职业前景，从而降低员工流失率。

（4）提高员工考核科学性

新创企业员工往往是创业者的亲人或朋友，因此对于员工的考核易于受主观因素影响；另外，对员工的考核通常单纯将业务量或销售额作为考核标准，而员工对企业整体目标的贡献容易被忽略。在新创企业开展科学、规范的人力资源管理工作，可以制定更为科学的员工考核制度，从而更利于组织目标的实现。

二、新创企业人力资源管理的要点

新创企业的人力资源管理工作需要重点关注以下要点：

1. 人力资源规划

新创企业需要以较为长远的眼光做好人力资源规划工作，主要包括对企业当前人力资源现状的分析、未来人员供需预测、制定人力资源工作计划等。

2. 工作分析

岗位职责不清晰是新创企业普遍存在的问题，新创企业人力资源工作需要梳理业务需求，对组织中各个工作职位的特征、规范、要求、流程，以及对该岗位工作人员知识、技能、素质要求进行描述。工作分析可以为员工招聘、培训、考核、薪酬分配提供有力依据。

3. 员工招聘

新创企业需要根据人力资源规划与工作分析，为组织吸纳所需人力资源。新创企业可以根据业务实际需求，逐步开展员工招聘工作。

4. 员工调配与流动

相较于成熟企业，新创企业的员工流动性更强，其人力资源管理工作需要制定合适的人员流动制度，在法律允许的范围内，尽量减少因人员流动给企业带来的经济损失。

5. 培训与开发

新创企业人力资源管理工作需要开展适量的员工素质与技能培训、职业生涯规划与管理，帮助员工提升工作技能及自身素质，提高对组织的归属感和责任感，从而提高工作积极性。

6. 员工考核

员工考核是针对员工在一定时间内对组织的贡献和工作所取得的绩效所作出的测量和评价。通过员工考核，可以对员工工作成效进行反馈，也是员工培训、晋升、薪酬分配等决策的重要依据。

7. 薪酬管理

薪酬管理包括对基本工资、绩效工资、激励工资等报酬内容的分配和管理，是人力资源管理工作中最敏感、最复杂的内容。新创企业需要制定更为有吸引力的薪酬管理制度，吸引和留住组织所急需的人才，维持员工队伍的高效和稳定性。

☞【案例】

BM 是一家人力资源管理咨询行业的猎头公司，公司成立于 2013 年 6 月，公司注册资本 100 万元，拥有 4 个合伙人，主要为世界 500 强提供中高端人才招聘及咨询服务。BM 公司的总部坐落于上海，同时在苏州、重庆、厦门设有自己的分公司。公司创业第一年年产出 1000 万元，第二年年产出 1500 万元，在猎头行业迅速引起广泛关注。通过对 BM 公司深入调研，得到 BM 公司创业团队人力资源配置制度如下：

人力资源制度	考核标准
招聘制度	1+4+5 模型，每项 5 分满分，3 分算及格，在 1、4 上有一项低于 2 分，不通过 1. 动机：加入公司的意愿度 4. 价值观：感恩，贡献，卓越，谦卑 5. 能力模型：销售特质，结果导向，团队合作，正直度，学习能力

续表

人力资源制度	考 核 标 准
培训制度	入职新人培训，2 周，主要针对业务上的 1 对 1 师傅带徒弟制度 6 个月， 连续 2 个季度完成 30 万元升职到高级顾问， 连续 2 个季度完成 40 万元升职到经理，并下面带 2 个人
激励制度	每个季度业绩最高者给 5000 元额外奖励 每个月完成 2 单或 15 万以上给予 500 元现金奖励 每个月 KPI 达标给予 3000 元资金 每个月团队每个人都成至少 1 单，奖励团队合作奖 500 元
绩效考核制度	从 3 个方面，价值观+业绩+额外项目的完成情况 1. 价值观：感恩，贡献，卓越，谦卑 2. 自己业绩达成率 3. 额外项目的完成情况

该猎头公司的薪酬激励制度主要由基本工资和绩效奖金组成。外资猎头公司更多采用"高工资+一定的奖金提成"，主要为了保证专业度和顾问的良好的生活质量，因为好的猎头公司顾问的形象是更重要的。国内大部分民营猎头公司则采用"低工资+高奖金提成"的组合方式，主要为了让顾问更加有动力去做业务，往往不太注重专业度及形象，短期内可能会出很大成绩，但往往顾问压力大不能持久，比较注重短期利益，不利于猎头行业的良性竞争。

（资料来源：徐戈. BM 公司创业团队人力资源配置管理案例研究［D］. 大连理工大学，2017.）

三、新创企业人力资源管理策略

（一）建立优势互补的创业团队

创业团队是新创企业人力资源的核心，建立优势互补的创业团队则是人力资源管理的关键。创业团队人员组织要注意以下几个方面：

1. 选择多样性的团队成员

选择不同教育背景、工作经历和性格的团队成员，这样才能各取所长，团队成员能够习惯从多个角度看待创业问题，增强创业决策的科学性。例如百度集团的联合创始人李彦宏和徐勇就是一对互补性很强的创业组合，李彦宏负责全局战略及技术研发，徐勇负责市场营销以及对接投资人。李彦宏和徐勇能够实现优势互补，为创业成功打下了坚实的基础。

2. 选择有创业热情的团队成员

新创企业由于往往会经历较为艰难的市场开拓期，企业的生存、发展阻力较大，需要创业团队承担较强的工作压力，保持足够的创业热情。任何员工，不管他(她)的专业水准有多高，如果对创业活动的热情不够，将很难承担过多的创业压力。而且创业团队成员个体的消极情绪极容易在团队中蔓延，影响企业的发展。

(二)塑造广为认可的企业文化

企业要吸引和留住人才，必须要建立良好的文化氛围。只有做到了让员工们真正了解和接纳企业文化，包括企业的价值观、企业信念、企业形象等，他们才会真正认同创业项目的价值，形成充分的主观能动性，最大限度地发挥工作积极性和创造性。

(三)构建灵活多变的激励制度

员工的工作动力来源自身需要的满足程度，而人的需要是多样化的，因此激励的措施也应该是多样化的。关于员工激励，很多新创企业过于强调物质报酬，这是不充分、不完善的，新创企业的人力资源激励方式应该包含物质激励和精神刺激励。

其次要构建合理的激励机制，新创企业因为首要任务是获得生存空间，极其讲究经营效率，因此应该基于员工对公司的贡献程度制定激励政策，而不建议过分重视学历高低、工作年限的长短，使员工意识到决定工作回报的来源其对企业的贡献，而不是其他。

(四)强化多元化的人才队伍建设

人才队伍建设是进一步深化人力资源管理的重要举措，在创业型企业中，若不能够将人才合理配置，形成优质人才梯队，则不利于发挥人力资源管理的有效性。以北京摩拜科技有限公司为例，其在人才队伍建设时突破"引进人才"的局限，进一步提出了内部提拔机制，结合员工个人能力倾向为其提供发展机会，比如：短期外出工作、完成特定难度项目、参与集中培训等。通过考察之后可以实现内部职级或者跨部门的晋升，从而实现内部人才培育目标，逐步构建结构合理、层次清晰的人才队伍。

建议企业引进优质人力资源管理理念，逐步形成"内部选拔、外部选聘、临时聘用、钟点雇佣"的多元化人才队伍建设方式，加强岗位匹配度，提高人才资源利用效能。加强人员培养，内训和外训结合，有效挖掘内部培训资源，积极引进市场先进培训内容，加大培训力度和资金投入度。重视人员培养、内部轮岗、项目团队建设、外部交流学习等形式，锻炼提高员工综合素养。

第三节　新创企业风险管理

一、新创企业风险管理概述

(一)新创企业风险管理的内涵

风险管理是企业在风险环境中把风险发生的可能性和风险发生可能造成的后果降到最低限度的过程。风险管理的基础是对风险进行识别，企业应当提高风险管理意识，对经济社会环境中的各种风险因素进行综合分析，在此基础上掌握风险形成的原因，对风险进行衡量与评价，加强风险防范与控制，使风险给企业带来的损失降到最低。基于此视角作出更加科学合理的决策，促进企业健康、长远发展。

新创企业由于企业各项资源尚不丰富，所在市场不够成熟，客户及合作伙伴对企业的接受能力相对较低，企业尚未经历足够的市场考验，因此更有可能面临各种各样的风险，需要企业加强风险管理意识。

(二) 新创企业风险管理的特点

1. 创业风险动态递增

在当前的市场环境中，产品市场寿命与技术寿命逐渐缩短，市场更新换代速度逐渐加快，技术竞争、市场竞争日益国际化，使得新创企业面临着日益复杂多变的风险环境。新创企业的产品开发往往要经过项目选择—研发—产品生产—投放市场四个阶段，各个阶段的风险构成均有所不同，呈现动态化特征。如在项目选择及研发阶段，技术风险、资金风险及人才风险是主要风险点；在产品生产阶段，主要风险点表现为技术风险、资金风险和市场风险；在投放市场阶段，资金风险、市场风险、环境风险成为主要风险点。

2. 风险因素具有相关性

新创企业除了面对诸多的创业风险，各风险因素之间还存在相互关联，导致风险环境更为错综复杂。如人才风险及技术风险，人才是技术的载体，对新创企业而言，人才流失概率更高，一旦出现人才流失等风险，极有可能伴随技术泄漏等风险。而且一项风险的形成，会导致多种风险的发生。例如环境风险会带来资金、技术及人才等众多风险。

3. 风险分布多极化

在新创企业的经营过程中，由于组织及市场的不够成熟，企业各部门的运营尚未走上正轨，企业的各个部门或职能板块均承担了一定风险。比如人力资源管理部门、市场营销部门、技术开发部门、财务部门等分别承担着人才风险、市场风险、技术风险、资金风险。同时，企业的生产经营风险不仅仅由物质资本投入者承担，由于新创企业人员流失情况相对更严重，因此人力资本投入者，尤其是企业的高级经营管理者和核心技术员工，亦承担着越来越多的风险。

(三) 新创企业风险管理的意义

(1) 保障新创企业自身生存与发展。企业在创业初期面临的各种风险和不确定性都比较大，开展风险管理，有利于新创企业对创业风险的表现及出现的原因进行全面审视，并在此基础上采取合理有效的措施规避风险，延长新创企业寿命，促进企业健康可持续发展。

(2) 助力社会创新与进步。新创企业进行风险管理，有利于提高创业的成功率，激发整个社会的创新潜能，提高经济发展的质量，并且通过创业拉动就业，增加人民收入，转变经济发展方式，培育经济社会发展新动力。

二、新创企业风险的类型

(一) 市场开拓风险

1. 市场开拓风险的表现

对于创业企业成立之初，其主要目标是要在某一个细分市场站稳脚跟，用产品把握市场机会，抓住一部分市场群体。但是新创企业提供的产品或服务，无论是一定程度上的创新，还是模仿现有企业，对市场而言都是相对陌生的，都需要市场经历从了解到接受的过程，这个过程是否顺利、持续时间的长短都是未知的。只有成功开拓出某一市场，让该市场中的客户了解产品、开始接受产品，创业企业才具备进一步发展的可能性。因此，市场开拓风险是初创企业面临的首要风险。

创业企业的市场开拓风险常常表现为以下几种形态：

（1）对市场前景过于乐观。创业企业往往过于依赖内部信息对市场进行预估，例如短期订单量的增加、销售人员的乐观反馈，往往会导致新创企业对市场增长出现盲目乐观情绪。

（2）对市场环境缺少深入观察与思考。创业企业如果缺乏对目标市场以及相关市场环境的深入观察与思考，会使原本资源就相对匮乏的新创企业在面对未曾预料到的市场危机时，找不到有效的解决方案。想要在危机四伏的市场环境中生存下来，就需要在产品构思、研发、投产、投放市场等一系列的过程中，冷静观察目标市场的发展状况，客观分析客户对产品的评价，以及冷静观察相关市场环境的变化。例如，从事共享单车投放业务的企业，除了要观察消费者对于共享单车产品的使用情况外，还需要掌握其他共享出行工具的市场成长状况。

（3）面对创业市场的逐步成熟，不能有效地调整市场开拓策略。如果把创业初期的产品市场开拓策略比喻成猎户打猎，那么随着市场的逐渐成熟，市场拓展策略需要逐步转入农妇式的精耕细作。

2. 市场开拓风险出现的原因

（1）客户的因素。由于新创企业的产品在市场上知名度相对较低，因此客户对企业的产品或服务不够了解，进而较难接受新创企业的产品或服务。

（2）渠道成员的因素。新创企业的产品由于市场知名度较低，市场前景不明朗，存在诸多不确定因素，因此渠道成员可能合作积极性较低，进而阻碍了新创企业的市场开拓。

（3）行业竞争者因素。新创企业在进入一个已经存在的市场时，可能遇到各种各样来自竞争对手的压力，影响企业的市场开拓。例如，行业中已有企业，由于长期的生产经营积累，更容易形成规模优势，进而演变为成本优势，这对于新创企业而言是很难在短期内获取的；另外，行业中已有企业可能已经开发出了主导技术，影响了相关行业标准的制定，这就导致新创企业必须遵循已建立的技术标准而处于被动跟随的地位。

（二）现金流风险

现金流短缺是新创企业普遍会遇到的风险之一。短期现金流的短缺常常导致一个原本充满前景的新创企业遭遇生存危机或者被恶意收购，现金流问题是关乎新创企业生存和抗风险能力的重大因素。新创企业的现金流风险常常是以下几种原因造成的：

（1）现金流入因素。在新创企业经营活动产生的现金流中，销售产品获得的现金是最主要的现金流入来源。新创企业由于产品知名度低、市场需求不稳定、行业发展尚不成熟，都会直接导致现金流入不够稳定和充分。另外，新创企业为了获取渠道成员支持，还会给予其较长的账期，导致企业应收账款较高，现金流入较慢。

（2）融资因素。新创企业的融资计划往往是基于较为乐观的产品市场成长状况。而当创业团队按照原有计划，投入资金进行产品、市场开发，等到产品投入市场后，市场可能并未按照融资时候所计划的那样成长起来，那么企业将失去继续开拓市场的资金支持。

（3）现金支出因素。新创企业由于往往将管理重心放在产品和市场开拓上，企业内部控制系统不够严密，导致内部现金支出制度不够完善，甚至财务监控与营销策略脱节，导致现金支出不够规范、合理，以至出现现金流风险。

（4）盲目投资因素。部分新创企业，因为前期市场反应较好，获得了一定的资金积累，创业者容易形成自我膨胀的心态，在企业资金、技术、人才等资源也不够充分和稳定的情况下，常常被诱人的市场前景所蒙蔽，盲目对新项目进行投资，降低了企业资产的流动性，陷入了现金流风险。

☞【案例】

把鸡蛋放进同一个篮子里

20世纪90年代，当中国企业界开始大规模复制所谓的"日本商社"模式时，王石不为所动，集中全部资源在城市居民住宅领域，打造出了中国地产第一品牌——万科。当中国众多家电企业纷纷打着多元化的气质时，有一个企业专注于不起眼的微波炉领域，打造出全球微波炉领域的第一品牌——格兰仕。因此虽然有一种观点认为"不要把你的鸡蛋放在一个篮子里"，但如果把所有的鸡蛋放在一个篮子里，而且紧紧地盯住这只篮子，也不失为是另一种明智的选择。

(三) 组织和人力风险

由于相对缺乏构建组织的经验，随着新创企业的成长、组织功能的日益增多、对人才需求持续增大，新创企业往往会在组织和人事方面面临以下风险：

1. 组织内部沟通难度加大

随着新创企业的发展，内部员工逐渐增多，部门划分逐渐细致，管理层次逐渐增加，企业内部的沟通层次日益增加，沟通难度也因此增加。

组织结构的复杂化伴随着内部需要协调处理的工作也在增加，每个部门都会要求员工及领导参加部门会议，部门和部门之间也常常需要通过会议进行工作的协调和沟通，这样的会议往往也需要企业高层参与，才能取得应有的会议成果。

这就导致企业从上到下都要花费大量的时间和精力处理部门内部和部门之间的沟通问题，显著增加了沟通成本、降低了沟通效率。

2. 组织目标清晰度降低

创业团队最初往往会因为一个明确的创业理念及目标而聚集在一起，甚至可以用简短的语言向投资者描述企业的创业目标及手段。明确的目标既能激励创业者，也能激励企业员工。但是创业初期的成功，会带来创始人充分的满足感和成就感，随着企业资源的累积，创业者逐渐不满足于原有创业目标，开始尝试多元化经营。而多元化经营除了会带来不可预见的经营风险之外，也会导致组织在众多业务中对于发展目标逐渐模糊化。

3. 激励成本逐渐增高

创业之初，创业团队常常会有一种一起"打天下"的热情，每个人都能看到自己的努力工作与企业绩效之间的关系，由于对创业成效充满向往，企业可以通过用股权或者期权来激励员工。但随着创业企业逐渐走上正轨，企业的经营状况逐渐明朗，发展逐渐平稳，创业带来的激情逐渐褪去，对未来的预期也逐步理性化，导致员工逐渐变得"懒惰"起来，为了激发员工的工作热情，需要付出的实际成本越来越高。

三、新创企业风险管理的策略

(一) 市场开拓风险管理

一般来说，产品的市场表现往往会经历导入期、成长期、成熟期，直到衰退期。在每一个阶段，企业将面临不同的销售和利润变化情况，所选择的营销策略也要作出相应调整。新创企业所经历的市场开拓风险，可以用产品导入期的营销策略加以管控。

在产品的导入期，消费者的需求是不确定的，技术也是不确定的，市场竞争状况也尚不明确。新创企业需要对外部环境做尽可能多的调查和分析，在充分掌握市场需求特征、竞争状况的基础上，协调渠道成员，并通过大量的推广，让顾客充分了解企业的产品或服务，促使其逐步接受新生事物。

(二) 现金流风险管理

1. 利用收付实现制的会计准则管理现金流

收付实现制的会计准则意味着企业需要在付出和收到现金的时候入账，能够更直观地反映现金情况，更利于现金流管理。

2. 积极进驻孵化器平台，争取政策资金支持

当前，很多地方政府会针对本地高科技新创企业创立孵化器平台，并提供政策和资金扶持，例如低息贷款、无偿扶持资金，以及写字楼或孵化器提供的租房补贴。对于高科技行业的新创企业而言，可以积极争取入住本地孵化器平台，争取政府相关政策的支持，是一种成本相对较低的缓解现金流风险的方法。

3. 加强内部管理，优化费用支出制度

对于新创企业而言，需要分析费用支出结构、支出的必要性和经济性，改善费用支出的效果。例如，在研发投入上，要充分考虑研发项目的市场前景，不能因为沉迷于技术，而忽略市场效益，盲目追加技术投资；在营销投入上，要根据市场发展阶段，适时调整营销策略，进而调整营销费用的支出模式。

4. 仔细权衡，谨慎投资

新创企业在现有业务发展前景乐观、短期现金流充裕的情况下，可以考虑适当的投资新项目，但是需要客观评价新增投资对现金流的要求、对企业现有业务的影响、对企业管理架构的挑战等。新创企业由于竞争地位不够稳定，经营业务过于分散，极有可能削弱原有核心业务的能力，尤其是新项目与企业原有业务缺乏协同效应时，投资新的项目必将对本就脆弱的新创企业埋下较大的发展隐患。

(三) 组织和人力风险管理

1. 规范组织结构和沟通流程

随着创业企业规模的逐渐增大，工作内容日益多样化，创业团队应该综合考虑业务和职能需求，尽量精简组织机构。充分利用现代化信息沟通工具，增强沟通的时效性，效率

优先，减少意义不大的线下会议沟通。创业团队也需要适度放权，在保留监督权的同时，将日常事务的决策权尽量授予各职能部门，减少创业团队的低效沟通工作。

2. 谨慎选择多元化

创业企业最容易出现的管理问题是在企业得到了原始资本的积累之后，便开始盲目寻求多元化，这会导致创业目标日趋模糊，而缺乏清晰目标支撑的企业，是难以走向长远的。在选择多元化的时候，创业者需要考虑，新的业务与现有业务之间是否能够形成合力，业务所需资源能否共享，各项业务的目标能否实现相互支撑。

3. 物质激励与精神激励相结合

创业之初，可能不需要精心的设计就能使员工获得工作成就感，但随着新创企业的成长，需要精心设计激励制度，综合使用物质激励和精神激励的措施，使员工从工作中感受到乐趣。对工作岗位进行人性化设计，使员工在工作岗位上能够发挥出自身特长，及时反馈员工的工作绩效，提高员工工作积极性。

第四节 新创企业财务管理

一、新创企业财务管理概述

对于创业企业而言，随着企业逐步走上正轨，企业资金流量逐渐增大、形态逐渐增多，没有有效的财务管理，企业的各项活动将缺乏持续高效的资金支持。作为创业者，要想获得创业成功，必须掌握相关的财务管理方面的知识。

(一)新创企业财务管理的内涵

财务管理是企业管理的一个组成部分，它是根据财经法规制度，按照财务管理的原则，组织企业财务活动、处理财务关系的一项管理工作。

随着新创企业的发展壮大，其财务管理工作要点呈现以下规律，首先，创业者需要解决创业资金从哪里来的问题，也就是进行筹资管理；其次，创业资金筹措到位之后，创业者需要考虑资金的使用途径，即进行投资管理；再次，在企业日常经营过程中，还需要考虑如何合理而有效地运用资金，也就是进行营运资金管理；最后，如果企业有所盈利，还要考虑利润分配问题。因此，新创企业做好财务管理工作，是确保企业健康、长远发展的有力保障。

(二)新创企业财务管理的特点

1. 财务控制被忽视

许多新创企业经营管理者习惯于依靠自己的喜好来制定财务控制制度，且无法形成稳定的制度，经常更换财务管理规则，因此企业的财务管理比较随意和盲目。

2. 财务制度不完善

由于许多新创企业的财务制度不完善，导致企业财务资料不完整和准确，因此银行较难获取企业完整、准确的财务信息，使得银行借贷风险较大，管理新创企业贷款的成本也会相对增加，导致新创企业从银行获得贷款的难度增加。

3. 缺乏财务风险管理意识和能力

新创企业面临的最普遍的经营风险是财务风险，但是创业者往往将主要关注点放在企业生产和经营上，对财务管理工作相对忽视，很少会事前科学估计和分析将要面临的财务风险，另外，创业团队由于经验不足，在资金管理、信息获取、资源控制、管理能力等方面都存在缺陷。而财务风险往往是导致新创企业走向失败的主要因素。

4. 流动资金不足

新创企业的产品和服务在受到市场广泛认可并开始盈利之前，对现金的依赖程度较大，足够的现金储备至关重要。但由于新创企业的销售暂不稳定，企业无法持续盈利，但各项成本支出无法避免，还会面临诸多风险，融资渠道也相对紧缺，导致新创企业极易出现流动资金不足的状况，甚至导致企业破产。

(三) 新创企业财务管理的意义

对于新创企业而言，所有的管理活动都离不开财务问题，新创企业想要获得长远发展，财务管理工作的意义重大：

首先，科学的财务管理工作可以帮助创业团队在规避财务风险、发挥资金价值的前提下作出科学的经营决策；其次，可以帮助新创企业更合理地筹措资金、运用和分配资金；再次，财务管理工作可以帮助企业正确处理利润分配，制定合理的工资以及福利制度；最后，可以通过财务管理工作对企业的经营管理活动实行严格的财务监督，避免资金浪费，尽可能为新创企业控制经营成本。

二、新创企业财务管理的要点

企业财务管理的内容主要包括以下四个要点：

1. 筹资管理

新创企业要开展生产经营活动，首先必须解决的是创业资金的筹措问题，包括筹资渠道、筹资时间、筹资方式、筹资规模等问题。筹资管理是指企业根据其生产经营、对外投资和调整资本结构的需要，通过各种筹资渠道和方式，经济有效地筹集所需资金的财务行为。

2. 投资管理

投资管理就是指企业根据自身战略发展规划，以企业价值最大化为目标，对资金的使用进行的管理活动。企业把筹集到的资金用于购置经营所需的固定资产、无形资产等，属于对内投资；把资金投资于其他企业的股票、债券或与其他企业联营进行投资等，就是对外投资。

3. 营运资金管理

营运资金管理是对企业流动资产及流动负债的管理。一个企业要维持正常的运转就必须拥有适量的营运资金，并加强对营运资金的管理。

4. 利润分配管理

企业在经营过程中会产生利润，也可能会因对外投资而分得利润。企业的利润要按规定的程序进行分配。首先要依法纳税；其次要用来弥补亏损、提取盈余公积；最后要向投资者分配股利或利润。

三、新创企业财务分析

财务分析是以企业的财务报告等会计资料为基础，采用一系列专门的分析技术和方法，对企业的财务状况、经营成果和现金流量进行分析和评价的一种方法。财务分析是财务管理的重要方法之一，通过对财务报告所提供的会计信息进行解读，为信息使用者作出决策提供参考。所以，作为新创企业的管理者也必须能看懂报表，掌握一定的财务分析方法，运用报表分析的数据作出科学财务决策，实现创业目标。新创企业财务报表主要包括以下几种类型：

（一）资产负债表

资产负债表是反映企业在某一特定日期财务状况的报表，涵盖企业的资产、负债、所有者权益三类信息，其编制依据是"资产＝负债+所有者权益"这一会计等式。

1. 资产负债表的填制内容

（1）资产

资产是由企业过去的交易或事项形成的、由企业拥有或控制的、预期会给企业带来经济利益的资源。资产按照流动性大小不同可以分为流动资产和非流动资产两大类，其中，流动资产是指预计在一年以内或者超过一年的一个营业周期内能够变现、出售或耗用的资产，包括货币资金、交易性金融资产、应收票据及应收账款等。非流动资产则是指流动资产以外的资产，通常包括长期股权投资、固定资产、无形资产等。

（2）负债

负债是指由企业过去的交易或者事项形成的、预期会导致经济利益流出企业的现时义务。负债按照偿还时间的长短不同可以分为流动负债和非流动负债，其中，流动负债是指偿还期限在一年以内(含1年)的各项负债，包括短期借款、应付票据及应付账款、预收款项、应付职工薪酬、应交税费等。非流动负债是指除流动负债以外的负债，包括长期借款、应付债券、长期应付款等。

（3）所有者权益

所有者权益是企业资产扣除负债后，由所有者享有的剩余权益，反映了所有者投入资本的保值增值情况，主要包括实收资本(或股本)、资本公积、其他综合收益、盈余公积和未分配利润。

2. 资产负债表的格式

资产负债表一般由表头、表身和表尾等部分组成。表头部分应列明报表名称、编表单位名称、编制日期和金额计量单位；表身部分反映资产、负债和所有者权益的内容；表尾部分为补充说明。

在我国，资产负债表采用账户式结构，报表分为左右两方，左方列示资产，右方列示负债及所有者权益，左右两方平衡。资产负债表的简化格式如表7-1所示。

表 7-1　资产负债表

编制单位：××有限责任公司　　　　20××年××月××日　　　　　　单位：万元

资产	期初数	期末数	负债及所有者权益	期初数	期末数
货币资金	160	220	短期借款	10	80
应收账款	120	110	应付账款	110	170
存货	440	560	流动负债合计	120	250
流动资产合计	720	890	长期借款	130	230
固定资产	240	340	应付债券	250	250
无形资产	110	120	长期负债合计	380	480
非流动资产合计	350	460	负债合计	450	730
			实收资本	620	620
			所有者权益合计	620	620
资产总计	1070	1350	负债及所有者权益总计	1070	1350

3. 资产负债表分析要点

（1）先总体再细节

总体来说，资产负债表可以反映企业的资产规模、资产结构、资产流动性、资本结构、负债结构等方面的信息。左边资产项目按流动性大小顺序排列，一般先看流动资产合计和非流动资产合计，大致了解资产的流动性。其次再看这两类中的具体构成，例如流动资产中的货币资金、应收票据及应收账款、存货等。右边负债及所有者权益项目一般先看负债合计和所有者权益合计，大致了解企业资金有多少来源于债权人，有多少来源于所有者，再进一步看负债和所有者权益项目内部具体的构成情况。

（2）注意报表的时效性

资产负债表是一张静态的报表，只反映企业某一时点的财务状况，所以资产负债表的有效性非常关键。资产负债表的表头列示有编制时间，例如20××年3月31日，即20××年一季度报表；20××年6月30日，即20××年上半年报表；20××年12月31日，即20××年的年度报表。新创企业在筹资过程中，往往需要出具资产负债表，制表时期越近的资产负债表相对越具有时效性。

（3）注意数据的动态性

对资产负债表进行分析，不能只看某一期的数据，更要通过连续的静止表之间的数据的对比，来判断企业资产的流动性、财务风险的大小、偿债能力的变化等。以表7-1中数据为例，经过分析可以知道表中企业20××年12月31日1350万元资产相对于年初的1070万元来说，增加了280万元，增长率为26.17%（280/1070×100%），资产是企业发展的基础，资产规模大小，也间接地决定了企业的盈利能力。

（二）利润表

利润表是反映企业一定会计期间经营成果的动态报表。利润表的编制依据是"收入−

费用=利润"这一会计等式，其作用是向信息使用者揭示企业某一期间实现的收入，发生的费用，以及所获取的利润情况。

1. 利润表的填制内容

（1）收入

收入是指企业在日常活动中所形成的、会导致所有者权益增加的、与所有者投入资本无关的经济利益的总流入。收入按照经营活动的主次分为主营业务收入和其他业务收入，在利润表中二者合并列示为营业收入。其中，主营业务收入是指从事主要的经营业务所取得的收入，例如生产加工企业的产品销售收入、运输企业的运费收入等；其他业务收入是指企业在主营业务以外的其他日常活动中所取得的收入，比如多于材料的销售收入、固定资产出租收入等。

（2）费用

费用是指企业在日常活动中发生的、会导致所有者权益减少的、与向所有者分配利润无关的经济利益的总流出。工业企业一定时期的费用通常包括本期所销售的产品的生产成本和期间费用，所销售的产品的生产成本一般由直接材料成本、直接人工成本和车间发生的制造费用这三部分组成；期间费用则是发生时和具体的产品不相关，没办法直接计入某产品的成本，而直接从当期收入中扣除的销售费用、管理费用和财务费用。

（3）利润

利润是企业一定会计期间的经营成果，包括收入减去费用后的净额、直接计入当期损益的利得和损失等。其中利得是企业在非日常活动形成的，例如接受捐赠，具有偶然性，计入营业外收入；损失也是企业在非日常活动中发生的，比如被罚款、支付违约金等，计入营业外支出。

2. 利润表的格式

在我国，利润表采用多步式，首先从营业收入出发，得到营业利润；再加上营业外收支净额，得到利润总额；再减去所得税，得到净利润。利润表一般包括表头、表体两部分，表头部分包括：报表名称、编制单位、编制时间、金额单位等；表体部分包括利润形成的各个项目。利润表的基本格式如表7-2所示：

表7-2　利　润　表

编制单位：××有限责任公司　20××年　　　　　　　　　　　　　　　　单位：万元

项　　　目	本年金额	上年金额
一、营业收入	300	200
减：营业成本	190	140
税金及附加	6	4
销售费用	24	18
管理费用	20	13
财务费用	8	6

项　　目	本年金额	上年金额
加：其他收益		
投资收益		
公允价值变动收益		
资产减值损失		
资产处置收益		
二、营业利润	52	19
加：营业外收入		3
减：营业外支出	2	2
三、利润总额	50	20
减：所得税费用	12.5	5
四、净利润	37.5	15

3. 利润表分析要点

企业的利润由收入和费用二者共同决定，所以利润表除了能用来分析企业的盈利能力之外，还能系统了解企业的收入和成本费用。

(1)盈利能力分析

可以结合利润表中数据，通过计算销售毛利率和销售净利率指标，来评价企业通过销售获取利润的能力好坏，并可以与上期进行对比，来判断盈利能力的变化趋势。结合表7-2中的数据计算的销售毛利率和销售净利率结果如下：

	销售毛利率	销售净利率
本年	$(300-190)/300 \times 100\% = 36.67\%$	$37.5/300 \times 100\% = 12.5\%$
上年	$(200-140)/200 \times 100\% = 30\%$	$15/200 \times 100\% = 7.5\%$

根据以上计算结果可知，本年和上年相比，在营业收入增加的同时，营业成本和各项费用亦有所增加(属于正常现象)，销售毛利率和销售净利率指标也有所提升，说明表中企业本年较之上年盈利能力增强了。

(2)收入分析

收入是影响利润的重要因素，收入的实现意味着公司资产的增加或负债的减少，或两者兼而有之。创业者可以通过对现销收入与赊销收入结构及其变动情况进行分析，了解与掌握企业产品销售情况及其战略选择，并对其合理性进行分析和判断。

(3)成本费用分析

成本费用是指营业成本、销售费用、管理费用、财务费用等的统称。从各项财务成果的分析可以看出，成本费用对财务成果具有十分重要的影响，降低成本费用是增加财务成果的关键途径。因此，对利润表进行分析，应在揭示财务成果完成情况的基础上，进一步对成本费用进行分析，以找出影响成本升降的原因，为降低成本费用、促进财务成果的增长指明方向。

（三）现金流量表

现金流量表是反映企业在一定期间之内现金以及现金等价物流入和流出情况的动态报表。现金流量表可用于分析一家企业现金流量是否充足，在短期内是否有足够现金去应付开销，企业现金流的主要来源等。

1. 现金流量表的填制内容

（1）现金

这里的现金是指企业的库存现金以及可以随时用于支付的存款。现金等价物指的是期限短、流动性强、易于变换成已知金额的现金、价值变动风险很小的投资。

（2）现金流量

现金流量包括现金流入量和现金流出量，用来表示企业现金和现金等价物的增减变动情况，现金及现金等价物的增加被称为现金流入量，减少则称为现金流出量。现金流入量减去现金流出量所得到的就是现金净流量，或者也叫净现金流量、现金流量净额。

2. 现金流量表的格式

我国会计准则规定现金流量表主表的编制格式为按照经济活动的性质分别归集经营活动、投资活动和筹资活动产生的现金流入量、现金流出量和现金流量净额，最后得出企业的净现金流量。现金流量表的基本格式如表7-3所示：

表 7-3　现金流量表

编制单位：××有限责任公司　　　　　　　　20××年　　　　　　　　单位：万元

项　　目	本年金额	上年金额
一、经营活动产生的现金流量		
销售商品、提供劳务收到的现金	180	120
收到的税费返还		
收到的其他与经营活动有关的现金		
经营活动现金流入小计	180	120
购买商品、接受劳务支付的现金	173	115
支付给职工以及为职工支付的现金	8	6
支付的各项税费	7	4
支付的其他与经营活动有关的现金	8	6
经营活动现金流出小计	196	131
经营活动产生的现金流量净额	−16	−11

项　　目	本年金额	上年金额
二、投资活动产生的现金流量		
收回投资收到的现金		
取得投资收益收到的现金		
处置固定资产、无形资产和其他长期资产收回的现金净额		
处置子公司及其他营业单位收到的现金净额		
收到的其他与投资活动有关的现金		
投资活动现金流入小计		
购建固定资产、无形资产和其他长期资产支付的现金	110	66
投资支付的现金		
支付的其他与投资活动有关的现金		
投资活动现金流出小计	110	66
投资活动产生的现金流量净额	−110	−66
三、筹资活动产生的现金流量		
吸收投资收到的现金		
发行债券收到的现金		60
取得借款收到的现金	170	40
收到的其他与筹资活动有关的现金		
筹资活动现金流入小计	170	100
偿还债务支付的现金		
分配股利、利润或偿付利息支付的现金	4	3
支付的其他与筹资活动有关的现金		
筹资活动现金流出小计	4	3
筹资活动产生的现金流量净额	166	97
四、汇率变动对现金及现金等价物的影响		
五、现金及现金等价物净增加额	40	20
加：期初现金及现金等价物余额	160	140
六、期末现金及现金等价物余额	220	160

3. 现金流量表的分析要点

现金流量表提供的信息主要包括净现金流量、现金流量的数量、现金流量的构成等方面。分析现金流量表，主要注意以下要点：

（1）现金流量表综合分析

主要包括现金流量表总体分析、现金流量表水平分析、现金流量表结构分析、现金流量趋势分析、现金流量组合分析等内容，以对企业现金流量主要情况进行总体分析和评价，了解现金增减变动的主要原因、差异情况、企业当前的经营状况特征，以及把握企业现金流量管理的重点所在。

（2）现金流量表分项分析

重点在经营活动现金流量项目分析、投资活动现金流量项目分析、筹资活动现金流量项目分析。新创企业初入市场，资金有限，利润水平较低，需要投入大量的人力、物力对产品进行推广，经营活动净现金流量大多为负；企业要形成生产能力和发展壮大，往往投资活动产生的现金流量净额也为负数。所以，新创企业要保持现金流量不中断的话，如果现金存量不多，其筹资活动产生的现金流量净额必须为正数，否则，经过一段时间，可能就会出现资金链断裂。

（3）现金流量表与利润综合分析

利润表是按照权责发生制来归集企业的收入和费用，而现金流量表是按照收付实现制来归集企业的收入和支出，这两张表反映的经济活动内容是相同的，只是反映的角度不同，二者综合分析可以揭示利润是否具有"含金量"。比如，表7-3中的企业上年经营活动产生的现金流量净额为-11万元，但利润表显示净利润为15万元，这说明企业有利润，但是却并没有收回现金，所以利润的"含金量"并不高。

创业者除了需要通过财务报表了解企业的经营情况，更需要按照税法规定依法纳税、履行社会公民义务，另外，也需要充分利用国家的税收优惠政策，积极开展企业税务管理活动，即在不损害国家利益的前提下，充分利用税收法律法规所提供的包括减征免征在内的各项优惠政策，少缴或者递延缴纳税款，从而降低税收成本，实现税收成本最小化。

【拓展阅读】

大学生创业风险研究

"大众创业、万众创新"是国家在经济新常态背景下注入社会发展动能和活力的基本国策，也是高等学校实施综合改革、提升人才培养质量必须考量、必须破题的重大关切。大学生投身创业，既为他们增加了人生出彩的大好机会，但同时也蕴藏着风险。

对大学生创业者而言，他们不仅需要立足自身所学所长寻找创业机会，更要学会应对由于自身知识结构单一、经验不足、资源匮乏等"先天不足"背后潜藏的各种风险。因此，认识和化解创业风险就成为创业活动面临的最重要任务之一。大学生创业主要面临以下风险：

1. 项目风险

创意是创业的基础，项目是实现创意的载体，没有或缺乏创意的项目是存在较大"风险"的，也是很难取得成功的。现实中，不少大学生将"创业"视同为"挣钱"。在这种功利心的驱使下，很容易让自身盲目行动，尤其是在身边的同学创业成功之后，这种"搏一搏、试一试"的心理更加容易占据主导地位。在复制、模仿的创业"范式"下，极易开展一些没有或缺乏创意的低水平项目，这给创业主体在市场定位、进度安排以及对环境的判断等关键点上带来较大的风险。

2. 团队风险

团队风险的产生是由于成员间在个人利益、追求目标等方面与团队愿景相矛盾，致使团队成员之间不能形成相互合作的默契，无法在团队长远发展和个人长远发展上取得双赢。现实中，大学生创业者在物色团队核心人员组建创业团队时，不可能像公司招聘员工那样规范，做到"广而告之、择优录用"，他们往往是从身边熟悉的同学、朋友中寻找有创业意向的人员，选择余地窄，随意性较大，拉人"入伙"的现象也较常见。并且，这种模式下搭建的团队，其成员年龄、知识、经验相似，存在人力资本同质化的问题，不利于团队的稳定和创业项目的长远发展。大量实例表明，他们聚集在一起，往往在创业之初能够共渡难关、彼此帮衬，到了后期却因为各种原因分道扬镳、各奔东西。

3. 市场风险

从本质上讲，大学生的创业活动是一个从对市场的判断构思商机创意，通过自身的能力禀赋获取相关资源，将商机转化为商品，再通过创业团队生成互补性资源开展运营管理，并形成一种特定的盈利模式的动态过程。在实践中，不少大学生创业者缺乏市场调研的基本技巧，他们在做市场调研时图省事方便而找一些认识的人做调查，询问"你们喜欢这个吗?"出于善意或敷衍，被访者一般都给出肯定的回答。但这种市场调研通常不能真正发现市场需求、不能真正了解用户的想法，并且给后续创业活动埋下了极大的风险隐患。此外，也有相当多的大学生创业是将个人或科研团队的科研成果带入市场进行商品化，知识产权保护意识和法律意识薄弱的他们，在市场竞争中往往处于弱势，容易遭遇技术复制、行业垄断、知识产权丧失等市场风险。

4. 资金风险

大学生创业者的创业资金主要来自父母、亲朋好友和少量日常积余，资金量较少。一些创业者即便能够勉强"凑齐"创业启动资金，但由于没有足够的经济实力，在遇到日常开销过大、产品适销不对路、客户账款拖延支付等问题时，很容易因为资金周转不灵，造成资金链断裂，影响创业项目的正常发展。

(资料来源：王飞. 大学生创业风险管理能力培育研究[J]. 教育发展研究，2016，36(Z1)：13-14.)

思考：如何看待大学生创业风险？

化解大学生创业风险有哪些途径？

参 考 文 献

［1］打造企业开办"四最"亮丽新名片［J］. 中国市场监管研究, 2021, 000（003）：46-48.

［2］一网通办 一窗通取 智慧导办 零成本 多措并举 提升企业开办便利度［J］. 中国市场监管研究, 2021, 000（003）：44-46.

［3］李春明, 张华. 锚定"高效办成一件等"出新招 湖北省武汉市企业开办再提速［J］. 中国质量监管, 2021, 000（011）：28-29.

［4］康燕. 以数字化提升企业开办便利度［J］. 中国市场监管研究, 2021（2）：2.

［5］郑云林. 企业开办"一事联办"审批服务"一站到底"［J］. 福建质量技术监督, 2021.

［6］江旋. 实现企业开办"零成本"——广东省湛江市企业开办便利度进一步提升［J］. 中国质量监管, 2021（7）：1.

［7］周卫, 关静. 打造企业开办"一件事一次办"品牌［J］. 市场监督管理, 2021, 000（020）：30-30.

［8］黄鸿. 聚力"一件事一站式"实现企业开办提速增效［J］. 福建质量技术监督, 2021.

［9］李培晞, 凌敏峰. 全面实现企业开办"零成本" 江西省市场监管局出台 2022 年全面深化改革工作要点［J］. 中国质量监管, 2022（5）：2.

［10］金春华, 李睿, 何贤君. "浙"里开办企业有多方便［J］. 中国中小企业, 2022（7）：4.

［11］黄顺妹, 黄均远. "三个一"做实企业开办"一窗通"集成高效服务［J］. 福建质量技术监督, 2021.

［12］企业开办全流程"一日办结"的浙江样板［J］. 中国市场监管研究, 2021, 007：70-71, 15.

［13］张永宁, 曲芳丽. 企业开办"套餐式"服务更简更优更便捷［J］. 机构与行政, 2021（10）：2.

［14］何锐, 李煌. 落实条例要求 推进企业开办水平持续提升［J］. 市场监督管理, 2021（20）：1.

［15］朱长娟. 处理好三个关系 优化企业开办服务的实践与思考［J］. 市场监督管理, 2021（20）：1.

［16］雷莉娟, 房金. 开办企业一窗通办［J］. 小康, 2022（15）：58-59.

［17］兰晶, 李萌. 商事制度改革让企业开办进入"零成本""一时代"［J］. 当代江西, 2021, 000（005）：56-56.

［18］粟明鲜. 雪梨"北京大酒楼"的开办与传承失败 ——澳档华商企业个案研究［J］. 五邑大学学报：社会科学版, 2022, 24（3）：7.

［19］李扬. 金平率先"七证合一"开办企业 8 天可领证［J］. 潮商, 2022（2）.

［20］李洋. "四办"审批机制助力企业开办"一件事"步入快车道［J］. 机构与行政, 2021（12）：2.

附录：大学生创新创业相关法规政策

一、国务院办公厅关于进一步支持大学生创新创业的指导意见

(国办发〔2021〕35号)

各省、自治区、直辖市人民政府，国务院各部委、各直属机构：

纵深推进大众创业万众创新是深入实施创新驱动发展战略的重要支撑，大学生是大众创业万众创新的生力军，支持大学生创新创业具有重要意义。近年来，越来越多的大学生投身创新创业实践，但也面临融资难、经验少、服务不到位等问题。为提升大学生创新创业能力、增强创新活力，进一步支持大学生创新创业，经国务院同意，现提出以下意见。

一、总体要求

以习近平新时代中国特色社会主义思想为指导，深入贯彻落实党的十九大和十九届二中、三中、四中、五中全会精神，全面贯彻党的教育方针，落实立德树人根本任务，立足新发展阶段、贯彻新发展理念、构建新发展格局，坚持创新引领创业、创业带动就业，支持在校大学生提升创新创业能力，支持高校毕业生创业就业，提升人力资源素质，促进大学生全面发展，实现大学生更加充分更高质量就业。

二、提升大学生创新创业能力

(一)将创新创业教育贯穿人才培养全过程。深化高校创新创业教育改革，健全课堂教学、自主学习、结合实践、指导帮扶、文化引领融为一体的高校创新创业教育体系，增强大学生的创新精神、创业意识和创新创业能力。建立以创新创业为导向的新型人才培养模式，健全校校、校企、校地、校所协同的创新创业人才培养机制，打造一批创新创业教育特色示范课程。(教育部牵头，人力资源社会保障部等按职责分工负责)

(二)提升教师创新创业教育教学能力。强化高校教师创新创业教育教学能力和素养培训，改革教学方法和考核方式，推动教师把国际前沿学术发展、最新研究成果和实践经验融入课堂教学。完善高校双创指导教师到行业企业挂职锻炼的保障激励政策。实施高校双创校外导师专项人才计划，探索实施驻校企业家制度，吸引更多各行各业优秀人才担任双创导师。支持建设一批双创导师培训基地，定期开展培训。(教育部牵头，人力资源社会保障部等按职责分工负责)

(三)加强大学生创新创业培训。打造一批高校创新创业培训活动品牌，创新培训模式，面向大学生开展高质量、有针对性的创新创业培训，提升大学生创新创业能力。组织

双创导师深入校园举办创业大讲堂，进行创业政策解读、经验分享、实践指导等。支持各类创新创业大赛对大学生创业者给予倾斜。（人力资源社会保障部、教育部等按职责分工负责）

三、优化大学生创新创业环境

（四）降低大学生创新创业门槛。持续提升企业开办服务能力，为大学生创业提供高效便捷的登记服务。推动众创空间、孵化器、加速器、产业园全链条发展，鼓励各类孵化器面向大学生创新创业团队开放一定比例的免费孵化空间，并将开放情况纳入国家级科技企业孵化器考核评价，降低大学生创新创业团队入驻条件。政府投资开发的孵化器等创业载体应安排30%左右的场地，免费提供给高校毕业生。有条件的地方可对高校毕业生到孵化器创业给予租金补贴。（科技部、教育部、市场监管总局等和地方各级人民政府按职责分工负责）

（五）便利化服务大学生创新创业。完善科技创新资源开放共享平台，强化对大学生的技术创新服务。各地区、各高校和科研院所的实验室以及科研仪器、设施等科技创新资源可以面向大学生开放共享，提供低价、优质的专业服务，支持大学生创新创业。支持行业企业面向大学生发布企业需求清单，引导大学生精准创新创业。鼓励国有大中型企业面向高校和大学生发布技术创新需求，开展"揭榜挂帅"。（科技部、发展改革委、教育部、国资委等按职责分工负责）

（六）落实大学生创新创业保障政策。落实大学生创业帮扶政策，加大对创业失败大学生的扶持力度，按规定提供就业服务、就业援助和社会救助。加强政府支持引导，发挥市场主渠道作用，鼓励有条件的地方探索建立大学生创业风险救助机制，可采取创业风险补贴、商业险保费补助等方式予以支持，积极研究更加精准、有效的帮扶措施，及时总结经验、适时推广。毕业后创业的大学生可按规定缴纳"五险一金"，减少大学生创业的后顾之忧。（人力资源社会保障部、教育部、财政部、民政部、医保局等和地方各级人民政府按职责分工负责）

四、加强大学生创新创业服务平台建设

（七）建强高校创新创业实践平台。充分发挥大学科技园、大学生创业园、大学生创客空间等校内创新创业实践平台作用，面向在校大学生免费开放，开展专业化孵化服务。结合学校学科专业特色优势，联合有关行业企业建设一批校外大学生双创实践教学基地，深入实施大学生创新创业训练计划。（教育部、科技部、人力资源社会保障部等按职责分工负责）

（八）提升大众创业万众创新示范基地带动作用。加强双创示范基地建设，深入实施创业就业"校企行"专项行动，推动企业示范基地和高校示范基地结对共建、建立稳定合作关系。指导高校示范基地所在城市主动规划和布局高校周边产业，积极承接大学生创新成果和人才等要素，打造"城校共生"的创新创业生态。推动中央企业、科研院所和相关公共服务机构利用自身技术、人才、场地、资本等优势，为大学生建设集研发、孵化、投资等于一体的创业创新培育中心、互联网双创平台、孵化器和科技产业园区。（发展改革

委、教育部、科技部、国资委等按职责分工负责)

五、推动落实大学生创新创业财税扶持政策

(九)继续加大对高校创新创业教育的支持力度。在现有基础上，加大教育部中央彩票公益金大学生创新创业教育发展资金支持力度。加大中央高校教育教学改革专项资金支持力度，将创新创业教育和大学生创新创业情况作为资金分配重要因素。(财政部、教育部等按职责分工负责)

(十)落实落细减税降费政策。高校毕业生在毕业年度内从事个体经营，符合规定条件的，在3年内按一定限额依次扣减其当年实际应缴纳的增值税、城市维护建设税、教育费附加、地方教育附加和个人所得税；对月销售额15万元以下的小规模纳税人免征增值税，对小微企业和个体工商户按规定减免所得税。对创业投资企业、天使投资人投资于未上市的中小高新技术企业以及种子期、初创期科技型企业的投资额，按规定抵扣所得税应纳税所得额。对国家级、省级科技企业孵化器和大学科技园以及国家备案众创空间按规定免征增值税、房产税、城镇土地使用税。做好纳税服务，建立对接机制，强化精准支持。(财政部、税务总局等按职责分工负责)

六、加强对大学生创新创业的金融政策支持

(十一)落实普惠金融政策。鼓励金融机构按照市场化、商业可持续原则对大学生创业项目提供金融服务，解决大学生创业融资难题。落实创业担保贷款政策及贴息政策，将高校毕业生个人最高贷款额度提高至20万元，对10万元以下贷款、获得设区的市级以上荣誉的高校毕业生创业者免除反担保要求；对高校毕业生设立的符合条件的小微企业，最高贷款额度提高至300万元；降低贷款利率，简化贷款申报审核流程，提高贷款便利性，支持符合条件的高校毕业生创业就业。鼓励和引导金融机构加快产品和服务创新，为符合条件的大学生创业项目提供金融服务。(财政部、人力资源社会保障部、人民银行、银保监会等按职责分工负责)

(十二)引导社会资本支持大学生创新创业。充分发挥社会资本作用，以市场化机制促进社会资源与大学生创新创业需求更好对接，引导创新创业平台投资基金和社会资本参与大学生创业项目早期投资与投智，助力大学生创新创业项目健康成长。加快发展天使投资，培育一批天使投资人和创业投资机构。发挥财政政策作用，落实税收政策，支持天使投资、创业投资发展，推动大学生创新创业。(发展改革委、财政部、税务总局、证监会等按职责分工负责)

七、促进大学生创新创业成果转化

(十三)完善成果转化机制。研究设立大学生创新创业成果转化服务机构，建立相关成果与行业产业对接长效机制，促进大学生创新创业成果在有关行业企业推广应用。做好大学生创新项目的知识产权确权、保护等工作，强化激励导向，加快落实以增加知识价值为导向的分配政策，落实成果转化奖励和收益分配办法。加强面向大学生的科技成果转化培训课程建设。(科技部、教育部、知识产权局等按职责分工负责)

（十四）强化成果转化服务。推动地方、企业和大学生创新创业团队加强合作对接，拓宽成果转化渠道，为创新成果转化和创业项目落地提供帮助。鼓励国有大中型企业和产教融合型企业利用孵化器、产业园等平台，支持高校科技成果转化，促进高校科技成果和大学生创新创业项目落地发展。汇集政府、企业、高校及社会资源，加强对中国国际"互联网+"大学生创新创业大赛中涌现的优秀创新创业项目的后续跟踪支持，落实科技成果转化相关税收优惠政策，推动一批大赛优秀项目落地，支持获奖项目成果转化，形成大学生创新创业示范效应。（教育部、科技部、发展改革委、财政部、国资委、税务总局等按职责分工负责）

八、办好中国国际"互联网+"大学生创新创业大赛

（十五）完善大赛可持续发展机制。鼓励省级人民政府积极承办大赛，压实主办职责，进一步加强组织领导和综合协调，落实配套支持政策和条件保障。坚持政府引导、公益支持，支持行业企业深化赛事合作，拓宽办赛资金筹措渠道，适当增加大赛冠名赞助经费额度。充分利用市场化方式，研究推动中央企业、社会资本发起成立中国国际"互联网+"大学生创新创业大赛项目专项发展基金。（教育部、国资委、证监会、建设银行等按职责分工负责）

（十六）打造创新创业大赛品牌。强化大赛创新创业教育实践平台作用，鼓励各学段学生积极参赛。坚持以赛促教、以赛促学、以赛促创，丰富竞赛形式和内容。建立健全中国国际"互联网+"大学生创新创业大赛与各级各类创新创业比赛联动机制，推进大赛国际化进程，搭建全球性创新创业竞赛平台，深化创新创业教育国际交流合作。（教育部等按职责分工负责）

九、加强大学生创新创业信息服务

（十七）建立大学生创新创业信息服务平台。汇集创新创业帮扶政策、产业激励政策和全国创新创业教育优质资源，加强信息资源整合，做好国家和地方的政策发布、解读等工作。及时收集国家、区域、行业需求，为大学生精准推送行业和市场动向等信息。加强对创新创业大学生和项目的跟踪、服务，畅通供需对接渠道，支持各地积极举办大学生创新创业项目需求与投融资对接会。（教育部、发展改革委、人力资源社会保障部等按职责分工负责）

（十八）加强宣传引导。大力宣传加强高校创新创业教育、促进大学生创新创业的必要性、重要性。及时总结推广各地区、各高校的好经验好做法，选树大学生创新创业成功典型，丰富宣传形式，培育创客文化，营造敢为人先、宽容失败的环境，形成支持大学生创新创业的社会氛围。做好政策宣传宣讲，推动大学生用足用好税费减免、企业登记等支持政策。（教育部、中央宣传部牵头，地方各级人民政府、各有关部门按职责分工负责）

各地区、各有关部门要认真贯彻落实党中央、国务院决策部署，抓好本意见的贯彻落实。教育部要会同有关部门加强协调指导，督促支持大学生创新创业各项政策的落实，加强经验交流和推广。地方各级人民政府要加强组织领导，深入了解情况，优化创新创业环

境，积极研究制定和落实支持大学生创新创业的政策措施，及时帮助大学生解决实际问题。

国务院办公厅

2021 年 9 月 22

二、国务院关于推动创新创业高质量发展
打造"双创"升级版的意见
（国发〔2018〕32 号）

各省、自治区、直辖市人民政府，国务院各部委、各直属机构：

创新是引领发展的第一动力，是建设现代化经济体系的战略支撑。近年来，大众创业万众创新持续向更大范围、更高层次和更深程度推进，创新创业与经济社会发展深度融合，对推动新旧动能转换和经济结构升级、扩大就业和改善民生、实现机会公平和社会纵向流动发挥了重要作用，为促进经济增长提供了有力支撑。当前，我国经济已由高速增长阶段转向高质量发展阶段，对推动大众创业万众创新提出了新的更高要求。为深入实施创新驱动发展战略，进一步激发市场活力和社会创造力，现就推动创新创业高质量发展、打造"双创"升级版提出以下意见。

一、总体要求

推进大众创业万众创新是深入实施创新驱动发展战略的重要支撑、深入推进供给侧结构性改革的重要途径。随着大众创业万众创新蓬勃发展，创新创业环境持续改善，创新创业主体日益多元，各类支撑平台不断丰富，创新创业社会氛围更加浓厚，创新创业理念日益深入人心，取得显著成效。但同时，还存在创新创业生态不够完善、科技成果转化机制尚不健全、大中小企业融通发展还不充分、创新创业国际合作不够深入以及部分政策落实不到位等问题。打造"双创"升级版，推动创新创业高质量发展，有利于进一步增强创业带动就业能力，有利于提升科技创新和产业发展活力，有利于创造优质供给和扩大有效需求，对增强经济发展内生动力具有重要意义。

（一）指导思想

以习近平新时代中国特色社会主义思想为指导，全面贯彻党的十九大和十九届二中、三中全会精神，坚持新发展理念，坚持以供给侧结构性改革为主线，按照高质量发展要求，深入实施创新驱动发展战略，通过打造"双创"升级版，进一步优化创新创业环境，大幅降低创新创业成本，提升创业带动就业能力，增强科技创新引领作用，提升支撑平台服务能力，推动形成线上线下结合、产学研用协同、大中小企业融合的创新创业格局，为加快培育发展新动能、实现更充分就业和经济高质量发展提供坚实保障。

（二）主要目标

创新创业服务全面升级。创新创业资源共享平台更加完善，市场化、专业化众创空间功能不断拓展，创新创业服务平台能力显著提升，创业投资持续增长并更加关注早中期科

技型企业，新兴创新创业服务业态日趋成熟。

创业带动就业能力明显提升。培育更多充满活力、持续稳定经营的市场主体，直接创造更多就业岗位，带动关联产业就业岗位增加，促进就业机会公平和社会纵向流动，实现创新、创业、就业的良性循环。

科技成果转化应用能力显著增强。科技型创业加快发展，产学研用更加协同，科技创新与传统产业转型升级结合更加紧密，形成多层次科技创新和产业发展主体，支撑战略性新兴产业加快发展。

高质量创新创业集聚区不断涌现。"双创"示范基地建设扎实推进，一批可复制的制度性成果加快推广。有效发挥国家级新区、国家自主创新示范区等各类功能区优势，打造一批创新创业新高地。

大中小企业创新创业价值链有机融合。一批高端科技人才、优秀企业家、专业投资人成为创新创业主力军，大企业、科研院所、中小企业之间创新资源要素自由畅通流动，内部外部、线上线下、大中小企业融通发展水平不断提升。

国际国内创新创业资源深度融汇。拓展创新创业国际交流合作，深度融入全球创新创业浪潮，推动形成一批国际化创新创业集聚地，将"双创"打造成为我国与包括"一带一路"相关国家在内的世界各国合作的亮丽名片。

二、着力促进创新创业环境升级

（三）简政放权释放创新创业活力。进一步提升企业开办便利度，全面推进企业简易注销登记改革。积极推广"区域评估"，由政府组织力量对一定区域内地质灾害、水土保持等进行统一评估。推进审查事项、办事流程、数据交换等标准化建设，稳步推动公共数据资源开放，加快推进政务数据资源、社会数据资源、互联网数据资源建设。清理废除妨碍统一市场和公平竞争的规定和做法，加快发布全国统一的市场准入负面清单，建立清单动态调整机制。（市场监管总局、自然资源部、水利部、发展改革委等按职责分工负责）

（四）放管结合营造公平市场环境。加强社会信用体系建设，构建信用承诺、信息公示、信用分级分类、信用联合奖惩等全流程信用监管机制。修订生物制造、新材料等领域审查参考标准，激发高技术领域创新活力。引导和规范共享经济良性健康发展，推动共享经济平台企业切实履行主体责任。建立完善对"互联网+教育""互联网+医疗"等新业态新模式的高效监管机制，严守安全质量和社会稳定底线。（发展改革委、市场监管总局、工业和信息化部、教育部、卫生健康委等按职责分工负责）

（五）优化服务便利创新创业。加快建立全国一体化政务服务平台，建立完善国家数据共享交换平台体系，推行数据共享责任清单制度，推动数据共享应用典型案例经验复制推广。在市县一级建立农村创新创业信息服务窗口。完善适应新就业形态的用工和社会保险制度，加快建设"网上社保"。积极落实产业用地政策，深入推进城镇低效用地再开发，健全建设用地"增存挂钩"机制，优化用地结构，盘活存量、闲置土地用于创新创业。（国务院办公厅、发展改革委、市场监管总局、农业农村部、人力资源社会保障部、自然资源部等按职责分工负责）

三、加快推动创新创业发展动力升级

(六)加大财税政策支持力度。聚焦减税降费，研究适当降低社保费率，确保总体上不增加企业负担，激发市场活力。将企业研发费用加计扣除比例提高到75%的政策由科技型中小企业扩大至所有企业。对个人在二级市场买卖新三板股票比照上市公司股票，对差价收入免征个人所得税。将国家级科技企业孵化器和大学科技园享受的免征房产税、增值税等优惠政策范围扩大至省级，符合条件的众创空间也可享受。(财政部、税务总局等按职责分工负责)

(七)完善创新创业产品和服务政府采购等政策措施。完善支持创新和中小企业的政府采购政策。发挥采购政策功能，加大对重大创新产品和服务、核心关键技术的采购力度，扩大首购、订购等非招标方式的应用。(发展改革委、财政部、工业和信息化部、科技部等和地方各级人民政府按职责分工负责)

(八)加快推进首台(套)重大技术装备示范应用。充分发挥市场机制作用，推动重大技术装备研发创新、检测评定、示范应用体系建设。编制重大技术装备创新目录、众创研发指引，制定首台(套)评定办法。依托大型科技企业集团、重点研发机构，设立重大技术装备创新研究院。建立首台(套)示范应用基地和示范应用联盟。加快军民两用技术产品发展和推广应用。发挥众创、众筹、众包和虚拟创新创业社区等多种创新创业模式的作用，引导中小企业等创新主体参与重大技术装备研发，加强众创成果与市场有效对接。(发展改革委、科技部、工业和信息化部、财政部、国资委、卫生健康委、市场监管总局、能源局等按职责分工负责)

(九)建立完善知识产权管理服务体系。建立完善知识产权评估和风险控制体系，鼓励金融机构探索开展知识产权质押融资。完善知识产权运营公共服务平台，逐步建立全国统一的知识产权交易市场。鼓励和支持创新主体加强关键前沿技术知识产权创造，形成一批战略性高价值专利组合。聚焦重点领域和关键环节开展知识产权"雷霆"专项行动，进行集中检查、集中整治，全面加强知识产权执法维权工作力度。积极运用在线识别、实时监测、源头追溯等"互联网+"技术强化知识产权保护。(知识产权局、财政部、银保监会、人民银行等按职责分工负责)

四、持续推进创业带动就业能力升级

(十)鼓励和支持科研人员积极投身科技创业。对科教类事业单位实施差异化分类指导，出台鼓励和支持科研人员离岗创业实施细则，完善创新型岗位管理实施细则。健全科研人员评价机制，将科研人员在科技成果转化过程中取得的成绩和参与创业项目的情况作为职称评审、岗位竞聘、绩效考核、收入分配、续签合同等的重要依据。建立完善科研人员校企、院企共建双聘机制。(科技部、教育部、人力资源社会保障部等按职责分工负责)

(十一)强化大学生创新创业教育培训。在全国高校推广创业导师制，把创新创业教育和实践课程纳入高校必修课体系，允许大学生用创业成果申请学位论文答辩。支持高校、职业院校(含技工院校)深化产教融合，引入企业开展生产性实习实训。(教育部、人

力资源社会保障部、共青团中央等按职责分工负责)

(十二)健全农民工返乡创业服务体系。深入推进农民工返乡创业试点工作，推出一批农民工返乡创业示范县和农村创新创业典型县。进一步发挥创业担保贷款政策的作用，鼓励金融机构按照市场化、商业可持续原则对农村"双创"园区(基地)和公共服务平台等提供金融服务。安排一定比例年度土地利用计划，专项支持农村新产业新业态和产业融合发展。(人力资源社会保障部、农业农村部、发展改革委、人民银行、银保监会、财政部、自然资源部、共青团中央等按职责分工负责)

(十三)完善退役军人自主创业支持政策和服务体系。加大退役军人培训力度，依托院校、职业培训机构、创业培训中心等机构，开展创业意识教育、创业素质培养、创业项目指导、开业指导、企业经营管理等培训。大力扶持退役军人就业创业，落实好现有税收优惠政策，根据个体特点引导退役军人向科技服务业等新业态转移。推动退役军人创业平台不断完善，支持退役军人参加创新创业大会和比赛。(退役军人部、教育部、人力资源社会保障部、税务总局、财政部等按职责分工负责)

(十四)提升归国和外籍人才创新创业便利化水平。深入实施留学人员回国创新创业启动支持计划，遴选资助一批高层次人才回国创新创业项目。健全留学回国人才和外籍高层次人才服务机制，在签证、出入境、社会保险、知识产权保护、落户、永久居留、子女入学等方面进一步加大支持力度。(人力资源社会保障部、外交部、公安部、移民局、知识产权局等和地方各级人民政府按职责分工负责)

(十五)推动更多群体投身创新创业。深入推进创新创业巾帼行动，鼓励支持更多女性投身创新创业实践。制定完善香港、澳门居民在内地发展便利性政策措施，鼓励支持港澳青年在内地创新创业。扩大两岸经济文化交流合作，为台湾同胞在大陆创新创业提供便利。积极引导侨资侨智参与创新创业，支持建设华侨华人创新创业基地和华侨大数据中心。探索国际柔性引才机制，持续推进海外人才离岸创新创业基地建设。启动少数民族地区创新创业专项行动，支持西藏、新疆等地区创新创业加快发展。推行终身职业技能培训制度，将有创业意愿和培训需求的劳动者全部纳入培训范围。(全国妇联、港澳办、台办、侨办、人力资源社会保障部、中国科协、发展改革委、国家民委等按职责分工负责)

五、深入推动科技创新支撑能力升级

(十六)增强创新型企业引领带动作用。在重点领域和关键环节加快建设一批国家产业创新中心、国家技术创新中心等创新平台，充分发挥创新平台资源集聚优势。建设由大中型科技企业牵头，中小企业、科技社团、高校院所等共同参与的科技联合体。加大对"专精特新"中小企业的支持力度，鼓励中小企业参与产业关键共性技术研究开发，持续提升企业创新能力，培育一批具有创新能力的制造业单项冠军企业，壮大制造业创新集群。健全企业家参与涉企创新创业政策制定机制。(发展改革委、科技部、中国科协、工业和信息化部等按职责分工负责)

(十七)推动高校科研院所创新创业深度融合。健全科技资源开放共享机制，鼓励科研人员面向企业开展技术开发、技术咨询、技术服务、技术培训等，促进科技创新与创业深度融合。推动高校、科研院所与企业共同建立概念验证、孵化育成等面向基础研究成果

转化的服务平台。(科技部、教育部等按职责分工负责)

(十八)健全科技成果转化的体制机制。纵深推进全面创新改革试验，深化以科技创新为核心的全面创新。完善国家财政资金资助的科技成果信息共享机制，畅通科技成果与市场对接渠道。试点开展赋予科研人员职务科技成果所有权或长期使用权。加速高校科技成果转化和技术转移，促进科技、产业、投资融合对接。加强国家技术转移体系建设，鼓励高校、科研院所建设专业化技术转移机构。鼓励有条件的地方按技术合同实际成交额的一定比例对技术转移服务机构、技术合同登记机构和技术经纪人(技术经理人)给予奖补。(发展改革委、科技部、教育部、财政部等按职责分工负责)

六、大力促进创新创业平台服务升级

(十九)提升孵化机构和众创空间服务水平。建立众创空间质量管理、优胜劣汰的健康发展机制，引导众创空间向专业化、精细化方向升级，鼓励具备一定科研基础的市场主体建立专业化众创空间。推动中央企业、科研院所、高校和相关公共服务机构建设具有独立法人资格的孵化机构，为初创期、早中期企业提供公共技术、检验检测、财税会计、法律政策、教育培训、管理咨询等服务。继续推进全国创业孵化示范基地建设。鼓励生产制造类企业建立工匠工作室，通过技术攻关、破解生产难题、固化创新成果等塑造工匠品牌。加快发展孵化机构联盟，加强与国外孵化机构对接合作，吸引海外人才到国内创新创业。研究支持符合条件的孵化机构享受高新技术企业相关人才激励政策，落实孵化机构税收优惠政策。(科技部、国资委、教育部、人力资源社会保障部、工业和信息化部、财政部、税务总局等按职责分工负责)

(二十)搭建大中小企业融通发展平台。实施大中小企业融通发展专项行动计划，加快培育一批基于互联网的大企业创新创业平台、国家中小企业公共服务示范平台。推进国家小型微型企业创业创新示范基地建设，支持建设一批制造业"双创"技术转移中心和制造业"双创"服务平台。推进供应链创新与应用，加快形成大中小企业专业化分工协作的产业供应链体系。鼓励大中型企业开展内部创业，鼓励有条件的企业依法合规发起或参与设立公益性创业基金，鼓励企业参股、投资内部创业项目。鼓励国有企业探索以子公司等形式设立创新创业平台，促进混合所有制改革与创新创业深度融合。(工业和信息化部、商务部、财政部、国资委等按职责分工负责)

(二十一)深入推进工业互联网创新发展。更好发挥市场力量，加快发展工业互联网，与智能制造、电子商务等有机结合、互促共进。实施工业互联网三年行动计划，强化财税政策导向作用，持续利用工业转型升级资金支持工业互联网发展。推进工业互联网平台建设，形成多层次、系统性工业互联网平台体系，引导企业上云上平台，加快发展工业软件，培育工业互联网应用创新生态。推动产学研用合作建设工业互联网创新中心，建立工业互联网产业示范基地，开展工业互联网创新应用示范。加强专业人才支撑，公布一批工业互联网相关二级学科，鼓励搭建工业互联网学科引智平台。(工业和信息化部、发展改革委、教育部、科技部、财政部、人力资源社会保障部等按职责分工负责)

(二十二)完善"互联网+"创新创业服务体系。推进"国家创新创业政策信息服务网"建设，及时发布创新创业先进经验和典型做法，进一步降低各类创新创业主体的政策信息

获取门槛和时间成本。鼓励建设"互联网+"创新创业平台，积极利用互联网等信息技术支持创新创业活动，进一步降低创新创业主体与资本、技术对接的门槛。推动"互联网+公共服务"，使更多优质资源惠及群众。（发展改革委、科技部、工业和信息化部等按职责分工负责）

（二十三）打造创新创业重点展示品牌。继续扎实开展各类创新创业赛事活动，办好全国大众创业万众创新活动周，拓展"创响中国"系列活动范围，充分发挥"互联网+"大学生创新创业大赛、中国创新创业大赛、"创客中国"创新创业大赛、"中国创翼"创业创新大赛、全国农村创业创新项目创意大赛、中央企业熠星创新创意大赛、"创青春"中国青年创新创业大赛、中国妇女创新创业大赛等品牌赛事活动作用。对各类赛事活动中涌现的优秀创新创业项目加强后续跟踪支持。（发展改革委、中国科协、教育部、科技部、工业和信息化部、人力资源社会保障部、农业农村部、国资委、共青团中央、全国妇联等按职责分工负责）

七、进一步完善创新创业金融服务

（二十四）引导金融机构有效服务创新创业融资需求。加快城市商业银行转型，回归服务小微企业等实体的本源，提高风险识别和定价能力，运用科技化等手段，为本地创新创业提供有针对性的金融产品和差异化服务。加快推进村镇银行本地化、民营化和专业化发展，支持民间资本参与农村中小金融机构充实资本、完善治理的改革，重点服务发展农村电商等新业态新模式。推进落实大中型商业银行设立普惠金融事业部，支持有条件的银行设立科技信贷专营事业部，提高服务创新创业企业的专业化水平。支持银行业金融机构积极稳妥开展并购贷款业务，提高对创业企业兼并重组的金融服务水平。（银保监会、人民银行等按职责分工负责）

（二十五）充分发挥创业投资支持创新创业作用。进一步健全适应创业投资行业特点的差异化监管体制，按照不溯及既往、确保总体税负不增的原则，抓紧完善进一步支持创业投资基金发展的税收政策，营造透明、可预期的政策环境。规范发展市场化运作、专业化管理的创业投资母基金。充分发挥国家新兴产业创业投资引导基金、国家中小企业发展基金等引导基金的作用，支持初创期、早中期创新型企业发展。加快发展天使投资，鼓励有条件的地方出台促进天使投资发展的政策措施，培育和壮大天使投资人群体。完善政府出资产业投资基金信用信息登记，开展政府出资产业投资基金绩效评价和公共信用综合评价。（发展改革委、证监会、税务总局、财政部、工业和信息化部、科技部、人民银行、银保监会等按职责分工负责）

（二十六）拓宽创新创业直接融资渠道。支持发展潜力好但尚未盈利的创新型企业上市或在新三板、区域性股权市场挂牌。推动科技型中小企业和创业投资企业发债融资，稳步扩大创新创业债试点规模，支持符合条件的企业发行"双创"专项债务融资工具。规范发展互联网股权融资，拓宽小微企业和创新创业者的融资渠道。推动完善公司法等法律法规和资本市场相关规则，允许科技企业实行"同股不同权"治理结构。（证监会、发展改革委、科技部、人民银行、财政部、司法部等按职责分工负责）

（二十七）完善创新创业差异化金融支持政策。依托国家融资担保基金，采取股权投资、再担保等方式推进地方有序开展融资担保业务，构建全国统一的担保行业体系。支持保险公司为科技型中小企业知识产权融资提供保证保险服务。完善定向降准、信贷政策支持再贷款等结构性货币政策工具，引导资金更多投向创新型企业和小微企业。研究开展科技成果转化贷款风险补偿试点。实施战略性新兴产业重点项目信息合作机制，为战略性新兴产业提供更具针对性和适应性的金融产品和服务。（财政部、银保监会、科技部、知识产权局、人民银行、工业和信息化部、发展改革委、证监会等按职责分工负责）法宝联想：期刊1篇

八、加快构筑创新创业发展高地

（二十八）打造具有全球影响力的科技创新策源地。进一步夯实北京、上海科技创新中心的创新基础，加快建设一批重大科技基础设施集群、世界一流学科集群。加快推进粤港澳大湾区国际科技创新中心建设，探索建立健全国际化的创新创业合作新机制。（有关地方人民政府牵头负责）

（二十九）培育创新创业集聚区。支持符合条件的经济技术开发区打造大中小企业融通型、科技资源支撑型等不同类型的创新创业特色载体。鼓励国家级新区探索通用航空、体育休闲、养老服务、安全等产业与城市融合发展的新机制和新模式。推进雄安新区创新发展，打造体制机制新高地和京津冀协同创新重要平台。推动承接产业转移示范区、高新技术开发区聚焦战略性新兴产业构建园区配套及服务体系，充分发挥创新创业集群效应。支持有条件的省市建设综合性国家产业创新中心，提升关键核心技术创新能力。依托中心城市和都市圈，探索打造跨区域协同创新平台。（财政部、工业和信息化部、科技部、发展改革委等和地方各级人民政府按职责分工负责）

（三十）发挥"双创"示范基地引导示范作用。将全面创新改革试验的相关改革举措在"双创"示范基地推广，为示范基地内的项目或企业开通总体规划环评等绿色通道。充分发挥长三角示范基地联盟作用，推动建立京津冀、西部等区域示范基地联盟，促进各类基地融通发展。开展"双创"示范基地十强百佳工程，鼓励示范基地在科技成果转化、财政金融、人才培养等方面积极探索。（发展改革委、生态环境部、银保监会、科技部、财政部、工业和信息化部、人力资源社会保障部等和有关地方人民政府及大众创业万众创新示范基地按职责分工负责）

（三十一）推进创新创业国际合作。发挥中国—东盟信息港、中阿网上丝绸之路等国际化平台作用，支持与"一带一路"相关国家开展创新创业合作。推动建立政府间创新创业多双边合作机制。充分利用各类国际合作论坛等重要载体，推动创新创业领域民间务实合作。鼓励有条件的地方建立创新创业国际合作基金，促进务实国际合作项目有效落地。（发展改革委、科技部、工业和信息化部等和有关地方人民政府按职责分工负责）

九、切实打通政策落实"最后一公里"

（三十二）强化创新创业政策统筹。完善创新创业信息通报制度，加强沟通联动。发挥推进大众创业万众创新部际联席会议统筹作用，建立部门之间、部门与地方之间的高效协同机制。鼓励各地方先行先试、大胆探索并建立容错免责机制。促进科技、金融、财

税、人才等支持创新创业政策措施有效衔接。建立健全"双创"发展统计指标体系，做好创新创业统计监测工作。（发展改革委、统计局等和地方各级人民政府按职责分工负责）

（三十三）细化关键政策落实措施。开展"双创"示范基地年度评估，根据评估结果进行动态调整。定期梳理制约创新创业的痛点堵点问题，开展创新创业痛点堵点疏解行动，督促相关部门和地方限期解决。对知识产权保护、税收优惠、成果转移转化、科技金融、军民融合、人才引进等支持创新创业政策措施落实情况定期开展专项督查和评估。（发展改革委、中国科协等和地方各级人民政府按职责分工负责）

（三十四）做好创新创业经验推广。建立定期发布创新创业政策信息的制度，做好政策宣讲和落实工作。支持各地积极举办经验交流会和现场观摩会等，加强先进经验和典型做法的推广应用。加强创新创业政策和经验宣传，营造良好舆论氛围。（各部门、地方各级人民政府按职责分工负责）

各地区、各部门要充分认识推动创新创业高质量发展、打造"双创"升级版对于深入实施创新驱动发展战略的重要意义，把思想、认识和行动统一到党中央、国务院决策部署上来，认真落实本意见各项要求，细化政策措施，加强督查，及时总结，确保各项政策措施落到实处，进一步增强创业带动就业能力和科技创新能力，加快培育发展新动能，充分激发市场活力和社会创造力，推动我国经济高质量发展。

国务院

2018 年 9 月 18 日

三、国务院办公厅关于深化高等学校
创新创业教育改革的实施意见
（国办发〔2015〕36 号）

各省、自治区、直辖市人民政府，国务院各部委、各直属机构：

深化高等学校创新创业教育改革，是国家实施创新驱动发展战略、促进经济提质增效升级的迫切需要，是推进高等教育综合改革、促进高校毕业生更高质量创业就业的重要举措。党的十八大对创新创业人才培养作出重要部署，国务院对加强创新创业教育提出明确要求。近年来，高校创新创业教育不断加强，取得了积极进展，对提高高等教育质量、促进学生全面发展、推动毕业生创业就业、服务国家现代化建设发挥了重要作用。但也存在一些不容忽视的突出问题，主要是一些地方和高校重视不够，创新创业教育理念滞后，与专业教育结合不紧，与实践脱节；教师开展创新创业教育的意识和能力欠缺，教学方式方法单一，针对性实效性不强；实践平台短缺，指导帮扶不到位，创新创业教育体系亟待健全。为了进一步推动大众创业、万众创新，经国务院同意，现就深化高校创新创业教育改革提出如下实施意见。

一、总体要求

（一）指导思想

全面贯彻党的教育方针，落实立德树人根本任务，坚持创新引领创业、创业带动就业，主动适应经济发展新常态，以推进素质教育为主题，以提高人才培养质量为核心，以创新人才培养机制为重点，以完善条件和政策保障为支撑，促进高等教育与科技、经济、社会紧密结合，加快培养规模宏大、富有创新精神、勇于投身实践的创新创业人才队伍，不断提高高等教育对稳增长促改革调结构惠民生的贡献度，为建设创新型国家、实现"两个一百年"奋斗目标和中华民族伟大复兴的中国梦提供强大的人才智力支撑。

(二)基本原则

坚持育人为本，提高培养质量。把深化高校创新创业教育改革作为推进高等教育综合改革的突破口，树立先进的创新创业教育理念，面向全体、分类施教、结合专业、强化实践，促进学生全面发展，提升人力资本素质，努力造就大众创业、万众创新的生力军。

坚持问题导向，补齐培养短板。把解决高校创新创业教育存在的突出问题作为深化高校创新创业教育改革的着力点，融入人才培养体系，丰富课程、创新教法、强化师资、改进帮扶，推进教学、科研、实践紧密结合，突破人才培养薄弱环节，增强学生的创新精神、创业意识和创新创业能力。

坚持协同推进，汇聚培养合力。把完善高校创新创业教育体制机制作为深化高校创新创业教育改革的支撑点，集聚创新创业教育要素与资源，统一领导、齐抓共管、开放合作、全员参与，形成全社会关心支持创新创业教育和学生创新创业的良好生态环境。

(三)总体目标

2015年起全面深化高校创新创业教育改革。2017年取得重要进展，形成科学先进、广泛认同、具有中国特色的创新创业教育理念，形成一批可复制可推广的制度成果，普及创新创业教育，实现新一轮大学生创业引领计划预期目标。到2020年建立健全课堂教学、自主学习、结合实践、指导帮扶、文化引领融为一体的高校创新创业教育体系，人才培养质量显著提升，学生的创新精神、创业意识和创新创业能力明显增强，投身创业实践的学生显著增加。

二、主要任务和措施

(一)完善人才培养质量标准

制订实施本科专业类教学质量国家标准，修订实施高职高专专业教学标准和博士、硕士学位基本要求，明确本科、高职高专、研究生创新创业教育目标要求，使创新精神、创业意识和创新创业能力成为评价人才培养质量的重要指标。相关部门、科研院所、行业企业要制订修订专业人才评价标准，细化创新创业素质能力要求。不同层次、类型、区域高校要结合办学定位、服务面向和创新创业教育目标要求，制订专业教学质量标准，修订人才培养方案。

(二)创新人才培养机制

实施高校毕业生就业和重点产业人才供需年度报告制度，完善学科专业预警、退出管理办法，探索建立需求导向的学科专业结构和创业就业导向的人才培养类型结构调整新机制，促进人才培养与经济社会发展、创业就业需求紧密对接。深入实施系列"卓越计划"、科教结合协同育人行动计划等，多形式举办创新创业教育实验班，探索建立校校、校企、校地、校所以及国际合作的协同育人新机制，积极吸引社会资源和国外优质教育资源投入创新创业人才培养。高校要打通一级学科或专业类下相近学科专业的基础课程，开设跨学科专业的交叉课程，探索建立跨院系、跨学科、跨专业交叉培养创新创业人才的新机制，促进人才培养由学科专业单一型向多学科融合型转变。

(三)健全创新创业教育课程体系

各高校要根据人才培养定位和创新创业教育目标要求，促进专业教育与创新创业教育有机融合，调整专业课程设置，挖掘和充实各类专业课程的创新创业教育资源，在传授专业知识过程中加强创新创业教育。面向全体学生开发开设研究方法、学科前沿、创业基础、就业创业指导等方面的必修课和选修课，纳入学分管理，建设依次递进、有机衔接、科学合理的创新创业教育专门课程群。各地区、各高校要加快创新创业教育优质课程信息化建设，推出一批资源共享的慕课、视频公开课等在线开放课程。建立在线开放课程学习认证和学分认定制度。组织学科带头人、行业企业优秀人才，联合编写具有科学性、先进性、适用性的创新创业教育重点教材。

(四)改革教学方法和考核方式

各高校要广泛开展启发式、讨论式、参与式教学，扩大小班化教学覆盖面，推动教师把国际前沿学术发展、最新研究成果和实践经验融入课堂教学，注重培养学生的批判性和创造性思维，激发创新创业灵感。运用大数据技术，掌握不同学生学习需求和规律，为学生自主学习提供更加丰富多样的教育资源。改革考试考核内容和方式，注重考查学生运用知识分析、解决问题的能力，探索非标准答案考试，破除"高分低能"积弊。

(五)强化创新创业实践

各高校要加强专业实验室、虚拟仿真实验室、创业实验室和训练中心建设，促进实验教学平台共享。各地区、各高校科技创新资源原则上向全体在校学生开放，开放情况纳入各类研究基地、重点实验室、科技园评估标准。鼓励各地区、各高校充分利用各种资源建设大学科技园、大学生创业园、创业孵化基地和小微企业创业基地，作为创业教育实践平台，建好一批大学生校外实践教育基地、创业示范基地、科技创业实习基地和职业院校实训基地。完善国家、地方、高校三级创新创业实训教学体系，深入实施大学生创新创业训练计划，扩大覆盖面，促进项目落地转化。举办全国大学生创新创业大赛，办好全国职业院校技能大赛，支持举办各类科技创新、创意设计、创业计划等专题竞赛。支持高校学生成立创新创业协会、创业俱乐部等社团，举办创新创业讲座论坛，开展创新创业实践。

(六)改革教学和学籍管理制度

各高校要设置合理的创新创业学分，建立创新创业学分积累与转换制度，探索将学生开展创新实验、发表论文、获得专利和自主创业等情况折算为学分，将学生参与课题研究、项目实验等活动认定为课堂学习。为有意愿有潜质的学生制定创新创业能力培养计划，建立创新创业档案和成绩单，客观记录并量化评价学生开展创新创业活动情况。优先支持参与创新创业的学生转入相关专业学习。实施弹性学制，放宽学生修业年限，允许调整学业进程、保留学籍休学创新创业。设立创新创业奖学金，并在现有相关评优评先项目中拿出一定比例用于表彰优秀创新创业的学生。

(七)加强教师创新创业教育教学能力建设

各地区、各高校要明确全体教师创新创业教育责任，完善专业技术职务评聘和绩效考核标准，加强创新创业教育的考核评价。配齐配强创新创业教育与创业就业指导专职教师队伍，并建立定期考核、淘汰制度。聘请知名科学家、创业成功者、企业家、风险投资人等各行各业优秀人才，担任专业课、创新创业课授课或指导教师，并制定兼职教师管理规范，形成全国万名优秀创新创业导师人才库。将提高高校教师创新创业教育的意识和能力作为岗前培训、课程轮训、骨干研修的重要内容，建立相关专业教师、创新创业教育专职教师到行业企业挂职锻炼制度。加快完善高校科技成果处置和收益分配机制，支持教师以对外转让、合作转化、作价入股、自主创业等形式将科技成果产业化，并鼓励带领学生创新创业。

(八)改进学生创业指导服务

各地区、各高校要建立健全学生创业指导服务专门机构，做到"机构、人员、场地、经费"四到位，对自主创业学生实行持续帮扶、全程指导、一站式服务。健全持续化信息服务制度，完善全国大学生创业服务网功能，建立地方、高校两级信息服务平台，为学生实时提供国家政策、市场动向等信息，并做好创业项目对接、知识产权交易等服务。各地区、各有关部门要积极落实高校学生创业培训政策，研发适合学生特点的创业培训课程，建设网络培训平台。鼓励高校自主编制专项培训计划，或与有条件的教育培训机构、行业协会、群团组织、企业联合开发创业培训项目。各地区和具备条件的行业协会要针对区域需求、行业发展，发布创业项目指南，引导高校学生识别创业机会、捕捉创业商机。

(九)完善创新创业资金支持和政策保障体系

各地区、各有关部门要整合发展财政和社会资金，支持高校学生创新创业活动。各高校要优化经费支出结构，多渠道统筹安排资金，支持创新创业教育教学，资助学生创新创业项目。部委属高校应按规定使用中央高校基本科研业务费，积极支持品学兼优且具有较强科研潜质的在校学生开展创新科研工作。中国教育发展基金会设立大学生创新创业教育奖励基金，用于奖励对创新创业教育作出贡献的单位。鼓励社会组织、公益团体、企事业单位和个人设立大学生创业风险基金，以多种形式向自主创业大学生提供资金支持，提高扶持资金使用效益。深入实施新一轮大学生创业引领计划，落实各项扶持政策和服务措施，重点支持大学生到新兴产业创业。有关部门要加快制定有利于互联网创业的扶持政策。

三、加强组织领导

(一)健全体制机制

各地区、各高校要把深化高校创新创业教育改革作为"培养什么人，怎样培养人"的重要任务摆在突出位置，加强指导管理与监督评价，统筹推进本地本校创新创业教育工作。各地区要成立创新创业教育专家指导委员会，开展高校创新创业教育的研究、咨询、指导和服务。各高校要落实创新创业教育主体责任，把创新创业教育纳入改革发展重要议事日程，成立由校长任组长、分管校领导任副组长、有关部门负责人参加的创新创业教育工作领导小组，建立教务部门牵头，学生工作、团委等部门齐抓共管的创新创业教育工作机制。

（二）细化实施方案

各地区、各高校要结合实际制定深化本地本校创新创业教育改革的实施方案，明确责任分工。教育部属高校需将实施方案报教育部备案，其他高校需报学校所在地省级教育部门和主管部门备案，备案后向社会公布。

（三）强化督导落实

教育部门要把创新创业教育质量作为衡量办学水平、考核领导班子的重要指标，纳入高校教育教学评估指标体系和学科评估指标体系，引入第三方评估。把创新创业教育相关情况列入本科、高职高专、研究生教学质量年度报告和毕业生就业质量年度报告重点内容，接受社会监督。

（四）加强宣传引导

各地区、各有关部门以及各高校要大力宣传加强高校创新创业教育的必要性、紧迫性、重要性，使创新创业成为管理者办学、教师教学、学生求学的理性认知与行动自觉。及时总结推广各地各高校的好经验好做法，选树学生创新创业成功典型，丰富宣传形式，培育创客文化，努力营造敢为人先、敢冒风险、宽容失败的氛围环境。

国务院办公厅

2015 年 5 月 4 日

四、国务院办公厅关于发展众创空间
推进大众创新创业的指导意见
（国办发〔2015〕9 号）

各省、自治区、直辖市人民政府，国务院各部委、各直属机构：

为加快实施创新驱动发展战略，适应和引领经济发展新常态，顺应网络时代大众创业、万众创新的新趋势，加快发展众创空间等新型创业服务平台，营造良好的创新创业生态环境，激发亿万群众创造活力，打造经济发展新引擎，经国务院同意，现提出以下意见。

一、总体要求

（一）指导思想。全面落实党的十八大和十八届二中、三中、四中全会精神，按照党中央、国务院决策部署，以营造良好创新创业生态环境为目标，以激发全社会创新创业活力为主线，以构建众创空间等创业服务平台为载体，有效整合资源，集成落实政策，完善服务模式，培育创新文化，加快形成大众创业、万众创新的生动局面。

（二）基本原则。

坚持市场导向。充分发挥市场配置资源的决定性作用，以社会力量为主构建市场化的众创空间，以满足个性化多样化消费需求和用户体验为出发点，促进创新创意与市场需求和社会资本有效对接。

加强政策集成。进一步加大简政放权力度，优化市场竞争环境。完善创新创业政策体系，加大政策落实力度，降低创新创业成本，壮大创新创业群体。完善股权激励和利益分配机制，保障创新创业者的合法权益。

强化开放共享。充分运用互联网和开源技术，构建开放创新创业平台，促进更多创业者加入和集聚。加强跨区域、跨国技术转移，整合利用全球创新资源。推动产学研协同创新，促进科技资源开放共享。

创新服务模式。通过市场化机制、专业化服务和资本化途径，有效集成创业服务资源，提供全链条增值服务。强化创业辅导，培育企业家精神，发挥资本推力作用，提高创新创业效率。

（三）发展目标。到 2020 年，形成一批有效满足大众创新创业需求、具有较强专业化服务能力的众创空间等新型创业服务平台；培育一批天使投资人和创业投资机构，投融资渠道更加畅通；孵化培育一大批创新型小微企业，并从中成长出能够引领未来经济发展的骨干企业，形成新的产业业态和经济增长点；创业群体高度活跃，以创业促进就业，提供更多高质量就业岗位；创新创业政策体系更加健全，服务体系更加完善，全社会创新创业文化氛围更加浓厚。

二、重点任务

（一）加快构建众创空间。总结推广创客空间、创业咖啡、创新工场等新型孵化模式，充分利用国家自主创新示范区、国家高新技术产业开发区、科技企业孵化器、小企业创业基地、大学科技园和高校、科研院所的有利条件，发挥行业领军企业、创业投资机构、社会组织等社会力量的主力军作用，构建一批低成本、便利化、全要素、开放式的众创空间。发挥政策集成和协同效应，实现创新与创业相结合、线上与线下相结合、孵化与投资相结合，为广大创新创业者提供良好的工作空间、网络空间、社交空间和资源共享空间。

（二）降低创新创业门槛。深化商事制度改革，针对众创空间等新型孵化机构集中办公等特点，鼓励各地结合实际，简化住所登记手续，采取一站式窗口、网上申报、多证联办等措施为创业企业工商注册提供便利。有条件的地方政府可对众创空间等新型孵化机构的房租、宽带接入费用和用于创业服务的公共软件、开发工具给予适当财政补贴，鼓励众创空间为创业者提供免费高带宽互联网接入服务。

（三）鼓励科技人员和大学生创业。加快推进中央级事业单位科技成果使用、处置和收益管理改革试点，完善科技人员创业股权激励机制。推进实施大学生创业引领计划，鼓励高校开发开设创新创业教育课程，建立健全大学生创业指导服务专门机构，加强大学生创业培训，整合发展国家和省级高校毕业生就业创业基金，为大学生创业提供场所、公共服务和资金支持，以创业带动就业。

（四）支持创新创业公共服务。综合运用政府购买服务、无偿资助、业务奖励等方式，支持中小企业公共服务平台和服务机构建设，为中小企业提供全方位专业化优质服务，支持服务机构为初创企业提供法律、知识产权、财务、咨询、检验检测认证和技术转移等服务，促进科技基础条件平台开放共享。加强电子商务基础建设，为创新创业搭建高效便利的服务平台，提高小微企业市场竞争力。完善专利审查快速通道，对小微企业亟须获得授权的核心专利申请予以优先审查。

（五）加强财政资金引导。通过中小企业发展专项资金，运用阶段参股、风险补助和投资保障等方式，引导创业投资机构投资于初创期科技型中小企业。发挥国家新兴产业创业投资引导基金对社会资本的带动作用，重点支持战略性新兴产业和高技术产业早中期、初创期创新型企业发展。发挥国家科技成果转化引导基金作用，综合运用设立创业投资子基金、贷款风险补偿、绩效奖励等方式，促进科技成果转移转化。发挥财政资金杠杆作用，通过市场机制引导社会资金和金融资本支持创业活动。发挥财税政策作用支持天使投资、创业投资发展，培育发展天使投资群体，推动大众创新创业。

（六）完善创业投融资机制。发挥多层次资本市场作用，为创新型企业提供综合金融服务。开展互联网股权众筹融资试点，增强众筹对大众创新创业的服务能力。规范和发展服务小微企业的区域性股权市场，促进科技初创企业融资，完善创业投资、天使投资退出和流转机制。鼓励银行业金融机构新设或改造部分分（支）行，作为从事科技型中小企业金融服务的专业或特色分（支）行，提供科技融资担保、知识产权质押、股权质押等方式的金融服务。

（七）丰富创新创业活动。鼓励社会力量围绕大众创业、万众创新组织开展各类公益活动。继续办好中国创新创业大赛、中国农业科技创新创业大赛等赛事活动，积极支持参与国际创新创业大赛，为投资机构与创新创业者提供对接平台。建立健全创业辅导制度，培育一批专业创业辅导师，鼓励拥有丰富经验和创业资源的企业家、天使投资人和专家学者担任创业导师或组成辅导团队。鼓励大企业建立服务大众创业的开放创新平台，支持社会力量举办创业沙龙、创业大讲堂、创业训练营等创业培训活动。

（八）营造创新创业文化氛围。积极倡导敢为人先、宽容失败的创新文化，树立崇尚创新、创业致富的价值导向，大力培育企业家精神和创客文化，将奇思妙想、创新创意转化为实实在在的创业活动。加强各类媒体对大众创新创业的新闻宣传和舆论引导，报道一批创新创业先进事迹，树立一批创新创业典型人物，让大众创业、万众创新在全社会蔚然成风。

三、组织实施

（一）加强组织领导。各地区、各部门要高度重视推进大众创新创业工作，切实抓紧抓好。各有关部门要按照职能分工，积极落实促进创新创业的各项政策措施。各地要加强对创新创业工作的组织领导，结合地方实际制定具体实施方案，明确工作部署，切实加大资金投入、政策支持和条件保障力度。

（二）加强示范引导。在国家自主创新示范区、国家高新技术产业开发区、小企业创业基地、大学科技园和其他有条件的地区开展创业示范工程。鼓励各地积极探索推进大众创新创业的新机制、新政策，不断完善创新创业服务体系，营造良好的创新创业环境。

（三）加强协调推进。科技部要加强与相关部门的工作协调，研究完善推进大众创新创业的政策措施，加强对发展众创空间的指导和支持。各地要做好大众创新创业政策落实情况调研、发展情况统计汇总等工作，及时报告有关进展情况。

国务院办公厅

2015 年 3 月 2 日

五、财政部、教育部关于印发《中央专项彩票公益金支持大学生创新创业教育项目资金管理办法》的通知

（财教〔2022〕113 号）

各省、自治区、直辖市财政厅（局）、教育厅（教委），新疆生产建设兵团财政局、教育局：

为规范和加强中央专项彩票公益金支持大学生创新创业教育项目资金管理，提高资金使用效益，确保项目实施效果，根据《中华人民共和国预算法》及其实施条例、《彩票管理条例》及其实施细则、《彩票公益金管理办法》（财综〔2021〕18 号）等有关规定，我们制定了《中央专项彩票公益金支持大学生创新创业教育项目资金管理办法》。现印发给你们，请遵照执行。

附件：中央专项彩票公益金支持大学生创新创业教育项目资金管理办法

财政部

教育部

2022 年 6 月 8 日

附件

中央专项彩票公益金支持大学生创新创业教育项目资金管理办法

第一章　总则

第一条　为落实《国务院办公厅关于进一步支持大学生创新创业的指导意见》（国办发〔2021〕35 号），规范和加强中央专项彩票公益金支持大学生创新创业教育项目资金（以下简称项目资金）管理，提高资金使用效益，根据《中华人民共和国预算法》及其实施条例、《彩票管理条例》及其实施细则、《彩票公益金管理办法》（财综〔2021〕18 号）等有关规定，制定本办法。

第二条　项目资金经国务院批准，由财政部下达各省、自治区、直辖市和新疆生产建设兵团（以下统称省）财政部门，用于支持各地在教育部指导下组织实施大学生创新创业教育项目。

项目资金纳入政府性基金预算管理。各地要发挥好项目资金的引导和撬动作用，多渠道吸引社会资金投入大学生创新创业教育工作。

第三条　项目资金管理遵循"突出重点、讲求绩效，规范透明、强化监督"的原则。

第二章　资金支持对象与分配

第四条　项目资金重点用于支持各地依托省内高校建设 100 个国家级创新创业学院（以下简称双创学院）、100 个国家级创新创业教育实践基地（以下简称实践基地）。

第五条　双创学院是建设高校整合校内外教学资源，重点围绕开展创新创业教育教学改革、课程教材建设、师资培训等工作，推进大学生创新创业教育的机构。实践基地是建

229

设高校整合校内外实践资源，重点围绕开展大学生创新创业训练，筛选、培育、孵化创新创业项目等工作，推进大学生创新创业实践的机构。

第六条 项目资金采用因素法分配，分配因素包括基础因素（权重50%）、创新创业教育发展因素（权重40%）及区域因素（权重10%）。基础因素包括各地高校数、高校在校生数等；创新创业教育发展因素包括各地近3年参加中国国际"互联网+"大学生创新创业大赛项目数、获金奖项目数等。

财政部会同教育部综合考虑各地工作进展、绩效结果等情况，研究确定绩效调节系数，对资金分配情况进行适当调节。

项目资金分配计算公式如下：

某省项目资金预算数=（该省基础因素/$\sum$有关省基础因素×权重+该省创新创业教育发展因素/$\sum$有关省创新创业教育发展因素×权重+该省区域因素/$\sum$有关省区域因素×权重）×项目资金年度预算总额×绩效调节系数。

财政部、教育部根据党中央、国务院的有关决策部署，大学生创新创业教育项目实施情况及相关管理改革要求，适时调整完善相关分配因素、权重、计算公式等。

第七条 省级教育部门根据各双创学院、实践基地的优势特色，确定各双创学院、实践基地的年度绩效目标，商省级财政部门结合前期资金使用绩效情况，安排各双创学院、实践基地的年度支持资金额度。对于前期资金绩效管理不到位、绩效评价结果差、工作成效不显著的，当年度可减少或者不安排项目资金。

第八条 项目资金主要用于支持双创学院、实践基地面向省内高校，开展如下工作：

（一）双创学院主要开展服务本区域的创新创业人才培养机制改革、教学改革与评价等课题研究，建设一批面向全国特别是本省高校的创新创业教育在线课程及教材，开展面向全国特别是本省高校的专兼职教师及相关专业导师的专项培训等工作。项目资金具体可用于课题研究、课程教材建设、师资培训等支出。

（二）实践基地主要开展省内大学生创新创业训练，创新创业项目的筛选、培育、孵化落地等工作。项目资金具体可用于创业培训、孵化指导、项目路演等支出。

第三章 项目资金申报与使用

第九条 项目资金申报审批程序如下：

（一）教育部根据各地创新创业教育的工作基础和目标任务，于每年8月31日前向财政部提出下一年度预算申请，包括各地双创学院与实践基地的数量、项目资金的分配方案、整体绩效目标、分省区域绩效目标等。

（二）财政部于每年全国人民代表大会批准审查中央预算后正式下达预算，并抄送教育部和财政部当地监管局。每年10月31日前，向各地提前下达下一年度资金预计数。

（三）省级财政部门会同省级教育部门根据财政部下达的资金预算和绩效目标，确定分配方案，在规定时限内正式分解下达预算和绩效目标，同时将下达预算文件和分解后的绩效目标报财政部、教育部备案，并抄送财政部当地监管局。

第十条 项目资金实行专款专用，各双创学院、实践基地建设高校要对项目资金实行独立核算、专账管理。

属于政府采购管理范围的支出项目，应当按照政府采购法律制度规定执行。

凡使用项目资金取得的资产，应当按照国有资产管理有关规定统一管理。

第十一条　项目资金下达后，应当按照预算管理有关要求执行，原则上不得变更。执行过程中由于特殊原因需要变更的，应充分说明变更调整的理由并按照原申报审批程序报批。

年末未列支的项目资金，须按照国家有关结转和结余资金规定管理。

第十二条　项目资金的管理和使用应当严格执行国家有关法律、法规和财务制度，按照核定的范围和预算使用，不得与中央高校教育教学改革专项经费等项目经费重复安排，不得用于以下方面支出：

（一）因公出国(境)、公务接待、公务用车购置及运行等支出；

（二）基本支出，如基本工资、奖金、津贴、补贴、绩效工资等人员支出及水电费等日常公用支出；

（三）基本建设、对外投资和其他经营性活动；

（四）支付各种罚款、捐款、赞助、偿还债务等；

（五）从项目资金中提取或支付工作经费或管理经费；

（六）与创新创业教育无关的支出，以及其他国家规定禁止列支的支出。

第十三条　开展的创新创业教育工作及宣传材料等，应当以显著方式标明"彩票公益金资助–中国福利彩票和中国体育彩票"标识。

第四章　绩效管理与监督

第十四条　教育部、财政部根据各地专项资金使用情况，适时开展绩效评价，重点评价各地任务完成情况和绩效目标实现情况。教育部负责审核地方提出的区域绩效目标等相关材料和数据，并对资金测算基础数据的真实性、准确性、及时性负责。财政部各地监管局应当按照工作职责和财政部要求，对专项资金的预算执行实行监管。

第十五条　省级教育部门、财政部门要加强项目资金全过程预算绩效管理，开展事前绩效评估，严格绩效目标管理及绩效运行监控，强化绩效评价。省级教育部门、财政部门分配项目资金时，应将绩效结果等作为重要依据，不断提高项目资金配置效率和使用效益。

第十六条　各双创学院、实践基地建设高校是项目资金使用管理的具体责任单位，要围绕双创学院和实践基地的重点建设任务，制定本校双创学院、实践基地建设方案，明确年度工作计划，并按年度绩效目标编制项目预算，提供人员、政策、工作经费等配套支持。各双创学院、实践基地未使用项目资金的工作不列入项目资金绩效管理范围。

第十七条　切实做好社会公告。财政部、教育部应当于每年6月30日前，向社会公告上一年度项目资金分配使用情况，具体包括：

（一）项目总体资金规模、支出内容、执行情况等；

（二）具体项目资金规模、支出内容、执行情况等；

（三）项目支出绩效目标及绩效目标完成情况等。

第十八条　教育部，财政部，省级教育、财政部门及其工作人员存在违反本办法规定，以及其他滥用职权、玩忽职守、徇私舞弊等违法违规行为的，依法追究相应责任。

项目实施单位及个人在资金申报、使用过程中存在违法违规行为的，依照《中华人民共和国预算法》及其实施条例、《财政违法行为处罚处分条例》等国家有关规定追究相应责任。

第五章　附　则

第十九条　本办法由财政部、教育部负责解释。

第二十条　本办法自印发之日起施行。

六、农业农村部、国家发展改革委、教育部、科技部、财政部、人力资源社会保障部、自然资源部、退役军人部、银保监会关于深入实施农村创新创业带头人培育行动的意见

（农产发〔2020〕3号）

各省、自治区、直辖市及新疆生产建设兵团农业农村（农牧）厅（局、委）、发展改革委、教育厅（局、委）、科技厅（局、委）、财政厅（局）、人力资源社会保障厅（局）、自然资源主管部门、退役军人事务厅（局）、银保监局：

创新创业是乡村产业振兴的重要动能，人才是创新创业的核心要素。农村创新创业带头人饱含乡土情怀、具有超前眼光、充满创业激情、富有奉献精神，是带动农村经济发展和农民就业增收的乡村企业家。近年来，农村创新创业环境不断改善，涌现了一批农村创新创业带头人，成为引领乡村产业发展的重要力量。但仍存在总量不大、层次不高、带动力不强等问题，亟须加快培育壮大。为贯彻《中共中央、国务院关于抓好"三农"领域重点工作确保如期实现全面小康的意见》部署，深入实施农村创新创业带头人培育行动，大力发展富民乡村产业，奠定决胜全面建成小康社会的物质基础，现提出如下意见。

一、总体要求

（一）指导思想。以习近平新时代中国特色社会主义思想为指导，全面贯彻落实党的十九大和十九届二中、三中、四中全会精神，坚持农业农村优先和就业优先方针，以实施乡村振兴战略为总抓手，紧扣乡村产业振兴目标，强化创新驱动，加强指导服务，优化创业环境，培育一批扎根乡村、服务农业、带动农民的农村创新创业带头人，发挥"头雁效应"，以创新带动创业，以创业带动就业，以就业促进增收，为全面建成小康社会、推进乡村全面振兴提供有力支撑。

（二）基本原则。

市场主体、政府引导。尊重市场主体，激活资源要素，激发创造活力，各尽其能，各展所长。更好发挥政府作用，优化创新创业环境，营造崇尚创新、勇于创业、勤劳致富的氛围。

产业为基、就业为本。依托农业农村资源，发掘农业多种功能和乡村多重价值，发展特色突出、关联度高、产业链长的产业。推行包容性、共享式发展，吸纳更多农村劳动力

就地就近就业。

创新驱动、创业带动。充分利用现代科技成果，开发新技术新产品，催生新产业新业态，以创新引领创业。弘扬企业家精神，在创业中实现自身价值，在带动中体现社会价值。

联农带农、富民兴乡。坚持以农民为主体，建立紧密利益联结机制，带着农民干、帮着农民赚。加快全产业链和全价值链建设，把二、三产业留在乡村，把增值收益更多地留给农民，实现富裕农民、繁荣乡村。

(三)总体目标。

到 2025 年，农村创新创业环境明显改善，创新创业层次显著提升，创新创业队伍不断壮大，乡村产业发展动能更加强劲。农村创新创业带头人达到 100 万以上，农业重点县的行政村基本实现全覆盖。

二、明确培育重点

(四)扶持返乡创业农民工。以乡情感召、政策吸引、事业凝聚，引导有资金积累、技术专长、市场信息和经营头脑的返乡农民工在农村创新创业。遴选一批创业激情旺盛的返乡农民工，加强指导服务，重点发展特色种植业、规模养殖业、加工流通业、乡村服务业、休闲旅游业、劳动密集型制造业等，吸纳更多农村劳动力就地就近就业。

(五)鼓励入乡创业人员。营造引得进、留得住、干得好的乡村营商环境，引导大中专毕业生、退役军人、科技人员等入乡创业，应用新技术、开发新产品、开拓新市场，引入智创、文创、农创，丰富乡村产业发展类型，带动更多农民学技术、闯市场、创品牌，提升乡村产业的层次水平。

(六)发掘在乡创业能人。挖掘"田秀才""土专家""乡创客"等乡土人才，以及乡村工匠、文化能人、手工艺人等能工巧匠，支持创办家庭工场、手工作坊、乡村车间，创响"乡字号""土字号"乡土特色产品，保护传统手工艺，发掘乡村非物质文化遗产资源，带动农民就业增收。

三、强化政策扶持

(七)加大财政政策支持。统筹利用好现有创新创业扶持政策，为符合条件的返乡入乡创业人员和企业提供支持，农村创新创业带头人可按规定申领。鼓励地方统筹利用现有资金渠道，支持农村创新创业带头人兴办企业、做大产业。允许发行地方政府专项债券，支持农村创新创业园和孵化实训基地中符合条件的项目建设。对首次创业、正常经营 1 年以上的农村创新创业带头人，按规定给予一次性创业补贴。对入驻创业示范基地、创新创业园区和孵化实训基地的农村创新创业带头人创办的企业，可对厂房租金等相关费用给予一定额度减免。

(八)加大金融政策支持。引导相关金融机构创新金融产品和服务方式，支持农村创新创业带头人创办的企业。落实创业担保贷款贴息政策，大力扶持返乡入乡人员创新创业。发挥国家融资担保基金等政府性融资担保体系作用，积极为农村创新创业带头人提供融资担保。引导各类产业发展基金、创业投资基金投入农村创新创业带头人创办的项目。推广"互联网+返乡创业+信贷"等农村贷款融资模式。

(九)加大创业用地支持。各地新编县乡级国土空间规划、省级制定土地利用年度计划应做好农村创新创业用地保障。推进农村集体经营性建设用地入市改革，支持开展县域农村闲置宅基地、农业生产与村庄建设复合用地、村庄空闲地等土地综合整治，农村集体经营性建设用地、复垦腾退建设用地指标，优先用于乡村新产业新业态和返乡入乡创新创业。允许在符合国土空间规划和用途管制要求、不占用永久基本农田和生态保护红线的前提下，探索创新用地方式，支持农村创新创业带头人创办乡村旅游等新产业新业态。

（十）加大人才政策支持。支持和鼓励高校、科研院所等事业单位科研人员，按国家有关规定离岗到乡村创办企业，允许科技人员以科技成果作价入股农村创新创业企业。将农村创新创业带头人及其所需人才纳入地方政府人才引进政策奖励和住房补贴等范围。对符合条件的农村创新创业带头人及其共同生活的配偶、子女和父母全面放开城镇落户限制，纳入城镇住房保障范围，增加优质教育、住房等供给。加快推进全国统一的社会保险公共服务平台建设，切实为农村创新创业带头人及其所需人才妥善办理社保关系转移接续。

四、加强创业培训

（十一）加大培训力度。实施返乡入乡创业带头人培养计划，对具有发展潜力和带头示范作用的返乡入乡创业人员，依托普通高校、职业院校、优质培训机构、公共职业技能培训平台等开展创业培训。将农村创新创业带头人纳入创业培训重点对象，支持有意愿人员参加创业培训。符合条件的，按规定纳入职业培训补贴范围，所需资金从职业技能提升行动(2019—2021年)专账资金列支。

（十二）创新培训方式。支持有条件的职业院校、企业深化校企合作，依托大型农业企业、知名村镇、大中专院校等建设一批农村创新创业孵化实训基地，为返乡入乡创新创业带头人提供职业技能培训基础平台。充分利用门户网站、远程视频、云互动平台、微课堂、融媒体等现代信息技术手段，提供灵活便捷的在线培训，创新开设产品研发、工艺改造、新型业态、风险防控、5G技术、区块链等前沿课程。

（十三）提升培训质量。积极探索创业培训+技能培训，创业培训与区域产业相结合的培训模式。根据返乡入乡创新创业带头人特点，开发一批特色专业和示范培训课程。大力推行互动教学、案例教学和现场观摩教学，开设农村创新创业带头人创业经验研讨课。组建专业化、规模化、制度化的创新创业导师队伍和专家顾问团，建立"一对一""师带徒"培养机制。

五、优化创业服务

（十四）提供优质服务。县乡政府要在政务大厅设立农村创新创业服务窗口，打通部门间信息查询互认通道，集中提供项目选择、技术支持、政策咨询、注册代办等一站式服务。各级政府在门户网站均应设立农村创新创业网页专栏，推进政务服务"一网通办"、扶持政策"一键查询"。发挥乡村产业服务指导机构作用，为农村创新创业带头人提供政策解读、项目咨询、土地流转、科技推广、用人用工等方面的服务。

（十五）聚集服务功能。严格落实园区设立用地审核要求，依托现代农业产业园、农产品加工园、高新技术园区等，建设一批乡情浓厚、特色突出、设施齐全的农村创新创业园区。建设一批集"生产+加工+科技+营销+品牌+体验"于一体、"预孵化+孵化器+加速器

+稳定器"全产业链的农村创新创业孵化实训基地、众创空间和星创天地等，帮助农村创新创业带头人开展上下游配套创业。

（十六）拓宽服务渠道。积极培育市场化中介服务机构，发挥行业协会商会作用，组建农村创新创业联盟，实现信息共享、抱团创业。建立"互联网+创新创业"模式，推进农村创新创业带头人在线、实时与资本、技术、商超和电商对接，利用5G技术、云平台和大数据等创新创业。完善农村信息、交通、寄递、物流线路及网点等设施，健全以县、乡、村三级物流节点为支撑的物流网络体系。

六、强化组织保障

（十七）加强组织领导。各地要把农村创新创业带头人培育纳入经济社会发展全局和稳就业大局中统筹谋划和推进，建立健全农村创新创业带头人培育工作机制，制定工作方案，明确任务分工，落实部门责任。各相关部门要加强协作，心往一处想、劲往一处使，聚力抓好落实。各级农业农村部门要主动作为，尽职履责抓好农村创新创业带头人培育有关工作。

（十八）选好培育对象。农村创新创业带头人要爱党爱国、遵纪守法、品行端正、个人信用记录良好，有能力、有意愿带动农民就业致富。农村创新创业带头人遴选要公开公平公正，得到社会公认，并经村公示、乡（镇）审核，报县（市）农业农村部门备案，确定为农村创新创业带头人。

（十九）推进政策落实。各地要把支持农村创新创业带头人培育的扶持政策列出清单，建立政策明白卡，逐项抓好落实。结合农民工职业技能培训实施，支持农村创新创业带头人培育。引导金融机构加大对农村创新创业带头人的信贷支持力度。

（二十）开展监测评估。县级要建立农村创新创业带头人信息档案库，跟踪收集带头人参加培训、创办企业、实施项目、享受政策扶持等情况，每年进行动态调整。建立调度制度，半年一小结、全年一总结。建立评估机制，对各地开展农村创新创业带头人培育工作进行评估，对成效显著的县（市）推介为"全国农村创新创业典型案例"。

（二十一）加强宣传引导。挖掘一批农村创新创业带头人鲜活案例，讲好励志创业故事。对创新创业活跃、联农带农紧密、业绩特别突出的农村创新创业优秀带头人，可按国家有关规定予以表彰。充分运用报刊、电视、广播、网络等全媒体资源，宣传农村创新创业带头人典型事迹，营造激情创新创业、梦圆乡村振兴的良好氛围。

农业农村部
国家发展改革委
教育部科技部
财政部
人力资源社会保障部
自然资源部
退役军人部
银保监会
2020 年 6 月 13 日

七、教育部关于印发《国家级大学生创新创业训练计划管理办法》的通知

（教高函〔2019〕13 号）

各省、自治区、直辖市教育厅（教委），新疆生产建设兵团教育局，有关部门（单位）教育司（局），部属各高等学校、部省合建各高等学校：

为贯彻落实全国教育大会和新时代全国高等学校本科教育工作会议精神，根据《国务院办公厅关于深化高等学校创新创业教育改革的实施意见》（国办发〔2015〕36 号）等有关文件精神，结合国家大学生创新创业训练计划实施情况，我部制定了《国家级大学生创新创业训练计划管理办法》，现印发给你们。

请各地各高校秉承"兴趣驱动、自主实践、重在过程"的原则，深化高校创新创业教育教学改革，加强大学生创新创业能力培养，全面提高人才培养质量。

教育部

2019 年 7 月 10 日

八、国家级大学生创新创业训练计划管理办法

第一章 总 则

第一条 为贯彻落实全国教育大会和新时代全国高等学校本科教育工作会议精神，根据《国务院办公厅关于深化高等学校创新创业教育改革的实施意见》（国办发〔2015〕36 号）要求，深入推进国家级大学生创新创业训练计划（以下简称国创计划）工作，深化高校创新创业教育改革，提高大学生创新创业能力，培养造就创新创业生力军，加强国创计划的实施管理，特制定本办法。

第二条 国创计划是大学生创新创业训练计划中的优秀项目，是培养大学生创新创业能力的重要举措，是高校创新创业教育体系的重要组成部分，是深化创新创业教育改革的重要载体。

第三条 国创计划坚持以学生为中心的理念，遵循"兴趣驱动、自主实践、重在过程"原则，旨在通过资助大学生参加项目式训练，推动高校创新创业教育教学改革，促进高校转变教育思想观念、改革人才培养模式、强化学生创新创业实践，培养大学生独立思考、善于质疑、勇于创新的探索精神和敢闯会创的意志品格，提升大学生创新创业能力，培养适应创新型国家建设需要的高水平创新创业人才。

第四条 国创计划围绕经济社会发展和国家战略需求，重点支持直接面向大学生的内容新颖、目标明确、具有一定创造性和探索性、技术或商业模式有所创新的训练和实践项目。国创计划实行项目式管理，分为创新训练项目、创业训练项目和创业实践项目三类。

（一）创新训练项目是本科生个人或团队，在导师指导下，自主完成创新性研究项目

设计、研究条件准备和项目实施、研究报告撰写、成果(学术)交流等工作。

(二)创业训练项目是本科生团队，在导师指导下，团队中每个学生在项目实施过程中扮演一个或多个具体角色，完成商业计划书编制、可行性研究、企业模拟运行、撰写创业报告等工作。

(三)创业实践项目是学生团队，在学校导师和企业导师共同指导下，采用创新训练项目或创新性实验等成果，提出具有市场前景的创新性产品或服务，以此为基础开展创业实践活动。

第二章　管理职责

第五条　教育部是国创计划的宏观管理部门，主要职责是：

(一)制定国创计划实施的有关政策，编制发展规划，发布相关信息。

(二)制定国创计划管理办法，组织开展项目立项、结题验收等工作，加强项目的规范化管理。

(三)制定国创计划成效评价指标体系，定期组织开展实施情况评价。

(四)组建国创计划专家组织，加强大学生创新创业工作研究，推进高校创新创业教育经验交流。

(五)组织举办全国大学生创新创业年会，推进大学生创新创业学术交流和成果推介。

第六条　省级教育行政部门主要职责是：

(一)根据本区域经济社会发展特点，指导、规范本区域大学生创新创业训练计划运行和管理，推动本区域高校加强大学生创新创业教育工作。

(二)负责组织区域内高校国创计划立项申报、过程管理、结题验收等工作，按照工作要求向教育部报送相关材料。

(三)负责区域内参与国创计划高校交流合作、评估监管等工作。

第七条　高校是国创计划实施和管理的主体，主要职责是：

(一)制定本校大学生创新创业教育管理办法，开展创新创业教育教学研究与改革。

(二)负责国创计划项目的组织管理，开展项目遴选推荐、过程管理、结题验收等工作。

(三)制定相关激励措施，引导教师和学生参与国创计划。

(四)为参与项目的学生提供技术、场地、实验设备等条件支持和创业孵化服务。

(五)搭建项目交流平台，定期开展交流活动，支持学生参加相关学术会议，为学生创新创业提供交流经验、展示成果、共享资源的机会。

(六)做好本校国创计划年度总结和上报工作。

第三章　项目发布与立项

第八条　教育部根据国家经济社会发展和国家战略需求，结合创新创业教育发展趋势，确定重点资助领域，制定重点资助领域项目指南，引导国创计划项目申请。

第九条　国创计划项目申报基本条件：

(一)项目选题具有一定的学术价值、理论意义或现实意义。鼓励面向国家经济社会发展、具有一定理论和现实意义的选题，鼓励直接来源于产业一线、科技前沿的选题。

(二)选题具有创新性或明显创业教育效果。鼓励开展具有一定创新性的基础理论研究和有针对性的应用研究课题，鼓励新兴边缘学科研究和跨学科的交叉综合研究选题。

(三)选题方向正确，内容充实，论证充分，难度适中，拟突破的重点难点明确，研究思路清晰，研究方法科学、可行。鼓励支持学生大胆创新，包容失败，营造良好创新创业教育文化。

(四)项目团队成员原则上为全日制普通本科在读学生，成员基本稳定，专业、能力结构较为合理。每位学生同一学年原则上只能参与一个项目。鼓励跨学科、跨院系、跨专业的学生组成团队。

(五)项目申请团队应选择具有较高学术造诣、较好创新性成果、热心教书育人、关爱学生成长的教师作为导师，鼓励企业人员参与指导或共同担任导师。

(六)创新训练项目和创业训练项目获得经费支持平均不低于 2 万元/项，创业实践项目获得经费支持平均不低于 10 万元/项。高校根据学科专业特点，确定项目资助额度标准。

第十条 根据教育部发布的国创计划申报要求，符合立项申请基本条件的项目向所在高校提出申请，高校评审遴选后报省级教育行政部门和教育部审核备案。

第十一条 教育部组织专家对申报项目进行审核后发布立项通知。

第四章 项目过程管理

第十二条 高校应加强对国创计划的管理，成立由校领导牵头、相关职能部门组成的国创计划管理机构，确定主管部门。管理机构负责协调落实条件保障，主管部门负责国创计划日常管理。

第十三条 项目负责人要负责项目的整体推进，按照计划开展工作，加强团队建设和管理，加强与导师和管理人员的沟通联系，并组织好相关报告撰写工作。项目负责人和项目内容原则上不得变更，特殊情况经学校有关部门审批后执行。

第十四条 国创计划经费应专款专用。学生要在相关教师指导下，严格执行学校相关财务管理规定。

第十五条 国创计划项目所在高校应建立国创计划师生培养培训机制，加强对国创计划项目团队成员和导师的培训和管理。

第十六条 鼓励项目团队积极参加中国"互联网+"大学生创新创业大赛等创新创业赛事和"青年红色筑梦之旅"等活动。

第十七条 推动国创项目不断提高整体水平和发挥示范带动作用。高校应充分发挥国创计划引领示范作用，及时总结学生在项目中取得的成绩，协调解决存在的问题。支持高校通过举办大学生创新创业年会等方式加强国创计划成员之间的学习交流。

第五章 项目结题与公布

第十八条 国创计划项目完成后，均需进行结题验收，履行必要的结项手续。

(一)国创计划项目结题验收工作由所在学校组织。学校应组织校内外专家对国创计划项目进行结题验收，并将验收结果报省级教育行政部门审核备案。

(二)省级教育行政部门按年度向教育部报送本区域高校国创计划项目验收结果，并组织开展项目抽查。

(三)教育部对省级教育行政部门报送的验收结果进行审核，并将审核结果公布。

第十九条　国创计划项目结题验收结论的申诉。国创计划项目团队成员、导师，如对结题验收结论有异议，可向高校有关部门提出。

第二十条　国创计划项目结题信息公开对外服务。相关网站向公众提供结题信息服务，助推高校创新创业教育深入发展。

第六章　项目后期管理

第二十一条　高校对通过结题验收的项目团队成员可根据实际贡献给予学分认定，对导师给予相应工作量认定。

第二十二条　建立国创计划年度进展报告制度。高校要按年度编制国创计划项目进展报告，内容应包括项目整体概况、教育教学改革探索、项目组织实施与管理、支持措施和实施成效等。年度报告报省级教育行政部门和教育部备案。

第二十三条　国创计划项目执行较好的高校可向教育部申请承办全国大学生创新创业年会。

第七章　附　则

第二十四条　在国创计划实施中，凡是属于国家涉密范围的，均按照相关保密法规执行。

第二十五条　各省级教育行政部门、各高校根据本办法制定实施细则。

第二十六条　本办法自公布之日起施行。

九、教育部办公厅关于培育建设第三批"全国高校实践育人创新创业基地"的通知
（教思政厅函〔2017〕34号）

各省、自治区、直辖市党委教育工作部门、教育厅（教委），新疆生产建设兵团教育局，部属各高等学校：

为深入贯彻落实习近平总书记关于社会实践发表的系列重要论述精神，推动全国高校思想政治工作会议和中央31号文件精神贯彻落实，根据教育部等七部门《关于进一步加强高校实践育人工作的若干意见》（教思政〔2012〕1号）要求，强化社会实践育人，形成党委统筹部署、政府扎实推动、社会广泛参与、高校着力实施的实践育人新格局，经研究，决定开展第三批"全国高校实践育人创新创业基地"培育建设工作。现将遴选推荐有关事项通知如下：

一、推荐类型

分类型开展实践育人创新创业基地推荐工作。根据牵头部门的不同，划分为4种类型。

1. 地方政府主导型。以地方政府为牵头单位，整合各方资源，对辖区内高校实践育人工作进行系统规划、整体部署，充分发挥统筹协调职能，推动建立政策保障体系，根据当地行业、企业、基层社区、高校的发展目标及需求，因地制宜地推动高校实践育人工作。

2. 行业企业主导型。以行业企业为牵头单位，在技术咨询服务、产品研发、高端人才培训等方面与高校、科研院所强强联合，依托生产车间、研发基地和创业平台等，构建校企深度合作、产教深度融合的实践育人创新模式。

3. 高等学校主导型。以高等学校为牵头单位，高校与当地政府、行业企业、科研院所、基层社区联动对接，依托学校、学科、专业的支撑优势，通过培养拔尖创新人才，推动文化传承与创新，提供社会服务、技术服务等方式，为国家和地方经济社会发展提供人才支撑、技术支撑、文化支撑、思想支撑。

4. 基层社区主导型。以基层社区为牵头单位，利用社区(农村)建设规划、环境保护、旅游开发、种植技术开发、公益事业活动、关爱留守儿童和空巢老人等载体和平台，为学生提供实习见习、挂职锻炼、社会调查、生产劳动、公益活动、志愿服务等实习岗位和服务项目。

鼓励有条件的地方、高校制订本地方、本高校实践育人创新创业基地建设计划，先行先试，积极培育。结合当地重点发展规划，吸纳省内外高校、科研院所、行业企业、基层社区等共建省(区、市)创新基地，完善实践育人体制机制，营造高校实践育人良好氛围。

二、基本条件

实践育人创新创业基地的推荐应建立在地方、高校、行业企业或基层社区切实支持和实质性重点共建的基础上，至少应有一所高校牵头或为主参与，充分体现教育同生产劳动和社会实践相结合，为学生在亲身参与中认识国情、了解社会，受教育、长才干提供平台支撑和保障。

1. 实践育人创新创业基地建设方向选择应符合国家、行业产业、高校和地方的重点发展规划，要与培养中国特色社会主义建设者和接班人高度契合。

2. 各方任务明确，职责清晰，在组织管理、联动对接、基地建设、项目平台、人才培养等方面已做出积极探索实践，建立了优势互补、互利共赢的实践育人机制和载体。

3. 牵头高校和主要参与单位，承担了一定数量的国家和省(区市)重大项目，汇聚了相应资源要素，在软硬件设施、人员经费投入等方面，能够为创新基地的有效运行提供良好的支撑与保障。

三、推荐及认定程序

1. 采取总量控制、限额推荐的方式。各省级教育工作部门负责所辖区域实践育人创新创业基地的遴选推荐，可推荐地方政府主导型1个、高等学校主导型1~2个、基层社区主导型1个；教育部直属高校可直接申报。

2. 牵头推荐单位为教育部直属高校的须经学校党委审核同意，申报材料加盖学校党委公章后直接报送。其他单位的推荐材料须加盖牵头推荐单位的公章并经牵头高校或为主参与高校的省级主管部门审核同意后推荐报送。

3. 按照"数量从严、质量从优"的原则，组织专家以实地抽查和材料审核的方式，认定一批"全国高校实践育人创新创业基地"，并在2017年全国高校实践育人暨创新创业现场推进会上予以授牌认定。

四、报送时限及要求

1. 推荐截止日期：2017年10月16日(以邮戳为准)。

2. 请有关单位认真填写《全国高校实践育人创新创业基地基本情况表》(见附件1)，并同时将支撑材料(见附件2)纸质版、电子版(以刻录光盘形式)一并报送。

邮寄地址：北京市西城区大木仓胡同 37 号教育部思政司思想教育与网络处，邮编：100816。

联系人：窦余仁 010-66097155，szc@moe.edu.cn

附件：1. 全国高校实践育人创新创业基地基本情况表

　　　2. 全国高校实践育人创新创业基地支撑材料参照格式

教育部办公厅

2017 年 9 月 12 日

附件1

全国高校实践育人创新创业基地基本情况表

推荐类型		□地方政府 □行业企业 □高等学校 □基层社区			
牵头推荐单位	单位名称				
	负责人	姓名		职务/职称	
		联系电话		电子邮箱	
主要参与单位					
牵头单位推荐意见		(限500字内，主要负责人签字并加盖单位公章)			
主管审核部门意见		(限500字内，主要负责人签字并加盖单位公章)			

附件2

全国高校实践育人创新创业基地支撑材料

参照格式：

一、基本情况

1. 建设计划与发展目标。

2. 组建方式、主要分工以及培育过程。

3. 运行体制机制建设的整体思路与主要创新点。

4. 已开展的重大项目合作、召开的实践育人有关会议、基地平台建设以及大学生实习实践等情况。

二、前期实施

1. 实践育人创新创业基地建设单位任务承担与进展情况。重点说明实践育人任务的来源、支持方式、实施周期、拟突破的重点难点问题以及主要创新指标等。

2. 实践育人工作推进实施情况。重点说明在深化高等教育综合改革、新的人才培养模式改革背景下实践育人工作的推进实施情况等。

3. 资源要素整合与共享情况。重点说明实践育人创新创业基地在平台、经费、技术、成果转化、创新创业要素的整合情况、形成的创新能力与长效机制等。

三、支持保障

1. 条件保障。重点说明牵头单位和主要参与单位专门用于支持创新基地所需工作用房、科研平台、成果转化、人员配备、基地建设等方面的保障措施。

2. 政策保障。重点说明牵头单位、主要参与单位以及相关部门、地方等在推进创新创业基地建设方面落实的具体政策与有效措施等。

3. 经费保障。重点说明创新创业基地已有投入、主要支出、预期投入等。

四、发展计划

围绕实践育人创新创业基地建设目标和任务，重点说明未来 3-5 年的实施计划、年度目标以及预期的主要成效等。

五、相关证明

主要包括：基地共建章程/协议、已出台的体制机制建设方面的文件、有关行业/地方/企业/其他社会层面的支持、代表性成果、实践育人成效证明、重要新闻媒体的报道宣传等。